철 따라 들려주는
옛이야기

철 따라 들려주는 옛이야기

꼭꼭 숨어 있던 귀한 옛이야기 120가지

서정오 글

보리

머리말

사시사철 옛이야기로 아이들과 놀기

옛날 아이들은 놀면서 자랐습니다. 지금 부모 노릇하는 분들이 어렸을 때만 해도 그랬을 것입니다. 그때는 해거름에 마을마다 골목마다 조무래기들 노는 소리 왁자했던 것쯤 별난 일도 아니었습니다. "아무개야, 놀자!" 소리 한마디 안 듣고 자란 어른이 어디에 있을까요.

그런데 요새 아이들은 놀지 못합니다. 이제 어디를 가도 마을 빈터나 놀이터에서 아이들 노는 모습은 보기 어렵게 됐습니다. 그 시간에 아이들은 거의 학원에 가 있거나 어린이집에 가 있을 테니까요. 어쩌다 집에 있어도 혼자서 공부를 하겠지요. 어떤 아이라도 눈치 없이 동무 집 앞에 가서 "아무개야, 놀자!" 했다가는 욕먹을 각오를 해야 할 것입니다.

아이들이 놀지 못하는 세상이 되면서 어른들도 덩달아 숨이 막힙니다. "이게 아닌데" 하면서도 당장 뾰족한 수가 없어 울며 겨자 먹기로 아이들을 닦달하게 됩니다. 우리 아이만큼은 마음껏 뛰놀게 해 주고 싶고 이웃과 더불어 사는 행복을 느끼게 해 주고 싶지만, 그랬다가는 외톨이가 될 것 같아 답답합니다. 이래저래 아이들도 힘들고 어른들도 힘든 세상입니다.

지금 새삼스럽게 옛이야기에 눈이 가는 까닭이 여기에 있습니다. 옛이야기는 위안과 치유의 문학이며, 고통받는 이들을 위한 문학이기 때문입니다. 옛이야기 주인공은 가난하고 평범하지만 세상 어떤 어려움도 보기 좋게 이겨냅니다. 옛이야기 주인공은 남과 겨루면 언제나 지지만, 그 지는 것이 곧 행복의 문을 여는 열쇠입니다. 옛이야기 주인공은 '열심히 노력해서 성공'하는 것이 아니라 착한 마음 지키며 꾹 참고 견딤으로써 잘 사는 길에 이릅니다.

이래서 옛이야기는 놀지 못하는 아이들과 그런 아이들을 보며 답답해하는 어른들에게 든든한 동무가 됩니다. 옛이야기 판 벌여 놓고 어른, 아이 어울려 즐기는 사이에 막힌 숨통도 조금씩 트일 것입니다. 옛이야기가 당장 문제를 풀어 주지는 못할지라도, 우리로 하여금 문제를 풀어나가도록 힘을 보태줄 수는 있을 것입니다.

세상이 돈과 힘을 향해 치달으면서 나눔은 가짐에게, 절제는 소비에게 미덕으로서 그 자리를 내주고 말았습니다. 이와 함께 옛이야기가 오랜 세월 목숨처럼 지켜오던 권선징악과 인과응보 같은 믿음도 한갓 웃음거리가 돼 버렸습니다. 이제 세상은 착한 흥부의 가난을 비웃는 대신 나쁜 놀부의 '경제력'을 기릴 만큼 옛이야기와 사이가 멀어졌습니다.

그래서 오히려 사람다움을 잃지 않으려는 사람들에게 옛이야기는 새삼스럽습니다. 옛이야기는 몇백 년 전에도 그러했듯이 오늘도 똑같은 목소리로 우리에게 말합니다. 가난은 흠이 아니며 너무 많이 가지는 것이 오히려 죄가 된다고. 남과 겨뤄 이기는 것보다 남과 함께 사는 것이 참된 행복이라고. 오늘이 아무리 어려워도 착한 마음 잃지 않고 견디면 반드시 복 받을 거라고. 이 목소리는 세상이 열두 번 바뀐다 해도 변함없을 것입니다.

옛이야기는 마치 등불처럼, 어둠 속을 헤매는 우리에게 길을 가르쳐 줄 것입니다. 또 마치 소금처럼, 우리도 모르는 사이에 조금씩 썩어 가는 세상을 지켜 줄 것입니다. 옛이야기의 참맛을 느껴 본 사람이라면 이 말이 결코 허풍이 아님을 알 것입니다. 또 아이들과 함께 벌이는 작은 이야기판이 얼마나 큰 힘이 되는지도 알 것입니다.

  이 책은 바로 그런 어른들을 위해 만든 것입니다. 아이들에게 옛이야기를 들려주고 싶으나 이야깃거리가 모자라는 어른들에게 도움을 주려는 목적으로 백 가지가 넘는 이야기를 실어 놓았습니다. 이미 나온 〈철따라 들려주는 옛이야기〉 네 권에 실린 옛이야기들을 한데 모아 엮었으므로 새로울 것은 없습니다. 다만 그 네 권이 아이들 읽으라고 만든 책이라면, 이 책은 어른들이 아이들에게 들려주기 좋도록 꾸며 놓았다는 점이 다릅니다.

  이 책에 실린 이야기는 봄 여름 가을 겨울 사철에 따라 나누어 놓았지만, 반드시 제철에 들려줄 이야기가 따로 있는 건 아닙니다. 그저 소재와 분위기가 비슷한 것끼리 모아 놓았을 뿐입니다. 그러니 봄 이야기를 여름에 들려주고 가을 이야기를 겨울에 들려준대서 안 될 것은 없습니다. 좋기로 말하자면, 사시사철 이야기판 벌여 놓고 아이들과 놀 수 있다면 그보다 더 좋은 일이 어디에 있겠습니까? 너무 이야기에 빠져 할 일조차 잊어버리지만 않는다면 말입니다.

2011년 6월, 서정오

차례

머리말 — 사시사철 옛이야기로 아이들과 놀기 5

 봄볕처럼 따스하고 봄바람처럼 가벼운 이야기

입춘대길 코춘대길 14 | 흰 똥 묻은 여우 주둥이 17 | 며느리밥풀 20 | 금달걀을 낳는 암탉 24 | 꿀떡꿀떡 혼자 떡먹기 27 | 흰 나비가 된 처녀 30 | 보리쌀 한 줌으로 대접받은 선비 33 | 청개구리 점치기 36 | 호랑이와 입 고운 나무꾼 39 | 구렁이가 먹은 신기한 풀 42 | 터주와 소도둑 45 | 집 없는 달팽이 47 | 개구리깡충치 50 | 점쟁이 따라하기 53 | 둔갑 내기 56 | 고시레 59 | 나이를 고친 아이 62 | 이 산 저 산 수수께끼 66 | 하늘을 찌른 왕대 69 | 구슬 구슬 내 금구슬 72 | 개구리가 준 밥그릇 75 | 오누이가 받은 유산 79 | 구두쇠 마을 헤픈 며느리 82 | 다마라꽃의 이슬 85 | 뛰는 장사 나는 장사 88 | 술이 생긴 내력 91 | 장승한테 비단 팔기 94 | 이야기허릿값 물어주기 99 | 일곱 스님과 일곱 아들 102 | 보릿고개 은인 106

이야기를 들려주고 나서 109

여름날 내리는 소나기처럼 시원한 이야기

염소 사또 114 | 흰 구슬 검은 구슬 117 | 병 속 세상 구경 120 | 산골 사돈 들녘 사돈 124 | 잉어 색시 127 | 맹꽁이가 된 부부 130 | 게으름뱅이 두 사람 133 | 은혜 갚은 쥐 136 | 지성이와 감천이 138 | 북두칠성이 된 일곱 아들 141 | 눈 먼 시어머니와 지렁이 국 143 | 없는 목숨 146 | 돌이 된 며느리 148 | 호랑이와 무서운 소나기 151 | 먹보 머슴 154 | 벌거숭이가 된 양반 157 | 땅속 세상 160 | 독장수 구구 163 | 이상한 돌멩이 165 | 호랑이가 된 효자 168 | 알쏭달쏭 수수께끼 171 | 농사꾼과 원님 174 | 과거에 급제한 바보 177 | 시어머니와 며느리 180 | 엽전골 짚신 서방 184 | 굴속에 들어간 장수 186 | 가난뱅이 과거 보기 189 | 재주 좋은 신랑감 구하기 192 | 토란 캐러 온 꿩 195 | 시루 굿 이야기 198

이야기를 들려주고 나서 201

가을밤 둥근 보름달처럼 넉넉한 이야기

도토리 신랑 206 | 세상에 없는 꽃 구월 꽃 209 | 천 냥짜리 수수께끼 213
꿀, 꿀, 꿀이 원수 217 | 쌀 한 말로 석 달 나기 219 | 나도 밤나무다 222
화수분 대추나무 225 | 이 박을 딸까요, 저 박을 딸까요? 228 | 아버지를 살린 불효자식 231 | 신기한 돌절구 234 | 앙숙이 된 고양이와 쥐 237 | 가난한 선비와 벼이삭 240 | 두 냥도 마저 내놓으시오 244 | 피리 부는 눈먼 아이 247 | 돌미륵과 장기 두고 장가간 노총각 251 | 흰소리 잘하는 젖머슴 254 | 도깨비 임금이 된 나무꾼 257 | 세 가지 보물 260 | 근심 걱정 없는 노인 263 | 단 방귀와 단 똥 267 | 가짜 웃음으로 도둑 잡은 농사꾼 270 | 도깨비 도포 273 | 흰소리로 돈 천 냥 번 총각 276 | 먹보 다람쥐의 도토리 재판 279 | 멍멍 멍 서방과 응애응애 응애 곡 281 | 호랑이 똥 때문에 대머리가 된 힘장사 284 | 별난 과거 287 | 가짜 사주팔자 290
두벌 나락을 거둔 농사꾼 294 | 아직도 굴러가네 아직도 굴러가 297

이야기를 들려주고 나서 300

긴긴 겨울밤 화롯가에서 들려주는 이야기

황소와 호랑이 304 | 하늘을 나는 조끼 307 | 공짜로 나무 사기 310 | 딸랑새 313 | 겨울 수박 316 | 도술 부리는 스님 319 | 호랑이가 준 귀이개 322 | 슬기로운 아이 325 | 도깨비 수수께끼 327 | 효녀와 호랑이 330 | 팔꿈치 살이 따로 노는 까닭 333 | 다시 태어난 두 사람 336 | 생쥐 신랑 339 | 구두쇠의 깨달음 342 | 토끼 귀신의 점괘 345 | 신랑 신부를 살린 한량 348 | 구렁이 구멍 351 | 이상한 뼈다귀 355 | 범아이 358 | 쇠 먹는 불가사리 362 | 봉황구이와 천 년 묵은 해골탕 365 | 할아버지 무덤을 지킨 아이 368 | 점쟁이와 의원의 내기 371 | 제 발 저린 도둑 374 | 뱃심 좋은 삼형제 376 | 솔개 연과 뱅뱅이 연 379 | 은혜 갚은 강아지 382 | 돈도깨비 이야기 385 | 똥 빨리 누는 곳 388 | 사돈의 그림 편지 390

이야기를 들려주고 나서 392

■ 찾아보기 395

봄

봄볕처럼 따스하고
봄바람처럼 가벼운 이야기

봄에 나는 풀이나 벌레에 깃든 내력 이야기도 있고, 농사일이나 풍속에 얽힌 이야기도 있습니다. 어찌해서 그렇게 되었는지를 밝히는 내력 이야기는 아기자기해서 재미있을 것입니다. 꼭 그런 게 아니더라도, 햇살처럼 따스한 인정이나 바람처럼 가벼운 재치를 다룬 이야기도 봄에 어울릴 만하지 않을까요?

입춘대길 코춘대길

옛날에는 말이야, 새봄이 되면 집집마다 입춘방이라는 걸 써 붙였거든. 대문에다가 큼지막하게 '입춘대길'이라고 써 붙여 놓는 거야. 새봄과 함께 복이 많이 들어오라는 뜻이지.

어떤 색시가 시집을 갔는데, 남편이 참 눈 뜬 장님이야. 낫 놓고 기역자도 몰라. 게다가 아주 쥐정신이라 뭘 들어도 금방 잊어버려. 글을 좀 가르치려 해도 도무지 글자 한 자를 못 깨치네. 아무리 가르쳐도 딱 돌아서면 잊어버리니 원. 글자를 온 바람벽에 붙여 놓고 들며 가르치고 나며 가르치고, 별짓을 다 해도 안 돼.

새봄이 돼서 아내가 친정엘 다니러 갔더니, 친정 아버지가 대문에 입춘방을 써 붙여 놓고 벼르는 거야.

"내일모레 사위가 오면 이걸 한번 읽어 보라고 해야겠다. 그 사람이 글을 얼마나 아는지 시험을 해 봐야겠어."

듣고 보니 참 큰일났네. 친정에서는 사위가 까막눈이라는 걸 아직 모르거든. 그길로 집에 돌아와서 남편을 가르쳤어. 입춘대길 넉 자를 써서 바람벽에 붙여 놓고 하루 종일 가르쳤지.

"자, 따라 읽어요. 입춘대길."

"입춘대길."

"정신차려서, 입춘대길."

"입춘대길."

"잘 보고, 입춘대길."

"입춘대길."

한 삼백 번 가르치고 난 다음에,

"자, 이제 혼자 한번 읽어 봐요. 어떻게 읽죠?"

그러면 그만 꿀 먹은 벙어리가 돼 버리네. 그새 잊어버린 거야. 참 환장을 할 노릇이지.

그래서 아내가 한 가지 수를 냈어. 무슨 순고 하니, 글자고 뭐고 그냥 입춘대길 넉 자를 통째로 외우는 수야. 남편을 다그쳐서, 글자를 볼 것도 없이 그저 대놓고 자꾸 외우게 했지. 밥 먹으면서도 입춘대길, 똥 누면서도 입춘대길, 앉아서도 입춘대길, 누워서도 입춘대길, 이렇게 밤낮으로 외웠어. 삼 년을 결으면 노로 망태기도 만든다고, 며칠 동안 이렇게 하니까 이제 제법 외우게 됐어.

그렇게 참 뼈빠지게 외워서, 이제 처가에 갈 날이 됐거든. 아내가 신신당부를 했지.

"대문간에 들어가면 글자 쓴 종이가 붙어 있을 텐데, 아버지가 읽어 보라거든 덮어놓고 입춘대길이라고만 해요."

"알았소. 내 꼭 그렇게 하리다."

가면서도 내내 입춘대길을 외우면서 갔어.

드디어 처가에 가서, 대문간에 썩 들어서니까 아닌 게 아니라 흰 종이에 글자 넉 자 쓴 것이 딱 붙어 있거든. 정신을 차릴 새도 없이 장인 영감이 문간에서 기다리고 있다가 득달같이 재촉을 해.

"자네, 저 대문에 써 붙여 놓은 글자를 한번 읽어 보게."

아이고, 그런데 그새 외운 걸 잊어버렸네.

'아뿔싸, 잊어버렸네 잊어버렸어. 저걸 뭐라고 하더라?'

머리를 쥐어짜다 보니 뒤에 세 글자는 어렴풋이 떠올라.

'참 무슨 춘이고 대길이라 했지. 그런데 처음 글자가 뭐였더라?'

아, 첫 글자가 도무지 생각이 나야 말이지. 눈만 멀뚱멀뚱하다가 아내를 보니, 아내가 자꾸 손으로 얼굴 아래쪽을 가리켜. 아내 딴에는 입춘대길의 '입' 자가 생각나라고 입을 가리킨 거야. 그런데 손가락을 입에 갖다 대니까 마치 코를 가리키는 것 같거든.

'옳거니. 아내가 코를 가리키는 걸 보니 코춘대길이렷다.'

이렇게 생각하고,

"코춘대길!"

하고 크게 소리지르더라는 이야기.

흰 똥 묻은 여우 주둥이

여우 주둥이는 하얗지. 언제부터 여우 주둥이가 하얗게 됐는지, 오늘은 그 이야기나 할까.

옛날에 옛날에 까치하고 여우하고 왜가리가 살았어. 까치가 새끼를 여러 마리 낳아서 높은 나무에 둥지를 짓고 기르니까, 여우가 그걸 보고 욕심이 났어. 딱 잡아먹고 싶어서 군침을 삼키다가 수작을 했지.

"까치야, 까치야."

"왜 그러니?"

"네 새끼 중에 예쁜 새끼는 놔두고 미운 새끼만 떨어뜨려라."

떨어뜨리면 냉큼 잡아먹으려고 그러는 거지. 누가 그걸 몰라? 어미까치가 들어 보니 큰일날 소리거든.

"그런 소리 말아라. 다 예쁘다."

"그러면 미운 새끼는 놔두고 예쁜 새끼만 떨어뜨려라."

"그런 소리 말아라. 다 밉다."

아무래도 말을 안 들으니까 여우가 발을 쿵쿵 구르면서 마구 겁을 줬어.

"그럼 내일 다시 와서 너희 식구 다 잡아먹고 말 테다."

여우가 간 뒤에 까치 혼자 겁이 나서 벌벌 떨고 있는데, 마침 왜가리가 "왝왝" 하고 날아오거든. 그래서 까치가 하소연을 했지.

"왜가리 아주머니, 왜가리 아주머니."

"왜 그러니?"

"글쎄 여우가 와서 새끼를 떨어뜨려 달라고 하기에 안 된다고 했더니, 내일 다시 와서 우리 식구 다 잡아먹겠다고 하니 어쩌면 좋아요?"

"흥, 그까짓 것 올 테면 오라지. 제가 썩은 나무에도 못 올라가는 것이 산 나무에 어찌 올라간다던?"

그러고 나서 왜가리는 "왝왝" 하면서 날아가 버렸어. 이튿날 여우가 다시 와서 으름장을 놓네.

"까치야, 까치야. 네 새끼 중에 예쁜 새끼는 놔두고 미운 새끼만 떨어뜨려라."

"그런 소리 말아라. 다 예쁘다."

"그러면 미운 새끼는 놔두고 예쁜 새끼만 떨어뜨려라."

"그런 소리 말아라. 다 밉다."

"그럼 당장 올라가서 너희 식구 다 잡아먹고 말 테다."

까치는 왜가리가 가르쳐 준 대로 대꾸했지.

"흥, 네까짓 게 썩은 나무에도 못 올라가는 것이 산 나무에 어찌 올라와?"

여우가 들어 보니 말은 바른말이지마는, 이건 까치 자기 깜냥에서 나온 말은 아니겠거든. 틀림없이 누가 가르쳐 준 것 같단 말이야.

"까치야, 까치야. 그런 말은 누가 하데?"

"왜가리 아주머니가 그러더라."

여우가 그만 화가 잔뜩 나서 왜가리를 쫓아갔어. 쫓아가니까 왜가리가 논에서 우렁이를 잡다가 이리 펄쩍 저리 펄쩍 도망가거든. 여우도 이리 펄쩍 저리 펄쩍 따라갔지.

그런데 저 건너편에서 사냥꾼이 나타났네. 사냥꾼이 여우를 잡으려고 총을 딱 겨누니까 여우가 엉겁결에 제 굴로 쏙 들어갔어. 사냥꾼이 이번에는 왜가리를 잡으려고 총을 딱 겨누니까 왜가리도 엉겁결에 여우굴로 쏙 들어갔어.

둘 다 굴속에 가만히 숨어 있다가, 사냥꾼이 간 뒤에 튀어나왔지. 그때 왜가리가 앞장서 쏙 튀어나오면서 똥을 찍 싸는 바람에, 뒤따라 나오던 여우 주둥이에 하얗게 똥이 묻었어.

그때부터 여우 주둥이가 하얗게 된 거란다.

며느리밥풀

봄이 되면 산에 들에 새 풀이 파릇파릇 많이 나지. 그중에는 며느리밥풀이라는 게 있어. 꽃이 필 때 보면 빨간 꽃잎 속에 하얀 밥알 같은 게 붙어 있는데, 그게 며느리가 먹다 죽은 밥풀이라는 거야. 좀 슬픈 얘기니까 울지 말고 들어.

옛날 옛적 어느 곳에 참 가난한 집이 있었어. 하도 가난해서 아궁이에 풀이 나고 굴뚝에 거미줄을 치는 형편인데, 그러니 딸 하나 있는 걸 시집을 못 보내. 시집을 보내려면 혼수를 장만해야 할 텐데 돈이 있어야지. 옷 한 벌 이불 한 채 지을 돈이 없는데 어떡해. 그래서 나이 찬 딸이 그냥 처녀로 늙는 판이야.

그러던 참에 마침 건넛마을 어떤 집에서 혼삿말이 들어왔어. 그 집에서 며느리를 보는데, 혼수고 뭐고 아무것도 필요 없으니 몸만 오라는 거야. 옷이고 이불이고 뭐고, 하다못해 숟가락 몽당이 하나 없이 빈손으로 와도 며느리 삼겠다는 거지. 아이고 이런 고마울 데가 있나 하고 얼른 허락을 해서, 딸이 그 집으로 시집을 가게 됐어.

그런데 그 집에서 가난한 집 며느리를 구하는 데는 그만한 까닭이 있어. 시어머니가 하도 못돼서, 그게 아주 소문이 짜하게 났거든. 그래서 며느리를 못 얻는 거야. 시어머니 등쌀에 지레 죽을 것 같으니까 누가 시집을 오려고 해야 말이지. 아무도 안 오려고 하니까, 이러다가는 아들 장가도 못 보내게 생겼거든. 그래서 가난하든 말든 혼수가 있든 없든, 시집 못 간 처녀 하나 얻어다가 며느리 삼을 작정을 한 거야.

그런 집에 시집을 가 났으니 그 고생이 어떻겠나. 초례를 치르자마자 고된 시집살이가 시작되는데, 이게 참 말로 다 못 해.

새벽같이 일어나 물 긷고 빨래하고 온 집 안 쓸고 닦고 시부모께 문안드리고 나면 그제야 동이 터. 부랴부랴 아침밥 지어 바치고 해 뜨기 전에 들에 나가 허리가 휘도록 농사일을 해. 점심때 잠깐 집에 와서 점심밥 해다 바치고, 또 들에 나가 뼈빠지게 일을 해. 해 떨어지면 집에 돌아와 한숨 돌릴 새도 없이 저녁밥 지어 바쳐.

온 식구 밥 다 먹기를 기다려 설거지를 하고 나면 명 잣고 삼 삼고 베 짤 일이 또 남아 있어. 그 일 다 하고 나면 밤이 이슥한데, 식구들 다 잠든 뒤에 군불까지 때고 나서야 겨우 잠이 들어. 잠시 잠깐 눈을 붙인 둥 만 둥 하다가 새벽닭이 울면 또 일어나 일을 해.

그런데 정작 서러운 건 일이 힘들어서도 아니고 잠을 못 자서도 아니야. 배곯는 게 서러워. 아무리 시집살이가 고되어도 배불리 먹고서야 못 할 일이 없지. 그런데 도무지 시어머니 구박 탓에 밥을 못 먹으니 원.

시어머니가 곳간 열쇠를 떡 차고앉아서 끼니때마다 한 됫박씩 쌀을 내주는데, 그걸로 밥을 하면 며느리 몫이 없어. 시아버지 시어머니 남편 시동생 시누이 몫까지 밥을 한 그릇씩 푸고 나면 저 먹을 밥이 없단 말이지.

다른 때는 부엌일에 손도 까딱 않던 시어머니가 밥 풀 때만 되면 꼭 부엌에 나와. 혹시 며느리가 밥 한술이라도 몰래 떠먹을까 봐 지키려고 그러는 거지. 솥 옆에 딱 지키고 서 있다가, 며느리가 밥을 그릇에 다 퍼 담으면 그냥 싹 가지고 방에 들어가 버리거든.

그래서 며느리는 날마다 솥전에 붙어 있는 누룽지나 긁어 먹고 사는 거야. 그러니 얼마나 배가 고플 거야? 일이야 살이 부르트든 뼈가 녹든, 아무리 힘든 일이라도 하겠는데 제발 밥이나 실컷 먹어 봤으면 좋겠어. 그게 소원이야.

그렇게 살다가 하루는 며느리가 아침에 부엌에서 밥을 푸는데, 밥 냄새가 어찌나 구수한지 침이 절로 꿀꺽 넘어가. 며칠 동안 밥 한술 제대로 못 먹었으니 얼마나 배가 고프겠어? 창자가 말라비틀어지는 것 같지. 그래도 꾹 참고 밥을 펐어. 시아버지 시어머니 남편 시동생 시누이 밥까지 다 푸고 나니 아니나 달라, 남는 밥이 없네.

배에서는 꼬르륵 소리가 진동을 하는데, 마침 손에 든 밥주걱에 밥알이 몇 개 붙어 있거든. 그걸 보니 군침이 돌아서 견딜 수가 있나. 저도 모르게 입이 주걱으로 가서, 밥알 몇 개를 떼어 먹었어.

그런데 그때 시어머니가 부엌에 나오다가 그걸 봤네.

"아니, 저런 못된 것을 봤나. 시어른이 눈을 시퍼렇게 뜨고 있는데 제가 먼저 밥을 먹어? 어디서 그런 못된 버르장머리를 배웠더냐?"

눈에 쌍심지를 켜고 달려드는 거야.

"아이고 어머님, 잘못했습니다."

며느리는 손이 발이 되도록 싹싹 빌었지만 시어머니는 용서를 안 해. 다짜고짜 달려들어 밥주걱을 빼앗아서는, 그걸로 며느리 머리를 사정없이 때리지. 시어머니 손에 살이 끼었던지, 그 바람에 며느리는 그만 밥알을 입에 문 채 죽어 버렸어.

며느리가 죽고 나서 무덤을 썼는데, 이듬해 봄이 되니 무덤에서 파란 풀이 돋아나더래. 그리고 그 풀이 자라서 꽃이 필 때 보니까, 빨간 꽃잎 속에 하얀 밥알 같은 게 붙어 있더래. 그게 마치 밥알을 입에 문 채 삼키지도 못

하고 죽어 버린 며느리 한이 서려 생긴 것 같지.
그래서 사람들이 그 풀을 가리켜 며느리밥풀이라고 했다는 이야기야.

금달걀을 낳는 암탉

 옛날 옛적 갓날 갓적 부지깽이 북을 치고 바지랑대 박탈 적에, 웬 사람이 참 가난하게 살았어. 집은 가난한데 식구는 많고, 일 년 농사지어 온 식구 먹고 나면 쌀 한 줌 남는 게 없고, 이러니 도통 살림이 붇지를 않거든. 그래 한번은 식구들이 다 모여서 의논을 했어.
 "올해는 우리 식구 농사지어 먹지도 말고 쓰지도 말고, 곡식을 몽땅 독에 넣어 뚜껑을 단단히 덮고서 광에다 숨겨 놓자. 그러고서 뿔뿔이 헤어져 얻어먹든 빌어먹든 먹고살다가 내년 농사철이 되거든 돌아오자."
 이렇게 약속을 하고, 그 해 농사지은 것을 잘 찧어 가지고 몽땅 독에 넣고 뚜껑을 단단히 덮어서 광에다 깊이 숨겼어. 그러고 나서,
 "내년 봄 아무 달 아무 날에 다시 만나자."
하고는 마른 땅바닥에 콩 튀듯이 그냥 팍삭 흩어졌지. 온 식구가 뿔뿔이 헤어져서 발길 닿는 대로 가서는 얻어먹기도 하고 빌어먹기도 하고, 이러면서 겨울을 났어. 그리고 이듬해 봄에 약속한 날짜가 돼서 모두 집으로 돌아왔단 말이야.
 돌아와서 밥이나 해 먹으려고 광을 뒤져 독을 꺼냈지. 꺼내서 뚜껑을 딱 열어 보니, 아니 이게 웬일이야? 독이 텅텅 비었네그려. 다른 독을 열어 봐도 그렇고, 또 다른 독을 열어 봐도 그렇고, 모조리 텅텅 비었어. 그런데 마

지막 독을 딱 열어 보니까, 그 안에 암탉이 한 마리 눈을 깜박깜박하면서 들어 있더라네.

"야, 이놈이 우리 곡식을 다 먹었나 보다."

이 닭을 어찌할꼬 의논하다가 그냥 집에 두고 키우기로 했어. 곡식은 이왕에 먹어치운 것이니 어쩔 수 없고, 달걀이라도 얻어 볼까 하고서 말이야.

그래서 두고 키웠더니 아닌 게 아니라 그날부터 닭이 달걀을 낳는데, 아 이것이 예사 달걀이 아니라 금달걀일세그려. 금으로 된 알을 낳더란 말이지. 그러니 수가 났지 뭐. 아 날마다 금덩이를 하나씩 쑥쑥 낳으니 그 얼마나 좋아? 금세 부자가 됐지. 혼자만 부자가 된 게 아니라, 이웃에 사는 가난한 사람들한테도 몇 개씩 나눠 줘서 온 동네 사람이 다 부자가 됐어.

그런데 이웃 마을에 욕심 많은 정승이 살았거든. 이 정승이 소문을 듣고 보니 이것 참 배도 아프고 탐도 난단 말이야. 어떡하면 그 암탉을 차지할꼬 싶어서 며칠 동안 끙끙 앓다가 하루는 그 집을 찾아갔지.

"여보게, 자네 그 암탉을 언제 어디서 얻었는가?"

"우리 식구 딴 데서 겨울나고 돌아와 보니 광에 숨겨 둔 독 안에 들어 있습디다."

"옳거니, 그 닭이 바로 지난 해 집 나간 우리 닭이로세."

참말이냐고? 아니. 정승이 닭을 차지하려고 거짓말을 꾸며 낸 게지.

"이 닭이 대감 댁 닭이라고요?"

"그렇다니까. 내 우리 닭이 여태 낳은 금달걀값은 안 받을 테니 어서 돌려주기나 하게."

"그러세요. 안 그래도 우리는 이제 부자가 돼서 더는 소용없던 참이었습니다."

버텨 봐야 어차피 정승을 이길 수는 없잖아. 그래서 이 집 식구들은 닭을 순순히 건네주고 말았어.

　정승은 옳다구나 하고 닭을 집에 가져와서 금이야 옥이야 잘 길렀지. 그런데 이게 무슨 조화야? 닭이 금달걀을 안 낳고 예사 달걀만 낳네그려. 아무리 봐도 금달걀이 아니고 두드리면 톡 깨어지는 예사 달걀이야.

　다음에는 금달걀을 낳겠지 하고 기다려도 안 낳고, 그래도 어쩌다 한 번은 금달걀을 낳겠지 하고 아무리 기다려도 다시는 금달걀을 안 낳더래.

꿀떡꿀떡 혼자 떡 먹기

오늘은 정수동이 이야기를 하나 하지. 옛날에 정수동이라는 사람이 살았는데 말이야, 이 사람은 익살꾼인 데다가 장난을 좋아해서 늘 일을 내고 다녔거든.

하루는 정수동이가 여러 장사꾼들과 함께 길동무를 해서 먼 길을 가게 됐어. 한참 가다가 떡장수를 만났지. 때는 얼추 한나절이 기울어 모두들 배가 출출할 때거든. 그러니까 누구든지 떡을 사 먹고 싶은 마음이 간절할 것 아니야? 그런데 아무도 선뜻 못 사 먹어. 우물쭈물하면서 서로 눈치만 살피고 있는 거야. 왜냐고? 아, 여러 사람 있는 데서 혼자 떡을 사 먹자니 눈치 보이고, 그렇다고 여러 사람 몫까지 다 사서 나누어 먹자니 돈이 아깝고, 그래서 그런 거지.

정수동이도 떡을 사 먹고 싶어서 슬그머니 주머니를 뒤져 봤더니, 애걔, 고작 떡 네댓 개 살 돈밖에 없네. 돈만 많으면 자기가 떡을 사서 여러 사람들한테 죽 돌릴 텐데, 돈이 없으니 입맛만 다셔야지 별수가 있나? 그런데 가만히 생각을 해 보니 함께 가던 장사꾼들이 은근히 얄밉거든. 저희들은 장사를 하느라고 돈을 제법 많이 가지고 있을 텐데, 남한테 떡 사 주기가 싫어서 꼼꼼쟁이 노릇을 하고 있으니 말이야.

일이 이쯤 됐는데 잠자코 구경만 하고 있을 정수동이가 아니지. 얼른 꾀를 하나 내서 길동무들한테 슬슬 수작을 걸었어.

"여보게들, 나하고 내기 하나 안 할 텐가?"

"내기라니, 무슨 내기?"

본래 욕심 많은 사람들인지라 내기라면 귀가 번쩍 뜨이지.

"저 떡장수 목판을 한번 보게나. 떡이 가득 들어 있지 않나? 저걸 나 혼자서 한참에 다 먹어치운다면 어떻겠나?"

"뭐라고? 저 많은 떡을 혼자서 한참에 다 먹어치운다고? 말도 안 되는 소리."

커다란 목판에 가득 찬 떡을 보고는 모두들 고개를 절레절레 젓지.

"그러니까 내기를 하자는 것 아닌가? 만약에 내가 저걸 다 먹어치우면 자네들이 떡값을 다 물고, 만약에 다 못 먹으면 떡값은 나 혼자서 다 내겠네. 어떤가?"

"좋아. 어디 한번 내기를 해 보세. 자네가 저걸 다 먹기만 하면 떡값은 우리가 내지. 하지만 다 못 먹으면 떡값은 자네 혼자서 다 물어야 하네."

이렇게 해서 내기가 시작됐어. 정수동이가 떡장수 목판 앞에 서서 태연하게 떡을 집어 먹는데, 애당초 내기에 이길 마음이 없으니 많이나 먹나? 가진 돈만큼 먹지. 더도 말고 덜도 말고 딱 네 개를 먹고 나서 슬쩍 물러앉는 거야.

"아이고, 더는 못 먹겠는걸."

그러니 둘러섰던 사람들이 다 혀를 끌끌 차지.

"쯧쯧쯧, 기껏 네 개 먹었단 말이지? 그러게 큰소리나 치지 말 것이지. 이제 내기에서 졌으니 떡값은 자네 혼자서 다 무는 걸세."

그거야 처음부터 그러자고 한 일인데 마다할 리 있나?

"여부가 있나? 내고말고."

보란 듯이 떡 네 개 값을 치렀지.

　이렇게 해서 정수동이가 제 돈 주고 떡을 사서 혼자 먹었다는 거야. 그것도 눈치코치 볼 것 없이 여러 사람 보는 앞에서 아주 느긋하게 먹었다는 이야기지.

흰 나비가 된 처녀

　옛날 옛적 어느 곳에 한 처녀가 살았어. 일찍이 어머니를 여의고, 아버지하고 두 오빠들과 함께 살았지. 어머니 없이 살다 보니 온갖 집안일을 이 처녀 혼자 도맡아서 하게 됐어. 밥하기 물 긷기와 청소하기 빨래하기는 말할 것도 없고, 솜 타고 명 잣고 날고 매어 베를 짜서 철철이 옷 짓는 일까지 다 했지. 그러다 보니 바깥 구경이라고는 어쩌다 우물에 물 길으러 갈 때밖에 못 했어.
　하루는 이 처녀가 물동이를 이고 우물에 물을 길으러 갔는데, 거기서 어떤 총각하고 딱 마주쳤어. 누군고 하니 그 마을 부잣집에서 머슴살이하는 총각이야. 총각도 물지게를 지고 물을 길으러 왔다가 만난 거지. 둘이서 이것저것 도와주고 거들어 주고, 이렇게 하다가 서로 마음이 쏙 끌렸어. 그다음부터는 하루가 멀다 하고 우물가에서 만났지. 그렇게 자주 만나다 보니 정이 점점 깊어지고, 그러다가 둘이 서로 혼인 약속까지 하게 됐어.
　하루는 처녀가 몸이 아파서 우물가에 못 나갔네. 그러니까 총각이 걱정이 돼서 처녀 집에까지 찾아왔어. 집 안에는 못 들어오고 담 밖에서 기웃기웃 넘겨다봤지. 그러다가 오빠들한테 딱 잡혔어.
　"네 이놈! 머슴살이하는 주제에 감히 여염 처녀가 사는 집을 기웃거리다니, 아주 몹쓸 놈이로구나."

총각은 속절없이 흠씬 두들겨 맞고 내쫓겼어. 그런데 그 일을 알게 된 아버지가 그다음부터 처녀를 집 밖에 한 걸음도 못 나가게 하는 거야. 아주 옴짝달싹도 못 하게 해. 처녀는 집 안에 갇혀 지내면서도 그저 총각 걱정만 했지. 그러다가 얼마 안 되어 아버지한테서 마른하늘에 날벼락 같은 소리를 듣게 됐어.

"너를 건넛마을 부잣집에 시집보내기로 했으니 그리 알고 있어라."

다음 달로 혼인날까지 받아 놨다는 거야. 처녀는 마음에도 없는 시집을 가게 된 것이 억울해서 하소연을 해 봤지만 소용이 있나. 며칠 동안 밤낮으로 울면서 애를 태우다 보니, 아 이번에는 더 기가 막힌 소문이 들리네. 총각이 죽었다지 뭐야. 처녀가 다른 데로 시집가게 됐다는 말을 듣고 스스로 목숨을 끊은 거래.

처녀 집에서는 혼인날이 다가오니까 혼수를 장만하느라고 이것저것 옷을 짓거든. 처녀는 혼인날 자기가 입을 옷에다 일부러 식초를 뿌려서 바삭바삭하게 해 놨지.

이러구러 혼인날이 다가왔어. 처녀는 어쩔 수 없이 마음에도 없는 시집을 가게 된 거야. 아무려나 새색시 옷을 차려입고 연지 찍고 곤지 찍고 가마를 타고 갔어.

가다가 총각 묻힌 무덤 옆을 지나게 됐거든. 이때 처녀가 가마꾼더러 잠깐 가마를 세워 달라고 부탁을 했어. 가마꾼들이 가마를 세우니, 처녀는 가마에서 내려 총각 무덤으로 다가갔어. 그리고 무덤을 쓰다듬으며 하염없이 울었지. 울다가 울다가 하늘 보고 빌었어.

"나를 놓아 보내려거든 무덤을 닫고, 나를 불러들이려거든 무덤을 열어 주세요."

이 말이 끝나기가 무섭게 무덤 가운데가 스르르 열리면서 커다란 구멍이 생기더래. 처녀는 망설이지도 않고 곧장 그 구멍으로 들어갔지. 이때 이것을 지켜보던 사람들이 쫓아와서 처녀 옷자락을 붙잡았어. 그런데 옷을 잡는 족족 죽죽 찢어지네. 잡으면 찢어지고, 잡으면 찢어지고, 이러니 잡을 수가 있어야지.

　드디어 처녀는 잡는 사람들을 다 뿌리치고 무덤 안으로 들어갔어. 처녀가 들어가고 나니 무덤은 다시 스르르 닫혀 원래대로 딱 붙어 버리더래.

　무덤 앞에 흩어진 옷자락 조각은 그 뒤에 모두 나비가 됐어. 흰 나비가 되어 하늘로 나풀나풀 날아올라갔지. 흰 나비 떼가 날아오르자, 어디선가 노랑 나비 떼가 날아와 흰 나비와 함께 춤을 추며 너울너울 날아가더래.

　사람들은 다 그 나비들이 처녀 총각의 넋이라고 믿었단다. 흰 나비는 처녀의 넋이고, 노랑 나비는 총각의 넋이라고 말이야.

보리쌀 한 줌으로 대접받은 선비

옛날 옛날에 한 선비가 살았어. 이 선비는 가난하게 살았지만 마음씨가 참 올곧고 순했어. 너무 고지식한 순둥이라 세상 물정을 잘 몰랐지.

한번은 과거 보는 때가 됐는데, 이 선비는 남들처럼 과거 보러 갈 엄두를 못 내. 글공부는 많이 했지만 너무 가난한 탓에 노자를 마련할 길이 없는 거야.

마침 마을 훈장님이 딱한 사정을 알고 주선을 해 줘서, 이 사람이 다른 선비들 과거길에 끼어서 따라가게 됐어. 무거운 짐이나 져 주고 잔심부름이나 해 주면서 얹혀 간 거지. 눈칫밥이나 좋이 얻어먹으면서 말이야.

그렇게 가서 과거를 봤는데, 다른 선비들은 다 떨어지고 이 사람 혼자서 턱 급제를 했네. 이래 놓으니 다른 선비들은 은근히 심보가 뒤틀리거든. 번듯하게 노자를 쓰고 온 저희들은 다 떨어지고 염치없이 빈대 붙어 온 사람이 급제를 했으니 말이야.

그래서 다른 선비들이 생뚱맞은 꾀를 하나 냈어. 어떤 꾀를 냈는고 하니, 집으로 돌아갈 때 이 가난한 선비한테 보리쌀 한 줌을 줘서 내쫓은 거야. 말로는 그럴 듯하게,

"자네는 이걸 노자로 해서 어서 빨리 고향으로 가게. 급제했다는 소식을 얼른 식구들에게 전해야 하지 않겠나? 우리야 바쁠 것도 없으니 가는 길

에 경치 구경이나 하면서 쉬엄쉬엄 감세."

했지. 하지만 속셈은 그게 아니야. 보리쌀 한 줌 가지고는 노자가 어림없을 테니, 이참에 아주 단단히 고생이나 해 봐라, 이런 속셈이지.

가난한 선비는 고지식한 사람이라 그런 눈치도 몰라. 그저 그런가 보다 하고 시키는 대로 고분고분 따랐지.

"그러면 내가 먼저 갈 테니 자네들은 천천히 오게나."

하고서, 보리쌀 한 줌을 가지고 바쁘게 앞서 갔어.

다른 선비들은,

'흥, 보리쌀 한 줌으로 제가 얼마나 버티나 보자.'

하고 코웃음을 쳐 가며 느긋하게 그 뒤를 따라가는 거야.

뒤따라가던 선비들이 이튿날 한 마을에 닿았어. 그러고 보니 앞서 간 가난한 선비 일이 궁금하거든. 그래서 동네 사람들한테 물었지.

"여보시오, 어제 이리로 가난한 선비 한 사람 지나가지 않았소?"

"예, 바로 그런 손님이 우리 마을에 묵었지요."

"그래, 밥이나 빌어먹고 갔소?"

"빌어먹다니요. 그분이 글쎄 보리쌀 한 줌을 내놓으면서, 이걸로 밥을 지어 마을 노인들 먼저 먹이고 남은 것을 달라지 않겠어요? 얼마나 무던해요? 그래서 온 마을 사람들이 입쌀을 추렴해서 흰밥을 잘 지어 드렸지요."

선비들은 속으로 첫날은 운이 좋았던 게고, 다음 날은 오지게 망신당했을 거라 생각하고 또 길을 갔어.

다음 날 한 마을에 닿아서 또 물어봤지.

"여보시오, 어제 이리로 가난한 선비 한 사람 지나가지 않았소?"

"예, 바로 그런 손님이 우리 마을에 묵었지요."

"그래, 밥이나 빌어먹고 갔소?"

"빌어먹다니요. 그분이 글쎄 보리쌀 한 줌을 내놓으면서, 이걸로 밥을 지어 마을 노인들과 병든 이들 먼저 먹이고 남은 것을 달라지 않겠어요? 얼마나 무던하고 착해요? 그래서 온 마을 사람들이 입쌀과 고기를 추렴해서 흰밥과 고깃국을 잘 대접해 드렸지요."

선비들은 속으로 둘째 날까지도 운이 좋았던 게고, 다음 날은 틀림없이 엉망으로 망신을 당했겠지 하면서 또 길을 갔어.

다음 날 한 마을에 닿아서 또 물어봤지.

"여보시오, 어제 이리로 가난한 선비 한 사람 지나가지 않았소?"

"예, 바로 그런 손님이 우리 마을에 묵었지요."

"그래, 밥이나 빌어먹고 갔소?"

"빌어먹다니요. 그분이 글쎄 보리쌀 한 줌을 내놓으면서, 이걸로 밥을 지어 마을 노인들과 병든 이들과 아이들 먼저 먹이고 남은 것을 달라지 않겠어요? 얼마나 무던하고 착하고 상냥해요? 그래서 온 마을 사람들이 입쌀과 고기와 누룩을 추렴해서 흰밥과 고깃국과 술을 잘 대접해 드렸지요."

다음 날도 또 그다음 날도, 닿는 마을마다 물어봐도 다 한입에서 나온 것같이 가난한 선비를 잘 대접해서 보냈다고 그러지 뭐야. 보리쌀 한 줌을 내놓으면서도 마을 노인들과 병든 이들과 아이들을 앞세우니, 세상에 이렇게 무던하고 착하고 상냥한 이가 있나 싶어서 다 고맙고 훌륭하게 봤다는 거지. 그래 너도나도 추렴을 해서 아주 잘 대접을 해 보냈다는 거야.

이렇게 해서 보리쌀 한 줌 가진 가난한 선비는 내내 대접을 잘 받아 가며 아무 탈 없이 고향에 돌아갔다는 이야기야. 골려 주려던 선비들만 도로 머쓱하게 됐지 뭐.

청개구리 점치기

옛날에 갓날에 청개구리라는 아이가 살았어. 생긴 것은 멀쩡한데, 도무지 미련해서 아무 일도 할 줄 몰라. 갓난아기 때부터 아랫목에서 밥 먹고 윗목에서 똥 싸던 것이 나이 열다섯 살이 되도록 그 모양이야. 그러니 어머니가 그만 역정이 나서 내쫓았어.

"네 이 녀석, 당장 나가서 돈이나 벌어 오너라."

이래서 청개구리가 집에서 쫓겨났어. 워낙 미련퉁이라 쫓겨나서도 무슨 할 일이 있나. 그냥 우두커니 길가에 서 있기만 했어. 하루 종일 길가에 서 있으니까, 웬 사람이 허겁지겁 달려오다가 청개구리를 보더니 반색을 하네.

"네가 바로 용하다는 그 점쟁이로구나. 어서 가자."

마침 그 집에서 큰돈을 잃어버려서 점쟁이를 구하러 가는 판이었거든. 이 근방에 용한 점쟁이가 있다는 소문을 듣고 그 점쟁이 찾으러 가는 길에 청개구리를 만난 거야. 청개구리를 점쟁이인 줄 안 거지.

그래서 청개구리가 영문도 모르고 그 집에 끌려갔어.

가 보니 마당에 멍석을 깔고 음식을 많이 차려 놨어. 청개구리가 멍석에 앉긴 했는데, 도무지 뭘 알아야 점을 치든지 말든지 하지. 아무것도 모르니까 그저 눈앞에 뵈는 대로 주워섬겼어. 마침 눈앞에 커다란 떡시루가 있고, 거기 금방 쪄 낸 백설기에서 김이 무럭무럭 나거든. 그걸 보고 혼잣말로 중얼중얼했어.

"얼기설기 백설기, 무럭무럭 김 무럭."

시루에 얼기설기 백설기가 잔뜩 들어 있고, 거기서 김이 무럭무럭 나니까 그러는 거지.

"얼기설기 백설기, 무럭무럭 김 무럭."

뭐 다른 말은 할 줄도 모르니까 내처 그 말만 중얼중얼 주워섬겼어.

"얼기설기 백설기, 무럭무럭 김 무럭."

그런데 이때 돈 훔쳐 간 도둑이 마침 그 자리에 왔네. 도둑이 둘인데, 그 이름이 뭔고 하니 하나는 백설기고 하나는 김무럭이야. 가만히 들어 보니까 에구 뜨거라, 딴말이 아니라 바로 저희들 이름을 대고 있거든.

'에구머니, 저 아이가 얼마나 용한 점쟁이인지 우리 이름을 다 알아 버렸네. 이러다가 잡히는 날에는 경을 치게 생겼구나.'

그만 혼이 다 빠져서 훔쳐 간 돈을 꾸러미째 냅다 집어던지고 걸음아 날 살려라 하고 도망을 가 버렸지. 한창 점을 치고 있는 판에 갑자기 잃었던 돈 꾸러미가 덜컥 눈앞에 떨어진 거야. 잃었던 돈이 불쑥 나타나니 얼마나 좋아? 주인집에서는 용한 점쟁이 덕분이라고 찾은 돈 반을 뚝 잘라 줬어.

그래서 청개구리가 얼떨결에 점을 잘 치고 돈을 많이 벌었어. 이제 돈을 벌었으니 집으로 가야지.

그래서 집으로 가는데, 아 이번에는 난데없는 도적 떼가 나타나 길을 턱 막아서는구나. 도적 두목이 썩 나서더니,

"네가 바로 용한 점쟁이렷다. 이 주먹 안에 뭐가 들어 있는지 당장 알아맞혀라."

하고 주먹을 불쑥 내미는 거야. 청개구리 점 잘 친다고 그새 소문이 났는지, 이제는 별일이 다 생기네.

그나저나 그 주먹 안에 뭐가 들었는지 어떻게 알아? 그냥 깜깜하니까 혼잣말을 했지.

"에잇, 이제 청개구리는 죽게 됐구나."

암만 해도 모르니까 저는 이제 죽었다는 말이지.

그런데 그 말을 듣고 도적 두목이 잘 맞혔다면서 손을 쫙 펴. 손바닥 안을 보니까 거기에 청개구리 한 마리가 들어 있지 뭐야. 청개구리를 손에 꼭 쥐고 있으니 죽게 됐다는 것도 맞는 말이잖아. 참 용하게 알아맞힌 거지.

그래서 점을 다 잘 치고, 무사히 집에 돌아와 잘 살았더란다.

호랑이와 입 고운 나무꾼

옛날 옛적 어느 산골에 나무꾼 두 사람이 살았어. 둘 다 나무해서 먹고살고, 나이도 몸집도 비슷비슷했지. 그래서 이 사람이 저 사람 같고, 저 사람이 이 사람 같고, 그랬단 말이야. 그런데 딱 한 가지가 달랐어. 한 사람은 입이 험하고 다른 한 사람은 입이 고와. 똑같이 키 큰 나무를 보고도 입 험한 사람은,

"에잇, 그 나무 쓸데없이 키만 머쓱하게 컸군."

하는데, 입 고운 사람은,

"이야, 그 나무 키가 커서 시원스럽기도 하다."

하는 거야.

하루는 입 험한 나무꾼이 나무를 하러 뒷산에 갔다가 호랑이 새끼를 만났어. 어미호랑이는 어디로 갔는지 안 보이고, 새끼들만 바위 아래 양지쪽에서 오글오글하거든. 아무리 호랑이라도 새끼들이니까 조그맣고 귀여울 것 아니야? 그래도 이 사람은 입이 험해서 좋은 말을 못 해.

"에잇, 그놈의 호랑이 새끼들 흉하기도 하지. 저런 게 커서 짐승도 잡아먹고 사람도 잡아먹고 할 테지."

했어. 그런데 이 말을 어미호랑이가 다 들었네. 바위 뒤에서 듣고는 그만 기분이 언짢아졌어. 아, 그럴 것 아니야? 아무리 호랑이지마는 제 새끼 흉하

다는데 마음이 좋을 리 있나? 당장 눈을 부릅뜨고 쓱 나타나서,

"어흥!"

하고, 온 산이 떠나가도록 소리를 냅다 질렀지. 괘씸한 놈 어디 한번 혼나 보라고 말이야. 그 바람에 이 나무꾼은 그만 깜짝 놀라 걸음아 날 살려라고 도망을 쳤어. 아주 기겁을 해서 지게고 뭐고 다 팽개치고 허겁지겁 집으로 돌아갔지.

그다음부터는 이 사람이 나무를 하러 뒷산에 가지를 못해. 산에만 가면 어미호랑이가 나타나서 눈을 부릅뜨고 '어흥!' 소리를 질러 대니 갈 수가 있나. 아주 발을 못 붙여. 하릴없이 입 험한 나무꾼은 집에서 멀리 떨어진 다른 산에 가서 나무를 해야 했어. 그러자니 고생이 이만저만이 아니지 뭐.

며칠 뒤에 입 고운 나무꾼도 뒷산에 가서 나무를 하다가 호랑이 새끼를 만났어. 이번에도 어미호랑이는 어디 갔는지 안 보이고 새끼들만 바위 아래 양지쪽에서 오글오글해. 아무리 호랑이라도 새끼들이니까 조그맣고 귀엽거든. 그래서 이 사람이 한마디 했어.

"아유, 예쁘기도 해라. 조그맣고 귀여운 아기들이 잘도 노네. 크면 아주 씩씩한 호랑이가 되겠는걸."

입이 고와서 좋은 소리만 나오는 거지. 그런데 이번에도 어미호랑이가 그 말을 다 들었어. 바위 뒤에서 듣고는 아주 기분이 좋아졌네. 그럴 것 아니야? 사람이나 짐승이나 제 새끼 예쁘다는데 싫을 리가 없지.

어미호랑이가 당장 좋은 나무를 많이 물어다가 나무꾼한테 갖다 줬어. 그것도 놀랄까 봐 아주 얌전하게, 소리 하나 안 내고 슬그머니 갖다 줬지. 나무꾼은 난데없이 호랑이가 나타나서 좀 놀랐지마는, 나무를 물어다 주는 걸 보고는 해코지하려는 게 아니라는 걸 알았어.

그뿐이 아니야. 나무를 다 하고 나니까, 이번에는 등을 슬쩍 돌려 대고 꼬

리를 살래살래 흔들어. 등에 타라는 소린가 봐. 호랑이 등에다가 나뭇짐도 싣고 저도 올라탔지. 그러니까 아주 시원스럽게 달려서 눈 깜짝할 새 집 마당까지 가서는 턱 내려놔. 호랑이 덕분에 나무 잘 하고 호사까지 했지 뭐야.

그 뒤로도 입 고운 나무꾼은 호랑이 덕을 많이 봤어. 뒷산에 가기만 하면 호랑이가 나타나서 나무를 해 주고, 나무를 다 하면 등에 태워서 집에까지 데려다 주는 거야. 그러니 얼마나 좋아. 날마다 호랑이 타고 다니면서 호강하고 살았지.

구렁이가 먹은 신기한 풀

옛날 옛적 어느 산골 가난한 집에 한 아이가 살았어.

이 아이는 마음씨가 참 착해서 남의 말이라면 뭐든지 다 들어줬어. 남이 달라면 먹던 음식도 내주고 입은 옷도 벗어 주고, 남이 해 달라면 비 오는 날 논도 매 주고 한밤중에 나무도 해다 줬지. 그런데 집이 너무 가난한 탓에 늘 또래 아이들한테 따돌림을 받았어. 입성도 꾀죄죄하고 본새도 변변치 못하니까 그런 게지.

하루는 동네 아이들이 산에 더덕을 캐러 가기에 이 아이도 따라갔어. 한 곳에 가니까 아래로 깎아지른 듯한 벼랑이 있는데, 그 벼랑 가운데쯤 발 디딜 만한 곳이 있고, 거기에 더덕이 많이 나 있거든. 그걸 캐고는 싶은데 벼랑이 험해서 아무도 내려갈 엄두를 못 내. 그러다가 다른 아이들이 이 가난한 아이더러 한번 내려가 보라고 살살 꾀는 거야. 저희들은 겁이 나서 못 내려가니까 그러지.

이 아이도 겁이 났지마는 남의 청을 못 뿌리치는 성미라 큰맘 먹고 내려갔어. 더덕 담아 가려고 집에서 가지고 온 둥구미가 있었거든. 그걸 타고 내려갔지. 둥구미에다가 칡으로 기다란 끈을 엮어 달아서, 다른 아이들이 위에서 끈을 잡고 내려뜨리는 걸 타고 내려갔어.

어찌어찌 내려가서 더덕을 캤지. 다 캐서 둥구미에 실어 올려보냈어. 그러고 나서 다시 둥구미가 내려오기를 기다리는데, 어허 이런 변이 있나. 아무리 기다려도 둥구미가 안 내려오네. 위에 있던 아이들이 더덕만 챙겨 가지고 그냥 집으로 가 버린 거야.

이래서 이 아이는 그만 벼랑 가운데에서 오도 가도 못 하는 신세가 됐어. 벼랑이 너무 가팔라서 오르지도 내리지도 못하는데다가 깊은 산중이라 소리를 질러도 소용이 없으니 딱하지. 그런데 하늘이 무너져도 솟아날 구멍이 있다더니, 가만히 보니 거기에 조그마한 굴이 하나 있네. 비바람 피할 만한 곳은 되는 셈이지. 들어가 보니 안이 제법 넓어서, 사람 하나는 거뜬히 누울 만해. 그래 거기서 하룻밤을 잤어.

그리고 이튿날 다시 벼랑 가에 나와 하염없이 앉아 있는데, 아 어디서 나타났는지 커다란 구렁이 한 마리가 스르르 다가오네. 혀를 날름날름하면서 말이야.

'아이고, 이제는 죽었구나.'

땅 위도 아니고 좁은 벼랑 가에서 어쩔 거야. 그냥 구렁이한테 잡아먹히기만을 기다리고 있었지. 그런데 구렁이는 사람을 해칠 생각이 없나 봐. 이 아이 앞을 스르르 지나 반대쪽으로 가거든. 이상해서 따라가 봤지. 구렁이가 가는 곳에는 아슬아슬하지만 조금 평평한 곳이 있고, 거기에 풀 같은 게 많이 나 있더래. 구렁이는 그 풀밭에 들어가 풀잎을 날름날름 뜯어 먹어. 그러고 나서는 도로 왔던 길로 스르르 기어가더니 어디론가 사라져 버리는 거야.

'저게 무슨 풀이기에 그러는 걸까?'

이 아이도 그 풀을 조금 뜯어서 먹어 봤어. 그랬더니 향긋한 냄새가 입안에 돌면서 이상하게도 온몸에 기운이 솟아나더래. 흙을 살살 헤치고 보니 구불구불한 뿌리도 뽑혀 나와. 그걸 조금 먹어 봤더니 금세 배가 불러 오는 거야. 그다음부터 아이는 기운이 빠지거나 배가 고플 때마다 그 풀을 먹었어. 잎도 뜯어 먹고 뿌리도 캐 먹었지. 아이는 그 풀 덕분에 벼랑 가운데에서도 거뜬히 살 수 있었어. 밤에는 굴에 들어가 잠을 자고, 낮에는 벼랑 가에 나와 풀을 먹으면서 살았지.

이러구러 봄도 다 갔어. 그럭저럭 벼랑 가운데에 갇혀서 한 두어 달을 보낸 셈이지.

하루는 그때 왔던 구렁이가 또 나타나서 풀을 먹더래. 그런데 이번에는 풀을 먹고 나서도 얼른 안 가고, 그냥 아이 곁에서 미적거리고 있는 거야. 등을 돌려 대고 흔들흔들하는 게 꼭 타라는 뜻인 것 같거든.

'나더러 제 등에 타라고 저러나?'

이렇게 생각하고 구렁이 등에 올라탔어. 그랬더니 아니나 다를까, 구렁이가 아이를 태우고는 스르르 가는 거야. 깎아지른 벼랑을 타고 위로 올라가더니, 얼마 안 돼서 벼랑 위 땅에 올라왔어. 거기에 아이를 내려놓고, 구렁이는 어디론가 스르르 가 버려. 구렁이 덕택에 이 아이는 다시 바깥세상으로 나오게 됐지.

집에 돌아와 보니, 그때 자기를 혼자 두고 갔던 아이들은 다 없어져 버렸더래. 더덕 캐 온 그다음 날 자고 일어나 보니 온데간데없더라네. 밤새 호랑이가 물어 갔다고도 하고 귀신이 와서 잡아갔다고도 하는데, 뭐가 참말인지는 나도 모르겠네.

터주와 소도둑

오늘은 우스운 이야기 하나 할까.

옛날 옛적 어느 시골에 농사꾼 총각이 살았는데, 나이 마흔이 넘도록 장가를 못 갔어. 돈이 없어서 장가를 못 간 거야. 돈이 더도 말고 덜도 말고 삼백 냥만 있으면 장가를 가겠는데, 그놈의 삼백 냥이 없어서 장가를 못 갔단 말이지. 그래서 하루는 이 총각이 집 안에 모셔 놓은 터주에다가 정화수를 떠다 놓고 빌었어.

"영험하신 터주님, 이 몸을 불쌍히 여기시어 부디 돈 삼백 냥만 생기게 해 줍시오."

이렇게 비는데, 이때 마침 소도둑이 이 집에 딱 들어왔어. 소도둑이 울타리 뒤에 납작 숨어서 외양간에 있는 소를 훔쳐 가려고 틈만 엿보고 있었거든. 그런데 집주인 총각이 돈 삼백 냥 생기게 해 달라고 터주에 빌고 있단 말씀이야. 그걸 보고 코웃음을 쳤지.

"흥, 바보 같으니. 돈 삼백 냥이 생기기는커녕 오늘 밤 안으로 소 한 마리를 도둑맞을 거다."

제가 곧 훔쳐 갈 테니까 말이야. 소도둑이 숨어서 한참 기다리니까 총각이 빌기를 다 마치고 방 안으로 들어가거든. 이때다 하고 살금살금 외양간으로 기어들어가서 소를 딱 훔쳐 냈어. 소고삐를 끊어 잡고 소를 살살 밖으로 몰고 나왔지. 그러고서 이제 막 도망을 가는 판이야.

그런데 이 도둑이 딴 데서 훔친 돈 삼백 냥을 가지고 있었거든. 옛날 돈은 다 엽전인데, 엽전 삼백 냥이면 제법 무겁단 말이야. 그걸 자루에 넣어가지고 둘러메고 다니다가, 이제 소를 훔쳤으니까 소 등에다 실었어. 소 등에다 돈자루를 싣고 가는 거지. 그러면 가뿐해서 좋잖아.

가다가 보니 도랑이 하나 나와. 그래서 도랑을 건너려고 소고삐를 잡고 끄는데, 아 이놈의 소가 도랑을 안 건너려고 하네. 그냥 막 버티는 거야. 아무리 고삐를 잡아끌고 엉덩이를 때리고 야단을 해도 막무가내야. 도둑은 도랑 건너 저쪽에서 고삐를 잡아끌고, 소는 도랑 이쪽에서 안 가려고 버티고, 이러다가 그만 고삐가 뚝 끊어졌네.

그러니까 어떻게 되겠어? 소는 이제 살았다 하고 되돌아서 껑충껑충 뛰어가지. 어디로 가느냐고? 그야 제 집으로 가지. 도둑은 뭘 하느냐고? 도둑이야 뭐 닭 쫓던 개 지붕 쳐다보는 격이지. 도망가는 소를 멀뚱멀뚱 바라보고만 있지 뭐 어떻게 해. 소 잡으려고 따라갔다가는 잡히기 딱 좋을 텐데 뭐.

이때 집주인 총각은 방에서 막 잠을 자려고 하다가 소 우는 소리를 들었어. 그래서 밖으로 나와 봤지. 그랬더니 자기 집 소가 마당에 서 있는데, 가만히 보니까 자루를 하나 등에 싣고 서 있거든. 자루를 들여다보니, 글쎄 더도 말고 덜도 말고 딱 돈 삼백 냥이 들어 있지 뭐야.

"아까 터주님께 돈 삼백 냥 생기게 해 달라고 빌었더니 그새 소 등에 실어 보내 주셨네. 아이고, 고마워라."

총각은 그 돈이 정말 제 집 터주님이 보내 준 돈인 줄 알고, 그다음부터는 아주 터주 모시기를 제 부모 모시듯이 했어.

장가는 갔느냐고? 그야 두말 하면 잔소리지. 터주님이 장가가라고 돈 삼백 냥을 보내 주셨는데 안 가고 어쩔 거야?

집 없는 달팽이

옛날 어느 곳에 한 부부가 외동딸과 함께 살았는데, 어머니가 병에 걸려 시름시름 앓다가 그만 죽고 말았어. 그래서 새로 계모가 들어왔지. 새로 들어온 계모는 의붓딸을 어찌나 미워하는지, 밥도 안 주고 날마다 힘든 일만 시켜. 의붓딸은 밥 한 그릇 제대로 못 먹고 날마다 밥솥에 붙은 누룽지만 긁어 먹고 살았지. 그런데도 일은 얼마나 고된지 꼭두새벽부터 밤늦게까지 잠시도 쉴 틈이 없어. 그러다 보니 손바닥 발바닥이 다 닳아서 반들반들한 지경이야.

계모는 의붓딸을 그렇게 구박하고 부려먹으면서도 저는 손끝 하나 까딱 않고 허구한 날 빈둥거리며 노는 게 일이야. 보다 못해 남편이 길쌈하라고 삼을 몇 단 사다 주니, 손으로 한번 쓱 만져 보고는 이것도 못 쓰겠다 저것도 못 쓰겠다 하고 죄다 울 너머로 내던져 버리는 거야. 보다 못해 남편이 옷을 지으라고 베를 몇 필 사다 주니, 이것도 손으로 한번 쓱 만져 보고는 이것도 못 쓰겠다 저것도 못 쓰겠다 하고 죄다 울 너머로 내던져 버리네.

의붓딸은 계모가 버린 삼과 베를 낱낱이 주워다가 장롱 속에 잘 넣어 놨어. 그리고 틈틈이 길쌈을 하고 옷을 지었지. 삼을 삼아 날고 매어 베틀에 걸고 베를 짰어. 계모가 보면 쓸데없는 일 한다고 구박을 할 테니, 계모가 나들이 가거나 잠든 사이에 조금씩 조금씩 일을 했지.

드디어 장롱 속에 든 삼과 베로 옷을 다 지었어. 치마도 짓고 저고리도 짓고 해서 모두 일곱 벌을 곱게 지어 놨지.

하루는 마을에 광대놀음판이 벌어졌어. 그래서 마을 사람들이 다 구경을 가는데, 계모도 구경을 가려고 보니 입을 옷이 없거든. 이날 이때까지 바느질 한번 안 해 보고 빈둥빈둥 놀기만 했으니 나들이옷이 있을 턱이 있나. 그래서 허둥지둥하는 걸 보고 착한 의붓딸이 제가 지은 일곱 벌 옷을 다 내놨어.

"어머니가 울 너머에 버린 삼과 베를 주워서 제가 옷을 지어 놨습니다. 이걸 입고 구경 가세요."

계모가 좋아라 하면서 옷을 입어 보니 하나같이 다 작아서 몸에 맞지를 않네.

"에잇, 이것도 옷이라고 지어 놨느냐?"

계모는 의붓딸이 지은 옷을 모두 갈기갈기 찢어서 울 너머로 내던져 버렸어. 그리고는 커다란 항아리 안에 들어가서 목만 내놓고 앉아 남편한테 져다 달라고 했어. 남편이 마지못해 항아리를 지게에 얹어 짊어지고 놀음판에 데려다 줬지.

계모는 항아리 안에서 목만 내놓고 앉아서 광대놀음을 구경했어. 한창 구경을 하는데, 재주를 넘던 광대 하나가 펄쩍펄쩍 다가와서 들고 있던 대통으로 항아리를 딱 때리는 거야. 그러니까 항아리가 팍삭 깨지면서 발가벗은 계모가 그 안에서 툭 튀어나오지 뭐야.

구경꾼들이 그 꼴을 보고 왁자하게 웃으니까, 계모는 부끄러워서 도망간다는 것이 두 발로 서서 못 가고 네 발로 엉금엉금 기어갔어. 가다가 가다가 점점 조그맣게 오그라들었지. 오그라들어서 장독만 해지고, 항아리만 해지고, 대접만 해지고, 종지만 해지고, 그러다가 그만 집 없는 달팽이가 돼 버렸어. 집도 없이 발가벗고 기어다니는 민달팽이가 돼 버린 거야.

이때 집에서는 의붓딸이 계모가 갈기갈기 찢어 놓은 옷을 하나하나 이어 붙였어. 그렇게 이어 붙여 누덕누덕 기운 옷을 입고 뒤늦게 놀음판에 갔지. 가 보니 계모는 집 없는 달팽이가 돼서 어기적어기적 기어다니거든.
　이때 마침 하늘에서 쌍무지개가 뜨더니, 그 무지개를 타고 일곱 선녀가 하늘에서 내려와 의붓딸에게 곱디고운 비단옷을 입혀 주더래. 의붓딸은 선녀들을 따라 하늘로 올라가 여덟째 선녀가 됐어. 선녀가 된 의붓딸은 집도 없이 기어다니는 계모가 불쌍해서 옥황상제에게 청을 드려 집을 하나 지어 줬지. 그때부터 달팽이한테 집이 생긴 거래.

개구리깡충치

옛날에 한 마을이 있었는데, 이 마을 사람들은 말을 곧이곧대로 하는 법이 없었어. 이리 비비 틀고 저리 배배 꼬고 해서 아주 말을 이상하게 만들어 가지고, 그걸 유식한 척 쓰고 살았단 말이야. 여느 사람들 같으면 "웬 흰소리냐?"고 할 자리에 "무슨 까치 배때기 같은 소리냐?" 그러고, 그냥 "음식 맛이 싱겁다" 하면 될 것을 "고드름 장아찌 맛이라" 하는데, 이런 곁말이 어쩌다 한두 번이 아니라 밤낮으로 내처 나오는 거야.

이러니 고을 원이 갈려와도 도통 배겨 내질 못하네. 한 달을 못 채우고 쫓겨온단 말이지. 그쪽 사람들이 하는 말을 도통 못 알아듣는 데다가 원이 예사로 말을 하면 무식하다고 깔보고 드니, 이거야 원 사또 노릇을 하려 해도 할 수가 있나. 어떤 원은 며칠 견디다가 제풀에 도망쳐 나오고, 어떤 원은 낯 두껍게 달포씩 앉아 배기다가 짚둥우리 타고 쫓겨 나오고, 이러는 판국이지.

이때 한 의뭉스럽고 능청맞은 사람이 그 고을 원으로 가게 됐어. 가다가 목이 말라 길갓집에 들렀더니 어른은 없고 조그만 아이가 혼자 있더래.

"너희 아버지는 어디 갔느냐?"

"우리 아버지는 도둑놈 못자리한 데 갔지요."

벌써 곁말이 나오는 거야.

"그럼 너희 어머니는 어디 갔느냐?"

"젖은 놈 옷 벗기러 갔지요."

무슨 뜻인지 암만 생각해도 알 수가 있어야지.

"얘, 그게 다 무슨 뜻이냐?"

"에잇, 무식한 어른이로군. 장에 가면 서로 돈을 더 받으려니 덜 주려니 하니까 다 도둑놈이잖아요? 그런 도둑놈이 많이 모였으니 못자리한 데지요. 방아 찧는 데 가면 곡식을 물에 불려서 쿵쿵 찧어 껍데기를 벗기잖아요? 그게 젖은 놈 옷 벗기는 데지요."

아이쿠, 자칫하다가는 큰코다치겠다고 이 사람이 아주 단단히 마음을 먹었어. 그래 관아에 가자마자 마루 위에 떡 하니 앉아 큰 소리로 호령을 했지.

"여봐라, 어서 가서 밥상을 차려 오되 반찬은 꺾어부들나물, 개구리깡충치, 후후입바람탕으로 갖추어 올려라."

미리 선수를 친 게야. 제가 먼저 희한한 곁말로 오금을 박아 놓으려고 그러는 거지.

마을 사람들이 들어 보니 도무지 무슨 말인지 모르겠거든. 한나절 동안 끙끙 앓으며 궁리를 해 봐도 도저히 알 방도가 없으니까, 이 사람들이 하릴없이 원을 찾아와 물었어.

"사또, 그게 다 무슨 뜻입니까? 우리는 도통 모르겠습니다."

"너희들이 그러고도 곁말을 쓴다 하느냐? 꺾어부들나물이란 두릅이니라. 두릅을 꺾어 놓으면 부들부들하지 않느냐? 그리고 개구리깡충치는 미나리김치니라. 미나리논에 개구리가 깡충거리고 뛰어다니지 않느냐? 또 후후입바람탕은 뜨거운 죽이니라. 죽을 뜨겁게 쒀 놓으면 입바람을 후후 불어 식혀 먹지 않느냐?"

"아이고, 사또. 제발 말을 좀 쉽게 하십쇼. 그래 가지고는 한마디도 못 알

알듣겠습니다."

"그래? 그러면 이제부터 피차 곁말을 쓰지 말고 예사로 말을 하고 살 테냐?"

"좋습니다."

그래서 곁말을 없애고 원 노릇 잘했다는 이야기.

점쟁이 따라하기

오늘은 싱겁고 열없는 이야기 한번 들어 보련?

옛날에 어떤 점쟁이가 이 마을 저 마을 다니면서 점을 쳐 주고 살았어. 그러다가 하루는 어느 시골 마을에 가니까, 마침 어떤 집에서 식구들이 밤만 되면 자꾸 무서운 꿈을 꾼다고 걱정을 하는 거야. 그래서 점쟁이가 점괘를 딱 뽑아 보고는 수를 가르쳐 줬지.

"허허, 이 집에 액이 들어도 단단히 들었으니 경을 읽어서 액을 물려야 되겠소."

이렇게 엄포를 딱 놓으니까 그 집 식구들이 모두 달려들어서 살려 달라고 빌거든.

"아이고 복사님, 제발 그 액 좀 물려 주오."

그래서 점쟁이가 그 집 액을 물려 주기로 하고 경 읽을 채비를 했지. 마당에 멍석을 깔고 식구들을 다 불러모은 다음에 한마디 오금을 박았어.

"이제부터 반드시 내가 말하는 대로 잘 따라 해야 하오."

경 읽는데 딴소리를 하면 안 되니까, 뭐든지 시키는 대로 잘 하라고 다짐을 받은 거야. 그래 놓고 큰 소리로 한마디 했어.

"어서 쌀 한 됫박을 내오너라!"

그러면 냉큼 쌀 한 됫박을 퍼다가 상 위에 벌여 놓을 줄 알았지. 그런데 이

집 식구들 꼴 좀 보게. 꼼짝도 않고 서서 한입으로 외는 듯이,

"어서 쌀 한 됫박을 내오너라!"

하고 소리를 치지 뭐야. 말하는 대로 잘 따라 하랬더니, 말을 그대로 따라 하라는 줄만 알고 그러는 거야.

점쟁이가 또,

"어서 베 한 필을 내놓아라!"

하고 큰 소리로 외쳤더니, 또 온 식구가 한입으로 외는 듯이,

"어서 베 한 필을 내놓아라!"

하고 똑같이 외치는 거야. 점쟁이가 하도 어이가 없어서,

"말하는 대로 잘 하랬지, 누가 말을 따라 하랬느냐?"

하니까, 식구들이 그 말을 그대로 받아,

"말하는 대로 잘 하랬지, 누가 말을 따라 하랬느냐?"

하고 고래고래 소리를 치네. 이러니 원, 무슨 말을 더 해? 한마디 더 했다가는 똑같은 소리 듣느라고 귀만 따가울 테니 말이야.

점쟁이가 그만 화가 잔뜩 나서, 벌떡 일어나 밖으로 뛰쳐나갔어. 나가다가 그만 인방에 이마가 '쿵' 하고 부딪혔지. 그랬더니 어쨌는지 알아? 온 식구가 점쟁이를 따라 이마를 인방에 박느라고 아주 난리가 났어. 키 큰 어른들은 그냥 서서 이마를 쿵쿵 박고, 키 작은 아이들은 펄쩍 뛰어도 이마가 안 부딪히니까 아예 사다리를 놓고 올라가서 쿵쿵 박치기를 해. 참 세상에 그런 난리가 없지.

또 점쟁이가 대문을 열고 나가다가 소똥을 밟고 미끄러졌거든. 그러니까 온 식구가 다 그걸 따라 하느라고 소똥에 미끄럼을 타. 먼저 나온 어른들은 점쟁이가 미끄러진 소똥을 또 밟고 미끄러졌는데, 늦게 나온 아이들은 미끄러질 소똥이 없거든. 그러니까 온 동네에 소똥 구하러 다니느라고 난리가

났어.

　점쟁이가 부끄러워서 대문 밖 동아 넝쿨 속에 숨었더니, 또 온 식구가 그 안에 따라 들어가. 그런데 이번에도 넝쿨 속이 좁아서 어른들은 다 들어갔는데 아이들은 다 못 들어가지. 밖에 남은 아이들이 엉엉 울고 있으니까 어른들 하는 말이,

　"너희들은 얼른 뒷산에 올라가 칡넝쿨 속에라도 들어가거라."

하더라나.

둔갑 내기

옛날 옛적에 어떤 아이가 있었는데, 어려서 부모를 다 여의고 홀몸이 됐어. 그러고 나니 먹고살 길이 없어 남의 집 머슴이나 살자고 집을 나섰어. 집을 나와 그저 발길 닿는 대로 자꾸 갔지.

가다 보니 산속에 들어가게 됐는데, 마침 그 산속에 고래등 같은 기와집이 한 채 있더래. 여기서 머슴 살면 되겠구나 하고 문간에서 주인을 찾았지. 그랬더니 웬 험상궂게 생긴 장사가 나와서 물어.

"너는 여기에 왜 왔느냐?"

"이 댁에 머슴 살러 왔습니다."

"글을 읽을 줄 아느냐?"

"예, 압니다."

"에잇, 그럼 가거라."

하릴없이 쫓겨났어. 쫓겨나서 가만히 생각해 보니, 아까 분명히 글을 읽을 줄 안다니까 쫓아 냈단 말이야. 그럼 글을 못 읽는다고 하면 받아 줄 것 같거든. 그래서 이튿날 얼굴에 검댕을 잔뜩 묻혀 가지고 또 갔어.

"이 댁에 머슴 살러 왔습니다."

"글을 읽을 줄 아느냐?"

"모릅니다."

"됐다. 그럼 들어오너라."

아니나 다를까, 글을 못 읽는다고 하니 받아 주네.

집 안에 들어가 보니 곳간이 참 많아. 큰 것도 있고 작은 것도 있고, 아주 즐비해. 그런데 그 많은 곳간마다 갖가지 진귀한 물건들이 가득 쌓여 있는 거야. 알고 보니 이 집은 천하에 사나운 도둑 두목 집이야. 마침 두목은 도둑질하러 가고 없고, 집에는 졸개들만 남아 있었던 게지.

아이는 곳간 하나를 맡아 지키는 일을 하게 됐어. 그 곳간은 다른 게 아니라, 바로 책을 쌓아 둔 곳간이야. 마침 책 곳간지기가 없던 차에 이 아이가 제 발로 찾아간 게지. 책 곳간지기로 쓰려고 글 못 읽는 사람을 구했던 모양이야.

이 아이가 책 곳간을 지키면서 가만히 보니 도술 부리는 법을 적어 놓은 책이 참 많아. 그중에는 둔갑술 책도 있어. 몸을 마음대로 바꾸는 도술이 둔갑술이거든. 아이는 그날부터 밤마다 몰래 책을 읽어 둔갑술을 익혔어. 한 달 동안 열심히 책을 읽으니 둔갑술을 모조리 다 익히게 됐지.

한 달 뒤에 드디어 도둑 두목이 도둑질을 해 가지고 돌아왔어. 두목이 졸개하고 수군수군 이야기를 하기에 가만히 엿들어 보니,

"책 곳간 지키는 아이는 처음 보는 아이인데, 웬 아이냐?"

"두목이 없는 동안에 제 발로 머슴 살러 찾아온 아이입니다."

"그 아이가 글을 읽을 줄 아는 것 같더라. 당장 죽여 버리자."

이러거든.

아이는 '이크 이거 큰일났다' 하고 당장 독수리로 둔갑을 해서 하늘로 날아갔어. 그랬더니 도둑 두목은 거인이 돼서 삼천 근 활에 삼천 근 화살을 먹여 가지고 쏘려고 하거든.

그래서 얼른 노루로 변해서 산속으로 도망갔지. 그랬더니 두목은 호랑이

로 변해서 뒤따라오는 거야.

　아이가 호랑이에게 쫓겨가다 보니 마침 웬 처녀가 나물 바구니를 머리에 이고 가거든. 얼른 가락지가 돼 가지고 길바닥에 누워 있었어. 그러니까 처녀가 지나다가 주워서 손가락에 낀단 말이야. 그걸 보고 두목은 방물장수가 돼서 처녀한테 가락지를 팔라고 해. 처녀가 안 팔겠다고 하니까 억지로 손에서 가락지를 잡아채네.

　아이는 얼른 좁쌀로 변해서 모래 속에 숨었지. 그러니까 두목은 재빨리 닭으로 변하더니 좁쌀을 찾아서 쪼아 먹으려고 하는 거야.

　아이는 이때다 하고 얼른 독수리가 돼서 닭을 덮쳤지. 눈 깜짝할 새에 그러니까 제아무리 도둑 두목이라도 어쩔 수 있나. 꼼짝없이 아이한테 잡혔지.

　아이는 도둑 두목을 잡아서 곳간에 가두고, 도둑질한 재물은 다 풀어서 가난한 사람들한테 나누어 줬어. 그러고 나서 잘 살았더란다.

고시레

 봄이 되면 집집마다 농사일이 시작되지. 농사꾼들이 들에서 일하다가 시장기가 돌면 밥을 먹잖아. 끼니때가 되면 끼니를 먹고, 중간중간에 새참도 먹지. 이때 먹기 전에 꼭 밥 한 숟갈을 먼저 떠서 공중에 멀리 던지면서,
"고시레!"
하거든. 이게 대체 무슨 말일까? 오늘은 이 '고시레'에 얽힌 이야기를 하지.
 옛날 옛날에 고씨 성을 가진 처녀가 살았어. 집안이 워낙 가난해서 남의 허드렛일이나 거들어 주고 품삯을 받아 겨우겨우 먹고살았지.
 하루는 고씨 처녀가 냇가에서 빨래를 하다 보니, 냇물에 복숭아 한 개가 둥둥 떠내려오더래. 마침 배가 고프던 참이라 그걸 건져서 맛나게 먹었어. 그랬더니 글쎄 그날부터 배가 불러 오지 뭐야. 아기를 뱄단 말이지.
 열 달이 차서 아기를 낳고 보니 아들이거든. 그래 이름을 도선이라고 지었어. 복숭아 '도' 자에 신선 '선' 자를 써서 도선이야.
 도선이는 병도 없고 탈도 없이 잘 컸는데, 크면서 참 용한 재주를 하나 배웠어. 무슨 재주인고 하니 점치는 재주야. 누가 뭘 물어도 그냥 점괘 하나만 쏙 뽑으면 다 알아맞히거든. 아무 날 비가 오겠다 하면 틀림없이 비가 오고, 아무 곳에 벼락치겠다 하면 틀림없이 벼락이 친단 말이야. 이러니 그 재주가 얼마나 용해? 도선이는 그 재주로 남에게 점을 쳐 주고 먹고살았어.

그렇게 살다가 도선이 어머니가 병들어 죽었어. 어머니가 죽었으니 장례를 치러야 될 것 아니야? 그런데 아무리 봐도 무덤 쓸 만한 자리가 없더래. 그래서 도선이가 하릴없이 어머니 관을 메고서 팔도강산을 돌아다녔어. 무덤 쓸 만한 자리를 찾으려고 말이야.

몇 날 며칠을 돌아다니다가 한번은 높은 산에 올라가서 이렇게 아래를 굽어봤어. 그랬더니 참 좋은 자리가 하나 있더래. 그런데 그 자리에 벌써 웬 기와집 한 채가 떡 들어서 있는 거야. 아무리 봐도 어머니 무덤 쓸 자리는 그 자리밖에 없는데, 거기에 기와집이 들어서 있으니 어떻게 해.

도선이는 밤이 되기를 기다려 몰래 그 기와집에 들어갔어. 그리고 몰래 어머니를 묻으려고 마루 밑을 팠지. 그런데 두어 번 호미질을 하고 나니 갑자기 방 안에서 목소리가 들려오는 거야.

"여봐라 도선아, 네 어머니 모실 곳은 여기가 아니니라."
도선이가 깜짝 놀라서 호미질을 멈추자 또 말소리가 들려.
"네 어머니 모실 곳은 여기가 아니라 저 건너 징게맹게들이니라."

도선이는 곧바로 어머니 관을 메고 부랴부랴 그 집을 뛰쳐나왔어. 아, 자기 이름도 알고 어머니 무덤 쓰려는 것도 다 알고서 그러는데 뭐 당할 수가 있어야지.

도선이는 곧바로 건너편 징게맹게들에 가서, 들 한복판에다가 어머니 무덤을 썼어.

어머니 무덤을 쓴 뒤에 도선이는 어디론가 사라져 버렸는데, 그다음부터 웬일인지 그 들에 농사가 안 되더래. 마을 사람들이 아무리 정성껏 농사를 지어도 가을이 되면 말짱 쭉정이만 나오더라는 거야.

이상하게 생각한 마을 사람 하나가 도선이 어머니 무덤에 제사를 올렸어. 농사 잘 되도록 해 달라고 말이야. 제사를 올린대야 별것이 아니라 밥을 먹을 때마다 밥 한 숟갈씩을 떠서 도선이 어머니 무덤에 바친 거지.

그랬더니 이듬해에는 그 집 농사만 잘 되고 다른 집 농사는 안 되더래. 그래서 다음부터는 사람들이 너도나도 밥을 먹을 때마다 도선이 어머니 무덤에 밥 한 숟갈씩을 바쳤지. 그랬더니 아닌 게 아니라 그다음부터는 그 들에 농사가 다 잘 되더래.

이 소문이 퍼지고 퍼져서, 나중에는 농사짓는 사람이면 누구든지 들에서 밥 먹을 때 도선이 어머니 몫으로 밥 한 숟갈을 바치는 풍습이 생겼어. 밥을 먹기 전에 한 숟갈을 떠서 멀리 던지면서,

"고씨네!"

하는 거지. 그건 도선이 어머니 성씨가 고씨라서 그런 거야.

그 '고씨네'가 나중에는 '고시레'가 됐다는 이야기.

나이를 고친 아이

옛날 옛적 갓날 갓적에 어떤 부부가 살았는데, 나이 쉰이 넘도록 아이를 못 낳아어. 그래서 날마다 맑은 물 떠다 놓고 삼신할머니께 빌었지.
"삼신할머니, 삼신할머니. 우리에게도 예쁜 아기 하나 점지해 주십시오."
빌고 또 빌었더니 그 효험이 있었던지 아들 하나를 낳았네. 늘그막에 얻은 아들이니 얼마나 귀해? 불면 꺼질세라 놓으면 깨질세라 애지중지 키웠지.
그렇게 잘 키워서 아들 나이가 아홉 살이 됐을 때, 하루는 이 집에 한 스님이 동냥을 하러 왔어. 부잣집은 아니지만 먹고살 만했는지라, 보리야 쌀이야 많이 퍼다가 바랑에 넣어 줬지. 그랬더니 스님이 고맙다고 인사를 하고 나서는, 웬일인지 가지를 않고 문간에서 머뭇머뭇해. 마당 가에 놀고 있는 아들을 보고는 끌끌 혀를 차고, 후유 한숨을 쉬고, 이런단 말이야. 이상해서 물어 봤지.
"스님, 왜 그러십니까?"
"이 댁 아드님 일이 걱정돼서 그럽니다."
"우리 아들한테 무슨 일이라도 생긴다는 말입니까?"
"차마 드리기 어려운 말씀이지만, 아드님 명이 너무 짧아 올해를 넘기지 못할 것입니다."
듣고 보니 하늘이 무너지는 것 같거든. 금이야 옥이야 하고 키우던 아들이 올해를 넘기지 못하고 죽을 거라니, 세상에 이런 변이 어디 있나. 부부가 스님한테 매달려 애원을 했어.

"스님, 스님. 제발 우리 아들을 살려 주십시오."

하지만 스님은 고개를 절레절레 흔들어.

"소승에게는 그럴 힘이 없습니다."

그래도 부부는 더 바짝 매달렸어.

"죽는 길을 알면 사는 길도 아실 게 아닙니까? 부디 그 방도를 가르쳐 주십시오."

스님은 한참 동안 눈을 감고 생각을 하더니, 한 가지 방도를 일러 줘.

"석 달 열흘 새벽 이슬을 받아 맑은술을 빚은 다음, 그 술을 항아리에 담아 가지고 저 동쪽에 가물가물하게 보이는 산꼭대기에 올라가십시오. 두 노인이 바둑을 두고 있거든 아무 말 말고 잔에 술을 따라 놓고 기다리십시오. 노인들이 술을 마시고 나면 반드시 까닭을 물을 것이니, 그때 사정을 이야기해 보십시오."

부부는 스님이 일러 준 대로 석 달 열흘 새벽 이슬을 받아 맑은술을 빚었어. 그 술을 항아리에 담아 가지고 동쪽 산에 올라갔지. 산이 하도 높아서 사흘 밤 사흘 낮을 두고 올라갔어. 산꼭대기에 올라가니 아닌 게 아니라 널따란 바위가 있고, 바위 위에 두 노인이 앉아서 바둑을 두고 있더래. 한 노인은 빨간 옷을 입었고 한 노인은 파란 옷을 입었는데, 둘 다 머리가 허옇고 수염이 무릎까지 내려와.

부부는 스님이 일러 준 대로, 아무 말 없이 노인들 옆에 있는 술잔에다 가지고 간 술을 따라 놨어. 그래 놓고 한참 동안 기다렸지. 두 노인은 이쪽을 거들떠보지도 않고 바둑만 두고 있다가, 손을 내밀어 옆에 있는 술잔을 들고 마시는 거야. 그러고 나서 빈 잔을 내려놓기에 또 술을 따라 놨지. 잔이 비면 따르고 또 따르고, 이렇게 하기를 대여섯 번 했더니 그제야 노인들이 물어.

"웬 사람들이 여기까지 왔는가?"

"예, 우리는 아들 하나 있는 것이 명이 짧아 올해를 못 넘긴다기에 좀 살려 달라고 왔습니다."

그랬더니 두 노인은 서로 마주 보고 의논을 해. 가만히 들어 보니 빨간 옷 입은 노인은 소원을 들어주자고 하고, 파란 옷 입은 노인은 안 된다고 하고, 이렇게 옥신각신하는 거야.

"여기까지 찾아온 정성이 갸륵하지 않은가. 소원을 들어주세나."

"그럴 수는 없네. 하늘이 정한 나이는 아무도 고칠 수 없는 법일세."

이렇게 한참 동안 실랑이를 하다가 결판이 안 나니까,

"정 그렇다면 바둑을 둬서 지는 쪽이 이기는 쪽 말을 들어주기로 하는 게 어떤가?"

"그럼 그럴까?"

하고는 둘이서 또 바둑을 둬. 부부는 가만히 서서 기다렸지. 속으로는 애가 바싹바싹 타 들어가지만 내색을 않고 기다렸어.

드디어 바둑 한 판이 다 끝났어. 바라던 대로 빨간 옷 입은 노인이 이긴 모양이야. 파란 옷 입은 노인이 품속에서 검은 책을 한 권 꺼내더니, 책장을 주르르 넘겨. 그러니까 아들 이름이 적힌 곳이 나오거든. 이 책에는 세상 사람들 나이가 다 적혀 있는데, 아들 이름 밑에는 딱 아홉 살로 적혀 있는 거야. 파란 옷 입은 노인이 붓으로 '아홉'이라는 글자 앞에다가 '아흔' 두 글자를 보태어 '아흔아홉'이라고 고쳐 놓더래.

"이제 걱정 말고 내려가 보거나."

부부는 공손하게 인사를 하고 산을 내려왔어.

그 뒤로 정말 그 집 아들은 아무 탈 없이 잘 살더래. 그리고 과연 아흔아홉 살까지 살다가 죽더래.

그 노인들은 다 누구냐고? 어떤 이가 그러는데, 빨간 옷 입은 노인은 사람의 소원을 들어주는 신이고, 파란 옷 입은 노인은 사람의 명이 다하면 저승에 데려가는 신이래. 그게 참말일까?

이 산 저 산 수수께끼

옛날에 한 선비가 살았는데 몹시 가난했어. 아무리 선비라도 가난하니까 글만 읽고 살 수가 있어야지. 농사도 짓고 나무도 하면서 겨우 입에 풀칠이나 하고 살았지.

그러다가 한 해는 흉년이 들어서, 봄철에 아주 모진 보릿고개를 만났어. 일찌감치 양식이 떨어져서 식구들이 모두 쫄쫄 굶게 생겼단 말이야. 생각다 못해 집에서 기르던 소를 장에 내다 팔기로 했어.

장날을 기다려 선비가 소를 몰고 장에 갔지. 가서 소를 팔고, 그 돈을 가지고 이제 집에 가는 참이야. 아무려나 소 판 돈이니 제법 많을 것 아니야? 행여 잃을세라 행여 빠뜨릴세라 조심조심하며 갔지.

장터에서 집으로 가는 길에 고개가 하나 있는데, 그 고개를 넘다가 글쎄 일이 났어. 도둑을 만난 거야. 고갯마루에 딱 올라서니까 숲에서 한 사람이 나타나서 길을 턱 막고,

"목숨이 아깝거든 가진 돈 절반을 내놓아라!"

이런단 말이야. 어쩔 수 있나. 소 판 돈 절반을 내놨지.

그러고 보니 좀 이상한 도둑이긴 해. 다른 도둑 같으면 '가진 돈을 몽땅 내놓아라!' 했을 텐데, 이 도둑은 절반만 달라니 말이야. 그나마 돈을 몽땅 빼앗기지 않은 것만도 다행이지 뭐야.

그런데 더 이상한 건 도둑이 자기 사는 곳과 성, 이름을 대는 거야. 글쎄 누가 묻지도 않았는데,

"내가 사는 곳은 '이 산 저 산'이고, 내 성은 '길 가다 나머지'고, 이름은 '소 여물 먹다 나머지'다. 나중에라도 찾아오면 돈을 돌려주마."

이러네. 그러고는 어디론가 바람같이 가 버려.

선비는 그길로 집에 돌아와, 남은 돈으로 양식을 구해 우선 집안 식구들을 먹였지. 그러고 나서 가만히 생각을 해 보니 참 알다가도 모르겠거든. 도둑이 제 입으로 사는 곳이며 성, 이름을 말했지마는 도무지 알쏭달쏭해. '이 산 저 산'은 무엇이며 '길 가다 나머지'는 뭐고 '소 여물 먹다 나머지'는 또 뭐냐 말이야.

아무리 생각해도 알 수 없어서, 이튿날 고을 원님한테 가서 물어봤어. 그런데 원님도 그 수수께끼를 못 푸네. 고개를 갸웃갸웃하다가 말지.

하릴없이 털레털레 집으로 돌아오는데, 아이들 몇이 원님놀이를 하고 있더래. 한 아이가 원님 노릇을 하고 다른 아이들은 이방이다 사령이다 하면서 놀고 있더란 말이지. 그래서 장난삼아 물어봤어.

"원님께 아룁니다. '이 산 저 산'에 살고 성은 '길 가다 나머지'요, 이름은 '소 여물 먹다 나머지'인 사람을 찾아 주십시오."

원님 노릇 하던 아이가 이 말을 듣더니 오래 생각할 것도 없이 술술 풀이를 하는데, 이렇게 하는 거야.

"그건 어려울 것이 없느니라. '이 산 저 산'은 양쪽에 산이 있으니 '양산'이고, '길 가다 남는 것'은 발에 신는 '신'이요, '소 여물 먹다 남는 것'은 여물 담는 '구유'이니, 양산골에 가서 '신구유'라는 사람을 찾으면 될 것이다."

가만히 들어 보니 그럴듯하거든.

선비가 그길로 당장 양산골을 찾아갔어. 양산골에 가서,

"이 동네에 '신구유'라는 사람이 사느냐?"

하고 물으니까 사람들이 가르쳐 줘. 동네 끄트머리에 있는 조그마한 오막살이야. 당장 그 집으로 갔지. 삽짝 앞에서 다짜고짜,

"신구유는 듣거라. 내 돈을 받으러 왔으니 당장 내놓아라!"

하고 소리를 질렀어. 그랬더니 안에서 사람이 나오는데, 틀림없는 그때 그 도둑이야. 그 사람은 선비를 보더니 그만 낯이 새파랗게 질려서 손이 발이 되도록 빌어.

"하도 먹고살기 어려워 그만 못할 짓을 했습니다. 사는 곳과 성, 이름을 수수께끼로 남겼는데, 이리도 용하게 알고 찾아오시니 더 무엇을 숨기겠습니까? 돈은 한 푼도 쓰지 않고 마당에 묻어 두었으니 어서 파내어 가십시오."

마당을 파 보니 정말 돈이 그대로 있더래. 그래서 돈을 도로 찾아왔지.

그 뒤로 선비는 일이 다 잘 풀려서 걱정 없이 잘 살았더란다. 도둑은 잘못을 뉘우치고 새사람이 돼서 선비를 잘 따르며 살았다고 해.

하늘을 찌른 왕대

옛날 옛적 어느 곳에 형제가 살았는데, 형은 욕심이 많고 아우는 착했지. 처음에는 형과 아우가 홀어머니를 모시고 함께 살았거든. 그런데 어머니가 늙고 병드니까 형이 귀찮다고 구박하다가 기어이 내쫓아 버렸어. 아우도 어머니와 함께 내쫓겼지. 아우는 움막을 한 채 지어 놓고 어머니와 함께 살았어. 남의 집에 품을 팔아 어렵게 살면서도 어머니를 정성껏 섬겼지.

하루는 아우가 남의 집에 가서 일을 해 주고 팥죽 한 그릇을 얻었어. 그런데 팥죽을 먹으려고 하니 집에 홀로 계실 어머니 생각에 차마 먹을 수 있어야지. 그래서 입에도 안 대고 그대로 보자기에 고이 싸서 집으로 가져갔어.

집으로 가는 길에는 고개가 하나 있었거든. 고갯마루에 탁 올라서니까 어디선가 꿩 한 마리가 푸르르 날아오더니 발치에 뚝 떨어지네. 가만히 보니 날지도 못하고 푸드덕푸드덕 용만 쓰고 있어. 며칠 굶어서 날개에 힘이 빠졌나 봐.

불쌍해서 볼 수가 있어야지. 얼른 가지고 가던 팥죽을 한 순갈 떠서 꿩한테 먹였어. 꿩은 팥죽을 몇 입 받아먹더니 부리를 오물오물하면서 말을 해.

"고맙습니다. 하지만 나는 어차피 죽을 몸이에요. 내가 죽거든 나를 가져다가 앞마당에 묻어 주세요. 그리고 무덤 위에는 모래 석 짐, 물 두 짐, 기름 한 짐을 부어 주세요."

그러고 나서 그만 스르르 눈을 감고 죽어 버리는 거야.

아우는 꿩 말을 따라, 죽은 꿩을 집에 가져가서 앞마당에 고이 묻어 줬어. 그리고 무덤 위에 모래 석 짐, 물 두 짐, 거름 한 짐을 져다 부었지.

그랬더니 사흘 만에 무덤에서 왕대 싹이 하나 파랗게 올라와. 그리고 싹이 자라나는데, 뭐 하루가 다르고 한나절이 달라. 물 한 바가지 안 줘도 저절로 쑥쑥 잘 자라는 거야. 거짓말 조금 보태서 눈 한번 감았다 뜨면 이만큼 자라 있어.

사흘이 지나니까 지붕 위로 솟고, 이레가 지나니까 뒷산과 키를 다투고, 보름이 지나니까 구름을 뚫더니, 한 달이 지나니까 하늘을 찔렀어. 그냥 하늘을 찌를 만큼 자랐다는 게 아니라, 정말로 하늘을 찔렀단 말이야.

왕대 끝이 하늘을 푹 찔렀는데, 어디를 찔렀는고 하니 하늘나라 곳간을 찔렀어. 쌀 쌓아 두는 곳간을 찔렀으니 어찌 되겠어? 뚫린 구멍으로 쌀이 콸콸 쏟아지기 시작하지. 소나기 오듯이 마구 쏟아져서, 아우네 앞마당에는 금세 쌀이 산더미만큼 쌓였어. 그래서 아우는 대번에 부자가 됐지.

형이 이 소문을 듣고 아우를 찾아왔어.

"너 어떻게 해서 부자가 됐니?"

아우는 그동안 있었던 일을 다 말해 줬어.

"그러면 내가 내일 너희 집에 다시 올 테니 팥죽 좀 쑤어 놔라."

그날 형은 싫다는 어머니를 억지로 들쳐 업고 저희 집으로 갔어. 어머니를 집에다 모셔 놓고, 이튿날 아우 집을 찾아왔지. 아우한테서 팥죽 한 그릇을 얻어 가지고 고개를 넘어가는 거야. 가다가 고갯마루에서 꿩 한 마리를 잡았어. 잡아서 억지로 팥죽을 먹인 다음 집으로 가져갔지. 가져가서 산 채로 앞마당에 묻어 버렸어.

그러고 나서 형은 꿩 무덤 위에 모래 석 짐, 물 두 짐, 거름 한 짐을 져다 부었어. 그랬더니 아니나 다를까, 사흘 만에 무덤에서 왕대 싹이 하나 파랗게 올라오더래. 그 싹이 자라나는데, 참 쑥쑥 잘 자라. 거짓말 조금 보태서 눈 한번 감았다 뜨면 이만큼 자라는 거야.

사흘이 지나니까 지붕 위로 솟고, 이레가 지나니까 뒷산과 키를 다투고, 보름이 지나니까 구름을 뚫더니, 한 달이 지나니까 하늘을 찔렀어.

왕대 끝이 하늘을 푹 찔렀는데, 어디를 찔렀는지 알아? 하늘나라 곳간이라고? 아니야, 아니야. 이번에는 하늘나라 뒷간을 찔렀어. 똥 누는 뒷간을 찔렀으니 어찌 되겠어? 뚫린 구멍으로 똥이 콸콸 쏟아지기 시작하지. 똥이 소나기 퍼붓듯이 마구 쏟아져서, 눈 깜짝할 사이에 형네 앞마당을 덮쳐 버렸어.

그래서 어떻게 됐느냐고? 어떻게 되긴, 똥바다가 됐지.

봄볕처럼 따스하고 봄바람처럼 가벼운 이야기

구슬 구슬 내 금구슬

 수탉은 어째서 날마다 두 발로 땅을 파헤치며 부리로 흙을 콕콕 쪼는 걸까? 그러면서 왜 '구구 구구' 하고 우는 걸까? 오늘은 그 내력 얘기를 하지.
 아주 먼 옛날에는 수탉이 요즘처럼 멋진 볏도 없었고 근사한 깃털도 없었대. 그냥 민둥머리에 수수한 차림이었지. 그런데 이 녀석은 천성이 멋 부리기를 좋아하는지라 늘 자기 모습에 불만이 많았어. 그래서 하루는 하느님을 찾아가서 졸랐단다.
 "하느님, 하느님. 제 모습을 좀 더 멋들어지게 만들어 주십시오. 저로 말씀드릴 것 같으면 남들이 다 잠든 꼭두새벽에 일어나 홰를 치고 울지 않습니까? 그 덕분에 온 세상 사람들이 새벽이 왔다는 걸 알고 잠에서 깨어나 하루를 준비하지요. 그런 중요한 일을 하는 제가 이렇게 볼품 없는 모습을 하고 있어서야 되겠습니까?"
 하느님이 그 말을 옳게 여기고 수탉에게 몇 가지 선물을 줬어. 우선 머리에는 멋진 붉은 볏을 달아 주고 깃털은 울긋불긋 근사하게 만들어 줬지. 그러고 나서 턱 밑에는 반짝반짝 빛나는 금구슬까지 달아 줬어. 이쯤 되니까 참 풍채가 이만저만이 아니지. 수탉은 그런 자기 모습이 아주 마음에 들어서 잔뜩 우쭐대며 돌아다녔어.
 "이만하면 이 세상에서 날 따를 날짐승은 없겠는걸."

아닌 게 아니라 풍채 좋고 목청 좋고, 게다가 미끈한 다리로 걷다가 뛰다가, 날개를 펴고 푸드덕푸드덕 날기까지 하니 더 바랄 게 뭐야? 수탉은 아주 거드름이 머리끝까지 올랐어.

꼭두새벽에 일어나 홰를 툭툭 치면서 목을 쭉 빼고 '꼬끼오!' 하고 울어젖히면 온 세상이 잠에서 깨어나지. 그렇게 남들을 다 깨워 놓고 정작 자기는 어슬렁어슬렁 돌아다니다가 남이 애써 거두어 놓은 낟알이나 쪼아 먹는 게 일이거든. 그러다가 질리면 양지바른 곳에 앉아 부리를 깃에 묻고 늘어지게 낮잠이나 자고 말이야.

이 꼴을 보고 배알이 틀린 짐승도 있었나 봐. 하루는 땅속에 사는 지렁이가 꿈틀꿈틀 기어 나와 수탉을 쳐다보고 슬슬 시비를 걸었지.

"수탉아, 너는 왜 날마다 새벽에 남의 단잠을 깨워 일하게 해 놓고 자기는 빈둥빈둥 놀고만 지내니?"

수탉이 그 말을 듣고 같잖다는 듯이 코웃음을 쳤어.

"뼈다귀도 없는 놈이 건방지구나. 나는 이래 봬도 하느님한테 붉은 볏에다 알록달록 깃털에 금구슬까지 선물로 받은 몸이다. 좀 놀고먹으면 어때서?"

지렁이는 그 말을 듣고 기분이 상할 대로 상했어. 그래서 언젠가 한번 골려 주려고 단단히 별렸지. 그러다가 하루는 수탉이 늘어지게 낮잠을 자고 있을 때, 지렁이가 땅속에서 슬금슬금 기어 나오다가 그 꼴을 봤겠다.

'옳거니, 이때다.'

지렁이는 다짜고짜 수탉 턱 밑에 달린 금구슬을 떼어 내 가지고 도로 땅속으로 들어가 버렸어.

뒤늦게 잠에서 깬 수탉은 금구슬을 찾는다고 두 발로 땅을 파헤치며 부리로 흙을 콕콕 쪼아댔지. 그러면서 "구슬, 구슬, 내 금구슬" 하고 울었는데,

나중에는 귀찮아서 그냥 "구구 구구" 하고 말았대.
 그때부터 수탉은 두 발로 땅을 파헤치고 부리로 흙을 쪼면서 '구구 구구' 하고 울게 된 거란다.

개구리가 준 밥그릇

옛날에 어떤 부부가 살았는데, 참 사는 게 가난했어. 남편은 남의 집에 품을 팔고, 아내는 삯일이나 하면서 겨우겨우 입에 풀칠이나 하고 살았거든. 그렇게 살다가 한번은 그나마 일거리가 떨어져서 돈 한 푼 없는 신세가 됐네. 둘이서 그냥 쫄쫄 굶게 생겼단 말이야.

생각다 못해 아내가 장롱 깊숙이 넣어 둔 옷 두 벌을 꺼냈어.

"여보, 이게 내 시집 올 때 가져온 옷이오. 나중에 좋은 일 생기면 입으려고 넣어 둔 건데, 우리 형편이 당장 코가 석 자니 어쩌겠소? 이 옷이라도 내다 팔아서, 그 돈으로 우선 허기나 면해 봅시다."

"그러지요."

남편이 옷을 받아 들고 장에 갔어. 가서 돈 두 냥에 옷을 팔았지. 그 돈으로 보리쌀이나 두어 되 사려고 싸전으로 갔거든. 가다 보니 웬 사람이 커다란 망태기를 짊어지고 가면서,

"개구리 사려. 개구리 사려."

하고 소리를 지르거든. 가만히 보니 망태기에 죄 개구리가 들었어.

"여보시오, 개구리는 왜 팔러 다니오?"

"아, 이놈들이 우리 논에서 바글바글하는 바람에 못자리도 못 하게 생겼지 뭐요? 하도 미워서 모조리 잡아다 팔러 왔지요."

때는 마침 봄이라 못자리할 철이거든. 아무려나 망태기 안에서 꼬물거리는 개구리를 보니 참 불쌍해서 못 볼 지경이야. 물에서 놀던 것이니 물이 얼마나 그립겠어?

"그 개구리 얼마에 팔 거요?"

"몽땅 두 냥이면 팔지요."

이 사람이 그만 돈 두 냥을 모두 내주고 개구리를 샀어. 개구리 불쌍한 것만 눈에 뵈니 피 같은 돈인들 어디 아깝나. 옷 팔아서 번 돈, 양식 살 돈 두 냥을 다 써 버리고 빈털터리가 됐는데도 개구리 살린 게 좋아서 아까운 줄도 몰라.

이렇게 해서 개구리를 망태기째 사서 짊어지고 집에 왔어. 아내가 보니 참 기가 막히거든. 옷 팔아서 양식 좀 사 오라고 장에 보냈더니 쓸데없는 개구리만 한 망태기 사 왔으니 기가 막히지 안 막혀? 그래도 기왕에 일이 이렇게 된 걸 어떻게 해? 부부가 의논해서, 개구리를 집 근처 웅덩이에다 넣어 줬어.

개구리는 그동안 답답한 망태기에 갇혀 있다가 다시 물을 만나니 얼마나 좋을 거야? 살판났다고 팔짝팔짝, 좋아라고 개굴개굴, 뭐 야단이 났지. 그걸 보니 아내도 기분이 좋아서 기막히던 것 다 어디로 가고 웃음만 나와.

그날부터 부부는 그저 개구리 구경하는 게 낙이야. 날마다 눈만 뜨면 웅덩이로 가서 개구리 노는 걸 봐. 그러면 배가 고프든지 말든지 기분은 좋거든. 그러다 보니 어찌어찌 일거리도 생겨서 두 식구 허기는 면하고 살게 됐어.

하루는 부부가 개구리를 보러 웅덩이에 갔더니, 아 웅덩이 안에 놀던 개구리들이 죄다 뛰어나와 부부를 빙 둘러싸네. 아주 발 디딜 틈 없이 빼곡하게 둘러싸. 그러니 한 걸음도 못 내디딜 형편이야.

"개구리들아, 개구리들아. 어쩌자고 우리를 꼼짝 못 하게 하니?"

그런데 가만히 보니 이 개구리들이 다 가만히 있는 게 아니라 꼬물꼬물 자꾸 움직여. 앞엣놈은 끌고 뒤엣놈은 밀고, 부부를 에워싼 채 슬금슬금 어디론가 자꾸 간단 말이야. 어딜 가나 싶어서 주춤주춤 따라가 봤지.

한참 동안 개구리들을 따라갔더니 어느 커다란 바위 밑이야. 거기에 부부를 데려다 놓고는, 개구리들은 모두 팔짝팔짝 뛰어서 웅덩이로 도로 들어가 버리네.

가만히 보니 바위 밑에 밥그릇이 하나 있더래. 뭐 별날 것도 없는, 그냥 고만고만한 헌 밥그릇이야. 어쨌거나 개구리들이 여기까지 데려다 준 걸 보면 가지라는 뜻이겠거니 생각하고, 그걸 가지고 집에 왔어.

마침 그날 밤에 이웃집에서 제사를 지내고 제삿밥 한 그릇을 보내 왔네. 부부가 그 밥 한 그릇을 나눠 먹고, 내일 아침에 먹으려고 조금 남겨서 밥그릇에 담아 놨거든. 낮에 바위 밑에서 얻은 헌 밥그릇에 담아 놨단 말이야.

그러고 나서 이튿날 아침에 보니, 아 이게 웬일이야? 밥그릇에 밥이 가득 차 있네. 분명히 어젯밤에 두어 숟갈이나 될까 말까 한 밥을 담아 놨는데, 그게 글쎄 한 그릇이 됐어.

"여보, 이것 좀 보오. 밥그릇에 밥이 가득 찼소그려."

"어디 좀 봅시다. 정말 그렇군. 거참 신기한 밥그릇일세."

마침 배가 고프던 참이라 맛나게 먹었지. 그러고 나서 밥알 서너 개를 그릇 안에 남겨 뒀는데, 아 조금 있다가 보니 또 그릇에 밥이 가득 차 있어. 알고 보니 이게 화수분 밥그릇이야. 뭐든 하나라도 들어 있기만 하면 곧장 가득 차는 거지.

"여보, 우리 다른 것도 한번 넣어 봅시다."

"그러지요."

이웃에 쌀을 한 줌 얻어다가 넣어 봤더니, 아니나 달라 금방 가득 차는 거야. 이번에는 돈을 한 닢 꾸어다 넣어 봤더니 금세 엽전이 가득 차. 이러니 뭐 수가 났지. 뭐든지 넣기만 하면 가득 차니 수가 나지 안 나?

　부부는 개구리가 준 밥그릇 덕분에 부자가 돼서, 아주 호강하면서 잘 살았더란다. 잘 살아서, 엊그저께까지 살았더란다.

오누이가 받은 유산

옛날 옛적 어느 곳에 세 식구가 살았어. 아버지하고 딸 하나 아들 하나, 이렇게 세 식구가 단출하게 살았지. 어머니는 일찍 죽고 다른 형제는 없고, 그러니까 달랑 세 식구뿐이야.

그런데 딸하고 아들하고 나이 차이가 많이 났어. 딸은 벌써 다 커서 시집갈 나이가 됐는데, 아들은 이제 겨우 걸음마를 면한 어린아이였거든.

그런데 갑자기 아버지가 병에 걸려 시름시름 앓더니 그만 일어나지를 못하고 죽게 됐네. 자식 둘을 남겨 두고 죽게 됐으니까 유산을 물려줘야 될 것 아니야? 그래서 유서를 쓰는데, 웬일인지 재산이란 재산은 모두 딸한테 물려주고, 아들한테는 딱 세 가지 물건만 물려준다고 쓰는 거야.

세 가지 물건이란 뭔고 하니, 두루마기 한 벌하고 짚신 한 켤레하고 종이 한 장이야. 딱 그 세 가지 물건만 아들한테 주고, 나머지 재산은 죄다 딸한테 물려준다는 거지. 그렇게 유서를 써 놓고는 그만 죽어 버렸어.

아버지가 죽고 나자 딸은 유서에 적힌 대로 재산을 모두 차지했어. 그러고 나서 곧 시집을 갔지. 물려받은 재산을 몽땅 가지고 시집을 가니까 뭐 걱정이 있나. 넉넉하게 잘 살지.

그런데 혼자 남은 어린 동생은 참 신세가 딱하게 됐어. 그까짓 두루마기하고 짚신하고 종이 같은 게 다 무슨 소용이야? 그것 가지고는 밥 한 끼 사

먹을 수도 없잖아. 동생은 하릴없이 동냥을 해서 먹고살았어. 이 집에 가서 밥 한 술, 저 집에 가서 물 한 그릇, 이렇게 얻어먹으면서 겨우겨우 목숨을 잇고 살았지.

그러다가 한 해 두 해 지나서 나이를 먹으니까 남의 집 머슴살이를 했어. 그렇게 참 어렵사리 산단 말이지.

그걸 보고 동네 사람들이 관가에다 송사를 냈어. 뉘 집 아들이 이렇게 거지꼴로 살고 있으니 딸이 가진 재산을 좀 나누어 주게 합시오, 이렇게 재판을 걸었단 말이지. 그런데 유서가 시퍼렇게 남아 있으니까 고을 원님도 어쩔 도리가 없는 거야. 아버지 손으로 틀림없이 그렇게 재산을 물려준다고 써 놨으니까, 그걸 돌이킬 수는 없단 말이지. 그래서 원님이 갈려올 때마다 송사를 해 봤지만 아무 소용이 없었어.

그러다가 한 해는 아주 똑똑하고 슬기롭다고 소문난 원님이 새로 갈려왔어. 이 원님이 앞뒤 사정을 다 듣고 유서까지 꼼꼼하게 살피더니, 떡 하니 판결을 내리는데 어떻게 하는고 하니 이렇게 판결을 내리네.

"오누이는 잘 듣거라. 너희 아버지가 세상을 떠나면서 어린 아들한테 두루마기와 짚신과 종이를 남긴 까닭이 무엇이겠느냐? 바로 송사를 벌이라는 뜻이니라. 종이에 사연을 써 가지고 두루마기를 입고 짚신을 신고 관가에 가라는 뜻이 아니고 무엇이겠느냐? 너희 아버지가 죽을 무렵에는 아들이 아직 나이가 너무 어려 재산을 지키기 어려울 것을 알고 우선은 딸한테 재산을 다 물려준 것이다. 하지만 나중에 재산을 지킬 만한 나이가 되면 관가에 알려 재산을 찾으라고 송사에 필요한 물건을 물려준 것이니라. 그러니 아버지 뜻대로 오누이가 재산을 알맞게 나누어 갖는 게 어떻겠느냐?"

들어 보니 마디마디 옳은 말이거든. 그래서 누나도 마음을 고쳐먹고 재산을 뚝 잘라 동생한테 나누어 줬대.

그래서 어떻게 됐느냐고? 어떻게 되긴, 둘이서 사이좋게 오래오래 잘 살았지.

구두쇠 마을 헤픈 며느리

옛날에 구두쇠들만 모여 사는 구두쇠 마을이 있었어. 이 마을 사람들은 모두 어찌나 인색한지, 구두쇠 노릇으로 말하자면 세상에서 둘째 못 가는 사람들이었지.

이런 구두쇠 마을에 어떤 색시가 시집을 갔어. 시집을 가서 보니까 집 안에 이상한 게 하나 있거든. 천장에 웬 썩어빠진 굴비 한 마리가 디룽디룽 매달려 있더란 말이야.

'아니, 저걸 왜 매달아 놨담. 보기도 싫고 냄새도 나니 내버려야겠다.'

냉큼 떼어다가 거름더미에 던져 버렸지.

그날 저녁이 돼서 시어머니가 밥상을 들여오는데, 글쎄 반찬이 아무것도 없어. 밥상에 식구 수대로 밥만 한 그릇씩 달랑 놓여 있고 반찬이라고는 신 김치 쪼가리 하나 없는 거야.

그런 밥상을 가운데 놓고 온 식구가 둘러앉았지. 그런데 시아버지가 숟가락을 들고 천장을 딱 쳐다보더니 그만 기겁을 하네.

"애야, 애야. 며늘아가. 저 천장이 왜 허전하냐?"

"왜 그러십니까, 아버님?"

"천장에 매달아 놓은 굴비가 안 보이기에 하는 소리다."

"아, 그 굴비 말씀입니까? 보기도 싫고 냄새도 나서 거름더미에 내다 버렸습니다."

"뭐라고? 너 그 굴비가 어떤 굴비인지 알고서 버렸느냐? 그게 우리 식구 십 년 먹을 반찬이다. 밥 한 술 뜨고 굴비 한 번 쳐다보고, 또 한 술 뜨고 굴비 한 번 쳐다보고, 이렇게 오 년 동안 해 왔으니 앞으로 오 년은 더 쓸 것인데 그걸 버렸단 말이냐?"

아하, 그게 그래서 매달려 있었던 거로구나. 하지만 이미 내다 버린 걸 어떻게 해.

"잘못했습니다. 그게 그런 건 줄 몰랐습니다."

"잘못이나마나 굴비가 없어졌으니 네가 굴비 노릇 대신 해야겠다. 이제부터 우리 식구 밥 한 술 뜰 때마다 네가 '굴비'라고 한마디씩 해라."

이렇게 해서 며느리는 다른 식구들이 밥 한 술 뜰 때마다 '굴비'라고 한마디씩 외쳐야 했어. 그런데 이게 참 예삿일이 아니야. 부끄럼을 타느라고 조그마한 소리로 "굴비" 하면 "에이, 너무 싱겁다. 좀 더 크게 해라" 하고, 그런다고 목청껏 "굴비!" 하고 냅다 소리를 지르면 "아이쿠, 너무 짜다. 웬 살림이 그렇게 헤프냐?" 하고 면박을 주고, 이러니 이게 어디 예삿일이야?

그렇게 살다가 하루는 딴 식구 다 밖에 나가고 며느리 혼자 집을 보는데, 마침 고등어 장수가 왔어. 서당 개 삼 년이면 풍월을 읊는다고, 며느리가 그새 구두쇠 노릇에 익숙해져서 좋은 꾀가 하나 났네.

당장 나가서 고등어를 고르는 척하고 이리저리 손으로 뒤적거렸어. 그러다가 비린 물만 잔뜩 손에 묻혀 가지고 집에 들어왔지. 들어와서 그 손 씻은 물을 솥에 풀어 국을 끓여 놓으니, 꼴은 멀건 물이지마는 제법 고등어 냄새가 나거든. 저녁때 식구들이 들어오기를 기다려 그 국을 내놓고 은근히 자랑을 했어.

"오늘 고등어 장수가 왔기에 고등어 고르는 척하고 손에다 비린 물을 잔뜩 묻혀 가지고 그 손 씻은 물로 국을 끓였으니 어서 드십시오."

그랬더니 이 소리를 듣고 시아버지 시어머니가 칭찬을 하는 게 아니라 펄쩍 뛰며 나무라네.

"아이쿠, 애야. 네 손이 그렇게 커서야 어디 우리 집 살림이 남아나겠니? 그 손을 큰 두멍에다 씻었으면 우리 식구 일 년 내내 생선국을 먹을 텐데, 그 귀한 걸 한참에 먹어치우자고 솥에 씻었더냐?"

그 소문을 들은 동네 사람들은 한술 더 떠서,

"그 집 며느리 살림 본새가 그렇게 헤프단 말이야? 그 손을 동네 우물에다 씻었으면 온 동네 사람들이 평생 동안 생선국을 먹을 텐데."

하더라네. 허허허.

다마라꽃의 이슬

옛날 옛적 어느 산골 마을에 참 가난하게 사는 할머니가 있었어. 이 할머니는 남편도 없고 자식도 없이 평생 외롭게 살았지. 가난하니까 남의 집 궂은일이나 해 주고 겨우겨우 밥을 얻어먹고 살았어.

그렇게 어렵게 살면서도 쌀이 생기면 꼭 부처님께 바칠 공양 쌀을 한 줌씩 따로 모아 뒀더래. 아무리 배가 고플 때라도 공양 쌀 챙기는 것은 안 잊어버렸지.

이러구러 한 줌 한 줌 모은 공양 쌀이 어느덧 서 말이나 돼서, 하루는 할머니가 쌀을 깨끗이 씻어 가지고 자루에다 넣어서 머리에 이고 집을 나섰어. 절에 가서 부처님께 바치려고 말이야. 그런데 여태 절이라고는 한 번도 가 본 적이 없는 터라 절이 어디에 있는지 알 수가 있어야지. 그래서 산속을 헤매다 헤매다 끝내 절을 못 찾고 날이 저물어 그냥 집으로 돌아왔어.

"아이고, 내 팔자는 부처님께 공양 쌀도 못 바칠 팔자로구나."

할머니가 이렇게 탄식을 하고 있는데, 이때 마침 스님이 찾아와서 시주를 청하거든. 옳거니 잘 됐다 하고서 모아 놓은 공양 쌀을 몽땅 스님한테 다 줬어. 그랬더니 스님이 고맙다고 하면서 자그마한 꽃씨 하나를 주더래.

"할머니, 이 꽃씨를 뜰에다 심고 날마다 첫새벽에 깨끗한 물을 한 바가지씩 뿌려 주십시오. 물을 주고 난 다음에는 '하늘 아래 신통방통한 다마라꽃아, 젊어서는 고생해도 늙어서는 왕모가 되고지고' 하고 비십시오. 그러면 좋은 일이 생길 것입니다."

할머니는 스님 말대로 그 꽃씨를 뜰에다 심었어. 그리고 날마다 첫새벽에 일어나 깨끗한 물을 한 바가지씩 뿌려 줬지. 그러고 나서,

"하늘 아래 신통방통한 다마라꽃아, 젊어서는 고생해도 늙어서는 왕모가 되고지고."

하고 빌었어. 날마다 하루도 거르지 않고 물을 주면서 빌었지.

다마라꽃은 곧 싹이 나더니 하루가 다르게 잘 자라더래. 무럭무럭 잘 자라서, 얼마 안 있어 꽃이 여러 송이 활짝 피고 잎이 무성하게 됐어.

이때 나라에서는 임금님 외동아들이 병이 나서, 아무리 좋다는 약을 써도 안 되고 아무리 용하다는 의원을 불러다 보여도 낫지를 않아. 이때 어떤 스님이 와서 보더니,

"이 병에는 하늘 아래 신통방통한 다마라꽃의 이슬을 받아먹이면 낫겠습니다."

하거든. 그래서 임금님이 신하들을 온 나라에 풀어서, 하늘 아래 신통방통한 다마라꽃의 이슬을 받아 오게 했어.

신하들이 온 나라를 다니면서 다마라꽃을 찾았지만, 어디 그런 꽃을 찾을 수가 있나. 아무리 찾아봐도 없거든. 그런데 하루는 한 신하가 어느 산골 마을을 지나다 보니 다 쓰러져 가는 오두막집에서 웬 할머니가 꽃에 물을 주면서 빌기를,

"하늘 아래 신통방통한 다마라꽃아, 젊어서는 고생해도 늙어서는 왕모가 되고지고."

한단 말이야. 옳다구나 하고 할머니더러 그 꽃에 맺힌 이슬을 받아 달라고 했어. 할머니는 얼른 다마라꽃에 맺힌 이슬을 받아서 작은 병에 넣어 줬지.

신하가 이슬을 가지고 임금님에게 돌아가 왕자에게 먹였더니, 신통하게도 왕자는 병이 씻은 듯이 나아서 벌떡 일어나더래.

임금님은 할머니를 고맙게 여겨, 대궐로 불러다가 왕자의 유모로 삼았어. 왕자는 나중에 아버지한테서 임금 자리를 물려받아 새 임금님이 됐지.

그러니까 날마다 다마라꽃에 빈 것처럼, 꼭 그대로 됐지 뭐야. 왕모는 임금의 어머니를 왕모라고 하거든.

뛰는 장사 나는 장사

 옛날 옛적 호랑이 담배 피우던 시절 이야기야. 그때는 도끼날에 구멍이 없었대. 사람들이 도끼에 구멍을 뚫을 줄 몰라서 그냥 자루에 묶어 가지고 썼다는 게야. 그런데 언제부터 도끼에 구멍을 뚫어 쓰게 됐느냐? 이제 그 얘기를 할 테니 들어 봐.
 그 옛날 어떤 장사가 살았는데 참 힘이 보통이 아니었어. 지게를 지면 제 키 곱절이나 되는 무쇠 지게를 지고, 길을 가면 하루에 천 리씩을 가고, 도끼를 쓰면 무게가 천 근이나 되는 쇠도끼를 썼다거든. 그러니 얼마나 큰 장사야?
 그 근방에는 겨룰 만한 사람이 없으니까, 이 사람이 힘자랑이나 해 보려고 집을 나섰어. 무게가 천 근이나 되는 도끼를 둘러메고서 나섰지. 온 나라 구석구석을 다니면서 힘깨나 쓴다는 장사를 만나 힘겨룸이나 해 보자고 말이야.
 그렇게 다니다가 한번은 어느 장터에 가게 됐어. 장터에 가서 도끼를 앞에 내려놓고 이렇게 앉아서 쉬고 있는데, 지나가던 처녀가 보고 말을 걸어.
 "장사님, 장사님. 그 도끼 팔 건가요? 팔 거라면 내가 삽시다."
 척 보기에도 몸집이 조그맣고 호리호리해서 한번 후 불면 날아갈 것같이 생긴 처녀가 그런 말을 하니까 참 우습거든. 자기 도끼로 말하자면 무게가 천 근이나 나가서, 자기처럼 힘센 장사가 아니면 들어올릴 수도 없을 텐데 말이야. 그래 콧방귀를 한번 뀌고 나서,

"흥, 그런 소리 마시오. 이 도끼는 아무나 쓸 수 있는 게 아니오."

했지. 그랬더니 처녀가 곱다랗게 그냥 물러가는 게 아니라 그 앞에 턱 버티고 앉더래. 그러더니 도낏날을 손으로 한번 쓱 쥐었다 놓으면서 하는 말이,

"겉보기는 쓸 만해 뵈더니, 아무래도 좀 무르군."

이러는구나. 그 말을 듣고 나서 이 장사가 그만 화가 났어. 아, 무게가 자그마치 천 근이나 나가는 쇠도끼를 보고 무르다니 그게 말이 돼? 그래서 막 따지려고 하는데, 아무래도 도끼가 좀 이상해. 가만히 살펴봤더니, 아니 세상에 이런 변이 있나. 도낏날 두툼한 곳이 정을 맞은 것처럼 움푹 들어가 있더라지 뭐야. 조금 아까 처녀가 손으로 한번 쓱 쥐었다 놓을 때 패인 자국인가 봐, 그게. 참 놀라도 예사로 놀랄 일이 아니지.

입을 딱 벌리고 어안이 벙벙해서 앉아 있는데, 이때 지나가던 초립둥이가 또 말을 걸어.

"장사님, 장사님. 그 도끼 팔 건가요? 팔 거라면 내가 삽시다."

아무리 봐도 나이 여남은 살이나 될까 말까 한 조그만 아이가 그런 말을 하니 참 기가 막히거든. 힘센 어른들도 못 드는 도끼를 제가 사겠다니 말이야. 말도 안 나올 판이지. 그런데 참 갈수록 태산이라더니 그 초립둥이가 도낏날을 손으로 한번 쓱 쥐었다 놓으면서 하는 말이,

"겉보기는 쓸 만해 뵈더니, 이건 장난감밖에 안 되겠군."

이러는구나. 하도 어이가 없어서 가만히 보니까, 세상에! 이번에는 도낏날에 구멍이 뻥 뚫렸지 뭐야. 아까 처녀가 만져서 움푹 들어간 곳을 초립둥이가 또 만지니까 그만 구멍이 나 버린 거야. 손아귀 힘이 얼마나 셌으면 그럴까. 참 놀라자빠질 일이지.

그걸 보고 이 장사가 아주 혼이 다 빠져서 슬금슬금 줄행랑을 쳤어. 곱다랗게 고향으로 돌아가서, 다음부터는 절대로 힘자랑 같은 것 안 하고 살았더래. 처녀도 저보다 힘이 세고 아이도 저보다 힘이 센데 무슨 힘자랑을 해?

그러나저러나 그렇게 구멍난 도끼날에 자루를 박아 쓰니까 참 좋거든. 그 뒤부터 세상 사람들이 너도나도 도끼에 구멍을 내 가지고 쓰게 됐다는 거야.

술이 생긴 내력

 아주 오랜 옛날에는 술이라는 게 없었대. 그럼 언제부터 술이라는 게 생기게 됐느냐? 오늘은 그 이야기를 하지.
 옛날에 한 효성스런 총각이 아버지와 함께 살았어. 어머니도 일찍 죽고 형제도 없이 아버지와 아들이 단둘이 살았지. 그런데 갑자기 아버지가 병에 걸려 시름시름 앓더니 드러누워서 일어나지를 못하네. 용하다는 의원은 다 불러다 보이고, 좋다는 약은 다 써 봤지마는 차도가 없어. 병은 하루하루 깊어 가고 애는 바짝바짝 타는 판이지.
 이때 들리는 소문에, 어느 곳에 가면 아주 용한 의원이 있다고 그러거든. 효성스런 아들이 그 소문을 듣고 가만히 있을 리 있나. 당장 찾아갔지. 가서 병세를 다 말했더니 의원이 하는 말이,
 "그 병에는 다른 약은 소용이 없네. 죽은 몸뚱이 셋을 한꺼번에 묻고, 그 무덤에서 나는 풀을 갈아 즙을 내어 먹여야 낫는다네."
이러네.
 아들이 그날부터 여기저기 돌아다니면서 죽은 사람을 찾았어. 그런데 그게 어디 잘 찾아지나? 사람이 죽으면 다 장사를 지내고 무덤에 묻으니까 말이야. 몇 날 며칠 동안 돌아다니다가 어느 마을에 갔더니, 마침 어떤 색시가 죽어서 장사를 못 지내고 있더래. 얌전한 색시가 이 마을을 지나다가 죽었

는데, 어디 사는 누구인지 몰라서 땅에 묻지도 못하고 있다는 거야. 마을 사람들한테 사정 이야기를 하고 그 시체를 얻었지.

　색시 시체를 짊어지고 또 갔어. 몇 날 며칠 가다가 어느 마을에 이르니, 마침 노래하고 춤추는 광대가 죽어서 장사를 못 지내고 있더래. 뜨내기 광대가 노래하고 춤추며 이 마을을 지나다가 죽었는데, 어디 사는 누구인지 몰라서 땅에 묻지도 못하고 있다는 거야. 마을 사람들한테 사정 이야기를 하고 그 시체를 얻었지.

　시체 둘을 짊어지고 또 갔어. 몇 날 며칠 돌아다니다가 어느 마을에 가 보니, 마침 미친 사람이 죽어서 장사를 못 지내고 있더래. 웬 미친 사람이 마구 고래고래 소리를 지르며 이 마을을 지나다가 죽었는데, 어디 사는 누구인지 몰라서 땅에 묻지도 못하고 있다는 거야. 마을 사람들한테 사정 이야기를 하고 그 시체를 얻었지.

　이렇게 해서 시체 셋을 짊어지고 집으로 돌아와, 뒷산 양지바른 곳에 함께 묻었어. 그렇게 무덤을 써 놨더니, 며칠 뒤에 보니까 무덤에서 파란 풀이 한 포기 솟아 나오더래.

　'옳아. 이 풀을 갈아 즙을 내어 아버지께 드려야겠구나.'

　총각이 얼른 그 풀을 베어다가 갈아서 즙을 냈어. 그리고 그걸 아버지한테 먹였지. 그랬더니 참 신기하게도 병이 씻은 듯이 낫지 뭐야. 숨이 오락가락하던 아버지가 언제 아팠느냐는 듯이 벌떡 일어난단 말이야.

　이래서 효성스런 아들은 아버지를 살렸는데, 그 소문을 들은 사람들이 너도나도 그 풀을 얻어다가 길렀어. 처음에는 풀을 갈아서 즙을 내 먹었지만, 나중에는 풀에서 나는 열매를 찧어서 누룩을 빚어 가지고 즙을 내 먹었지.

　그게 술이야. 그때부터 술이라는 게 생기게 됐단다.

　술을 처음에 한 잔 먹을 땐 색시처럼 얌전한데, 그건 얌전한 색시 넋이 스며들어 그렇다네.

 술을 자꾸 더 먹으면 기분이 좋아져서 광대처럼 노래하고 춤추게 되지. 그건 노래하고 춤추는 광대 넋이 스며들어 그런 거고.

 술을 아주 많이 먹으면 그만 미친 사람처럼 돼 가지고 마구 고래고래 소리도 지르고 그러잖아. 그건 미친 사람 넋이 스며들어서 그렇단다.

장승한테 비단 팔기

옛날에 갓날에 한 총각이 살았어. 가난한 집에서 홀어머니를 모시고 사는데, 이 총각이 어머니 말을 참 잘 들어. 어머니 말이라면 콩을 팥이라 해도 곧이듣는단 말이지.

부지런히 일을 해도 늘 사는 게 가난하니까, 한번은 어머니가 아들더러 장사를 한번 해 보라고 권했어.

"애야, 너 그럴 게 아니라 비단 장사가 이문이 좋다 하니 그걸 한번 해 봐라. 장사 밑천은 내가 마련해 보마."

하늘 같은 어머니 말씀인데, 뭐 생각하고 자시고 할 게 있나.

"예. 그렇게 하겠습니다, 어머니."

어머니가 동네를 다니면서 장사 밑천을 빌려 왔어. 그걸로 서울에 있는 큰 가게에 가서 비단을 떼어 왔지. 이제 어머니가 아들을 앉혀 놓고 당부를 하는 거야.

"애야, 장사를 할 때 말 많은 사람한테는 물건을 파는 법이 아니다. 딱 제값에 살 사람한테 팔아야지 이러니저러니 말 많은 사람한테는 팔지 마라. 네가 워낙 어수룩해서 하는 말이니 꼭 명심을 해라."

하늘 같은 어머니 말씀인데 새겨들어야지.

"예. 꼭 그렇게 하겠습니다, 어머니."

그러고 나서 이제 비단을 짊어지고 나갔단 말이야. 이 마을 저 마을 돌아다니면서 비단을 파는데, 아 도무지 팔 데가 없어. 비단을 팔려고 이렇게 펴 놓고 있으면 사람들이 몰려와서 구경을 하고 만져 보고 흥정을 하는데, 하나같이 죄 말이 많거든.

"야, 그 비단 참 빛깔도 곱다."

"이건 한 필에 얼마요?"

"곱기가 저만하니 비쌀 테지."

"받을 값을 불러나 보오."

이렇게 모두 한마디씩 다 내놓으니 시끌벅적하지. 아, 어머니가 말 많은 사람한테는 비단을 팔지 말랬는데 말이야.

"아, 그만두쇼. 당신네들처럼 말 많은 이들한테는 비단 안 팔래요."

하고, 주섬주섬 싸서 싹 돌아섰어.

다음 마을에 가서 비단을 팔려고 죽 펴 놓고 있으면, 또 사람들이 몰려와서 말을 건네거든. 비단이 좋으니 나쁘니, 팔 거냐는 둥 얼마냐는 둥. 아, 말을 해야 사든지 팔든지 할 것 아니야? 그런데 이 총각은 어머니 말만 생각하고서 비단을 안 팔아.

"아, 그만두쇼. 당신네들한테는 비단 안 팔래요."

하고, 그냥 짐을 싸서 싹 돌아서지.

그다음 마을에 가도 그렇고, 또 그다음 마을에 가도 그렇고, 온통 몰려와서 시끌벅적하게 값을 묻고 흥정하는 사람들뿐이거든. 그럴 때마다,

"아, 그만두쇼. 나 비단 안 팔래요."

하고 싹 거두어서 나와 버렸지.

그렇게 사흘 동안 돌아다녔는데 비단을 한 자도 못 팔았어.

'거참, 어딜 가나 도무지 말 많은 사람들뿐이로군. 이래서야 장사를 할 수

있나.'

말 없는 사람을 만나야 할 텐데 말이야. 하릴없이 터덜터덜 집으로 돌아오는 판이야. 그런데 고개를 하나 딱 넘으니까 길가에 사람 같은 것이 하나 딱 버티고 서 있거든. 그게 장승이지. 그 옆에다가 비단짐을 부려 놓고 쉬었어.

그런데 한참이 지나도 옆에 선 사람은 도무지 말이 없네. 딴 사람들 같으면 벌써 '그 비단 팔 거요?' 어쩌고 하면서 말을 걸어도 열두 마디는 걸었을 텐데, 아 이건 어찌 된 일인지 쓰다 달다 말이 없단 말이야. 그래서 이쪽에서 도로 물어봤어.

"여보, 이 비단 안 사려오?"

그래도 아무 말이 없네.

"살 거요, 말 거요?"

그래도 말이 없어.

'옳거니, 이제야 임자를 만났구나.'

어머니가 말 많은 데는 팔지 말라고 했는데, 이렇게 말이 없는 사람을 만났으니 여기 안 팔면 어디에 팔 거야? 아주 비단짐을 다 풀어 놓고 흥정을 시작했어.

"한 필에 닷 냥 주면 팔 테요."

"……."

"비싸다고? 그럼 한 필에 넉 냥은 어떻소?"

"……."

"아이, 뭐 정 그렇다면 한 필에 석 냥만 받을래요. 그 대신 이것 다 사기요."

"……."

이렇게나 말이 없으니 딱 임자는 임잔데 말이야. 여기 꼭 팔아야겠거든. 그러고 보니까 고개를 끄덕끄덕하는 것 같기도 해.

"좋다고? 그럼 흥정이 된 거요. 자, 이제 돈을 주시오."

"……"

"지금 돈이 없다고? 그럼 언제 줄 거요?"

"……"

"내일 준다고? 정말이요?"

"……"

어찌 보니 고개를 끄덕끄덕하는 것 같기도 하거든.

"그럼 내일 돈 받으러 올 테니 꼭 주시오."

비단을 죄다 장승 발치에 딱 놔 두고, 이제 집으로 돌아갔어. 어머니가 보니 비단 팔러 간 아들이 빈손으로 돌아오거든.

"그래, 비단은 다 팔았느냐?"

"예. 어머니 말씀대로 말 많은 사람한테는 안 팔고, 말 없는 사람한테 다 팔았습니다."

"잘 했다. 돈은 받아 왔느냐?"

"내일 가서 받기로 했습니다."

그러고 나서 이튿날 날이 밝자마자 그 자리에 다시 갔어. 가 보니 비단은 어디로 갔는지 안 보여. 그새 누가 주워 갔나 보지. 그런데 돈은 한 푼도 없고 장승은 쓰다 달다 말이 없거든. 그만 화가 머리끝까지 났어.

"네 이놈, 남의 비단을 떼어먹고 무사할 줄 알았더냐?"

달려들어 애꿎은 장승을 쑥 뽑았지. 그런데 아 이게 웬일이야? 장승 뽑은 자리에 누런 금덩어리가 가득 들어 있네.

"그러면 그렇지. 이게 비단값이로군."

장승을 도로 고이 세워 놓고 금덩이를 가지고 집에 돌아왔어. 그래서 어떻게 됐느냐고? 그야 잘 살았지. 어머니 모시고 오래오래 잘 살았더란다.

이야기허릿값 물어주기

옛날에 한 사람이 살았는데, 도무지 바깥에 나다닐 줄 몰라. 만날 집 안에만 틀어박혀 산단 말이지. 사람이 바깥바람도 좀 쐬고 해야 세상 물정도 알 것인데, 허구한 날 방구석에서 뭉그적거리니 뭐 세상이 어떻게 돌아가는지 알아야지. 보다 못해 아내가 타일렀어.

"여보, 그러지 말고 동네 사랑방에라도 한번 가 보오. 가서 딴 사람들하고 어울려 얘기도 하고 듣고, 그렇게 좀 해 보오."

그래서 그날 저녁에 동네 사랑방에를 갔어. 동네 사람들이 여럿 모여서 얘기도 하고 노는데, 거기 문을 펄떡 열고 들어갔거든. 사람들이 보니, 낯이 가물가물한 사람이 왔단 말이야.

"아, 자네 어쩐 일인가?"

"응, 오늘은 놀러 나왔네."

그중에 못된 사람이 좀 있었던 모양이야. 저 어수룩한 구들지기를 한번 골려 줘야 되겠다, 이렇게 작정을 했지. 아, 좋은 사람들 같으면 그러겠어? 안 오던 사람이 모처럼 오면 반갑게 맞을 요량을 하지, 골려먹을 생각부터 하겠느냐 말이야.

"그나저나 자네 오늘 큰 실수를 했네."

"그게 무슨 말인가?"

"자네 오기 전에 우리가 참 아주 중한 이야기를 하고 있던 참일세. 그런데 자네가 문을 펄떡 열고 들어오는 바람에 이야기가 끊어졌네. 자네가 이야기허리를 뚝 분질러 놨으니, 그 값을 물어줘야겠네."

"이야기허릿값이라니, 그런 값도 다 있는가?"

"있다마다. 어서 물어내게."

세상 물정을 모르니, 그런 게 있다면 있는 줄 알지 딴생각을 못 해. 아닌 밤중에 홍두깨더라니, 모처럼 사랑방에 놀러 나왔다가 이런 덤터기를 쓸 줄 누가 알았겠나.

"그래, 그 이야기허릿값이라는 게 얼만가?"

"그게 워낙 중한 이야기라 허릿값도 비싸다네. 백 냥이지."

"지금은 돈이 한 푼도 없는데 어떡하나?"

"그럼 내일 가져오게."

이 사람이 그만 풀이 잔뜩 죽어서 집에 돌아왔어. 돌아와서 아주 이불을 뒤집어쓰고 드러누워 버렸네. 아, 그럴 것 아니야? 공연히 돈 백 냥을 물어 주게 생겼으니 이게 어디 예삿일인가? 드러누워서 끙끙 앓을 만하지. 아내가 그걸 보고 물었어.

"아니, 당신 왜 그러시오?"

"왜 그러나 마나 난 이제 망했소."

"무슨 일인지 말이나 해 보오."

"당신 말 듣고 동네 사랑방에 나갔다가 남의 이야기허리를 분질러 놓는 바람에 돈 백 냥을 물어주게 됐소그려."

마침 그 집에 나이 여남은 살 먹은 딸이 하나 있었어. 딸이 이 얘기를 듣더니 코웃음을 쳐.

"아이 아버지, 그런 일이라면 나한테 맡기세요."

"네가 무슨 수로 그런 일을 맡는다니?"

"다 수가 있으니 걱정 마세요."

이튿날 딸이 혼자 동네 사랑방에를 갔어. 가 보니 못된 사람들이 앉아서 이제 어쩌나 보자 하고 기다리고 있는 거야.

"아, 네 아버지가 안 오고 왜 네가 와?"

"아버지는 산에 칡뿌리 캐러 가셨어요."

"칡뿌리는 왜?"

"날이 오래 가물어서 마당에 금이 갔거든요. 그것 꿰매려고요."

들어 보니 참 같잖거든. 아, 땅에 금이 간 걸 칡뿌리로 꿰맨다고 하니 그게 말이 돼?

"나 참, 칡뿌리로 마당 꿰맨단 소린 머리에 털 나고 처음 듣네."

딸이 냉큼 그 말을 받아,

"나도 이야기허릿값 물어준단 소린 머리에 털 나고 처음 듣네요."

했지. 그러니 뭐 할 말이 있어? 낯이 벌게져서 아무 말도 못 하지.

그다음부터는 그 사람이 사랑방에 놀러 가도 아무도 골리는 이 없더래. 아, 그러다가 똑똑한 딸한테 무슨 망신을 당하려고.

일곱 스님과 일곱 아들

 옛날 옛적 갓날 갓적, 일곱 살에 철이 들어 열일곱 살에 혼인한 부부가 살았는데 참 가난했어. 일곱 고개 너머 움막을 하나 짓고 일곱 새 고운 짚신을 삼아 팔아서 먹고살았지.

 하루는 내외가 짚신을 삼고 있는데 웬 스님이 움막 앞을 지나가더래. 그런데 신도 안 신고 그냥 맨발로 걸어가네. 얼마나 발이 시릴까, 불쌍해서 불렀지.

 "스님, 스님. 이리 와서 짚신이나 한 켤레 신고 가소."
집 안으로 모셔다가 곱게 삼은 짚신 한 켤레 신겨 보냈어.

 이튿날 내외가 짚신을 삼고 있는데, 또 한 스님이 맨발로 움막 앞을 지나가더래. 얼마나 발이 시릴까, 불쌍해서 불렀지.

 "스님, 스님. 이리 와서 짚신이나 한 켤레 신고 가소."
집 안으로 모셔다가 곱게 삼은 짚신 한 켤레 신겨 보냈어.

 그 이튿날 내외가 짚신을 삼고 있는데, 또 한 스님이 맨발로 움막 앞을 지나가더래. 얼마나 발이 시릴까, 불쌍해서 불렀지.

 "스님, 스님. 이리 와서 짚신이나 한 켤레 신고 가소."
집 안으로 모셔다가 곱게 삼은 짚신 한 켤레 신겨 보냈어.

 이렇게 내리 이레 동안 일곱 스님이 움막 앞을 지나가기에 일곱 번을 모서다가 짚신 일곱 켤레를 신겨 보냈어.

그러고 나서 일곱 달이 지났는데, 하루는 첫날 와서 짚신 신고 갔던 첫째 스님이 다시 와서 하는 말이,

"동쪽으로 일곱 번 강을 건너가면 좋은 터가 있을 테니 거기에 집을 짓고 살아 보소."

이러더래.

이튿날에는 둘째 날 와서 짚신 신고 갔던 둘째 스님이 다시 와서,

"동쪽으로 일곱 번 강을 건너가면 좋은 터가 있을 테니 거기에 집을 짓고 살아 보소."

하고, 또 그 이튿날에는 셋째 날 와서 짚신 신고 갔던 셋째 스님이 다시 와서,

"동쪽으로 일곱 번 강을 건너가면 좋은 터가 있을 테니 거기에 집을 짓고 살아 보소."

하고, 이렇게 내리 이레 동안 일곱 스님이 다시 와서 일곱 번 똑같은 말을 하거든.

그래서 부부는 일곱 스님 말대로 동쪽으로 길을 떠나 일곱 번 강을 건너갔어. 가 보니 아니나 달라 좋은 터가 있더래. 거기에 움막을 짓고 살았지. 전에처럼 짚신을 삼아 팔아서 먹고살았어.

한 해가 지나 첫아들을 낳았어. 얼마나 기쁜지 하늘 보고 일곱 번 절하고 고이고이 키웠지.

이듬해에는 둘째 아들을 낳았어. 얼마나 기쁜지 하늘 보고 일곱 번 절하고 고이고이 키웠지.

그 이듬해에는 셋째 아들을 낳았어. 얼마나 기쁜지 하늘 보고 일곱 번 절하고 고이고이 키웠지.

이렇게 내리 일곱 해 동안 아들 일곱을 낳아서 하늘 보고 일곱 번 절하고

고이고이 키웠어.

그런데 첫아들이 일곱 살 되는 해 칠월 칠석날이 되니 아무 말도 안 하고 집을 나가서 다시 돌아오지 않더래.

둘째 아들도 일곱 살 되는 해 칠월 칠석날이 되니 아무 말도 안 하고 집을 나가서 다시 돌아오지 않더래.

셋째 아들도 일곱 살 되는 해 칠월 칠석날이 되니 아무 말도 안 하고 집을 나가서 다시 돌아오지 않더래.

이렇게 내리 일곱 해 동안 해마다 아이들이 일곱 살만 되면 칠월 칠석날 집을 나가서 다시 돌아오지 않는 거야. 그래서 일곱 해가 지난 뒤에는 일곱 아들이 다 나가고 부부만 남게 됐지.

부부는 짚신을 삼아 팔면서 쓸쓸하게 살았어.

그렇게 일곱 해가 지났지.

하루는 내외가 짚신을 삼고 있는데, 저 멀리서 일곱 벼슬아치가 일곱 마리 말을 타고 줄지어 동네로 들어오더래. 모두 비단옷을 잘 차려입고 높은 모자를 쓰고 풍악을 잡히면서 들어오는 거야.

"뉘 집 자식이기에 일곱이나 다 벼슬을 해서 저렇게 훌륭하게 차리고 오는고. 우리는 아들을 일곱이나 뒀지마는 다 나가서 죽었는지 살았는지 소식도 없네."

한탄을 하면서 눈물을 흘리다 보니, 어럽쇼, 일곱 벼슬아치 행차가 줄줄이 이 집 마당으로 들어서네. 그러더니 일곱 벼슬아치가 모두 말에서 내려 일곱 번 큰절을 올리는 거야.

"어인 행차시기에 우리 같은 늙은이한테 절을 하시오?"

"어머니, 아버지. 일곱 살 때 집을 나간 일곱 아들이 돌아왔습니다."

그제야 가만히 보니 다 아들들이더래. 그 얼마나 기뻐? 부부는 일곱 아들과 함께 이레 동안 밤낮으로 잔치를 열었더래.

　자, 이제 수수께끼. 이 이야기에서 일곱이란 말이 몇 번 나왔을까?

보릿고개 은인

보릿고개라는 게 있어. 고개 중에 험한 고개지. 옛날 사람들이 가을에 벼를 거두어 겨울을 나고 이듬해 봄이 되면 묵은 양식이 떨어져 가거든. 그때부터 시작해서 초여름 햇보리를 거둘 때까지는 굶느니 먹느니 하고 사는 거야. 험한 고개를 넘듯이 힘든 고비라고 해서 보릿고개지.

옛날 어느 곳에 참 가난한 집이 있었어. 웬만큼 사는 집도 봄철 보릿고개를 넘으려면 허리띠를 졸라매야 할 판인데, 지지리 가난한 집이니 더 말해서 뭘 해? 게다가 식구는 많아서, 아이들이 일곱 남매나 됐거든. 어쩌다 죽 한 솥이라도 쒀 놓으면 어른 입에는 들어갈 것도 없어. 온 식구가 아예 밥 구경을 못 하고 살 때도 많았지.

보다 못해 아내가 남편에게 일렀어.

"여보, 그러지 말고 친정에 가서 보리든 쌀이든 몇 됫박 얻어 오오."

친정은 먹고살 만했던 모양이지. 그래서 남편이 곧장 처가에 갔어.

"보릿고개에 먹을 게 없어 그러니, 염치 없지만 양식 몇 됫박만 꾸어 주십시오."

이 말을 듣고 장인 장모가 쌀 한 가마니하고 당장 먹을 떡 한 보따리를 싸 줬어. 그걸 이제 짊어지고 집에 돌아오는 거야. 땀을 뻘뻘 흘리면서도 무거운 줄 모르고 가뿐하게 걸어오는데, 오다가 길에서 웬 거지 부부를 만났네.

그런데 이 거지 부부가 흙을 파 먹고 있어. 글쎄, 땅에 엎드려 흙을 파 먹고 있단 말이야.

"여보시오, 이 뭣 하는 짓이오?"

대답도 안 하고 아귀아귀 흙만 파 먹어. 가만히 보니 이 사람들이 너무 굶어서 눈에 뵈는 게 없는 모양이야. 얼마나 불쌍해?

"그러지 말고 이걸 좀 드시오."

가지고 가던 떡 보따리를 내놨지. 거지 부부는 떡 한 보따리를 다 먹고 나서야 정신을 차리더래. 정신을 차리고 나서는 저희들 한 짓이 부끄럽고 서러워서 철철 우는 거야. 하도 불쌍해서, 그만 지고 가던 쌀을 가마니째 다 줘 버렸어.

그러고 나서 빈손으로 털레털레 집에 돌아왔지.

"여보, 양식 좀 얻어 오랬더니 왜 빈손으로 오오?"

남편이 사정 이야기를 다 했어.

"아이고, 잘 했소. 우리는 물이라도 끓여 먹지요."

멀건 물을 끓여 먹으면서 겨우겨우 보릿고개를 났지.

그런데 그 거지 부부는 말이야, 그 뒤로 부자가 됐어. 아 무슨 운이 틔었던지, 그 쌀 한 가마니를 밑천 삼아 장사를 해서 큰 부자가 된 거야. 논도 사고 밭도 사고, 집도 커다랗게 지어 놓고 잘 산단 말이야.

그런데 자기들을 살려 준 은인을 만나 은혜를 갚으려 해도 도무지 어디에 사는 누군지 알아야 말이지. 그래서 이 사람들이 돌미륵을 하나 만들어 집 안에 모셔 놓고 밤낮으로 빌었어.

"미륵님, 미륵님. 부디 그 은인을 만나게 해 주십시오."

그렇게 빌었더니, 아 하루는 자고 나니 돌미륵이 없어졌네. 어디로 갔는지 아주 감쪽같이 사라져 버렸어. 그것참 이상한 일도 다 있다 하고, 그다음부터는 하릴없이 그냥 허공에 대고 빌었구나.

그런데 이 돌미륵이 어디로 갔는고 하니 그 은인 집으로 갔어. 그 집은 그 뒤로도 그럭저럭 입에 풀칠이나 하면서 살아가고 있었는데, 하루는 보니까 웬 돌미륵이 집 안에 턱 들어와 있거든.

"아이고, 이게 웬 미륵님이냐?"

온 식구가 놀라서 미륵님께 절을 하고 잘 모셔 뒀지. 그런데 이튿날 자고 일어나 보니까 돌미륵이 마당에 나가 있네. 깜짝 놀라 도로 방에 모셔다 놨더니, 아 그 이튿날 아침에는 사립문 밖에 나가 있어. 또 도로 방에 모셔다 놨더니, 그 이튿날 아침에는 아예 멀리 동구 밖에 나가 있는 거야.

이상하게 여기고, 그다음부터는 그냥 가만히 뒀어. 그 대신 아침마다 어디에 가 있는지 따라가 봤지. 돌미륵은 하루하루 조금씩 멀리 가더니, 며칠 뒤에는 마침내 어떤 굉장한 부잣집 마당에 들어가 있더래. 그 집이 바로 자기가 살려 준 그 부부 집이지.

그렇게 해서, 돌미륵 덕분에 두 집 식구들이 다시 만나게 됐어. 그래서 어떻게 됐느냐고? 어떻게 되긴, 두 집이 살림을 합치고 함께 살았지. 아주 한 식구처럼 사이좋게 서로서로 도와 가며 잘 살았어.

돌미륵? 그야 그 집에서 다시 잘 모셔 두었는데, 그 뒤로는 어디론가 사라지는 일도 없이 잘 있더래.

● ── 이야기를 들려주고 나서

　〈입춘대길 코춘대길〉은 바보 신랑 이야기입니다. 이 어수룩한 주인공은 까막눈일 뿐 아니라 정신도 쥐정신이어서 뭘 가르쳐 주면 금세 잊어버리니 세상에 그런 어리보기가 어디에 있을까요? 그런데 이야기를 듣다 보면 마음이 훈훈해집니다. 주인공을 손가락질하며 놀리고 싶어지는 게 아니라 오히려 다가가 손이라도 잡아주고 싶어지니 말입니다. 왜 그럴까요? 주인공과 우리가 반대편이 아니라 같은 편에 서 있기 때문입니다. 따지고 보면 글 모르는 것과 잘 잊어먹는 게 무슨 죄가 되겠습니까? 우리도 다 고만고만한 흠결 하나씩은 다 안고 살아가지 않나요?
　〈며느리밥풀〉은 겉과 속이 다른 이야기입니다. 겉은 꽃 이름이 어떻게 해서 생겼는지 그 내력을 밝히고 있지만 속내는 며느리 시집살이가 얼마나 고된지를 말하고 있으니까요. 그러니까 옛사람들이 이런 이야기를 내세워 정작 말하고 싶었던 것은 시어머니더러 며느리 좀 구박하지 말라는 게 아니었을까요? 옛날 시어머니들은 왜 그렇게 며느리를 못 살게 굴었는지 모르겠습니다. 자신도 한때는 남의 며느리였으면서 말입니다. 아마 자신이 며느리였을 적에 받은 구박 때문에 한이 맺혀 그랬을지도 모릅니다. 그러고 보면 며느리나 시어머니나 모두 피해자인 것 같네요. 슬픈 일입니다.
　〈흰나비가 된 처녀〉에서 서로 사랑하는 처녀 총각이 죽음에 이를 수밖에 없었던 건 신분의 벽 때문이었지요. 이처럼 사람 사이를 갈라놓고 그 삶을 옭죄는 답답한 틀을 옛사람들은 이야기 속에서나마 깨뜨리고 싶었나 봅니다. 옛이야기 속에서는 가난한 머슴이 임금 사위 되는 일도 예사로 일어나니까요. 그런데 이 이야기에서는 그 틀이 깨어지는 대신 오히려 사람이 그 틀에 희생됩니다. 이처럼 옛이야기는 때때로 현실을 냉정하게 비추어 보임으로써 이야기가 그저 꿈속을 헤매지만은 않는다는 것을 말해 주기도 합니다.

〈청개구리 점치기〉에서 청개구리는 우연히 찾아온 행운에 힘입어 재물도 얻고 목숨도 건집니다. 옛이야기에서 우연한 행운은 주인공이 착한 일을 했을 때 그 보답으로 찾아오는 경우가 많은데 여기서는 그렇지 않으니 웬일일까요? 주인공이 한 일이라곤 '아랫목에서 밥 먹고 윗목에서 똥 싸는' 일뿐이었는데 말입니다. 그렇습니다. 바로 이 말에 해답이 있습니다. 옛이야기에서 우연한 행운은 그것을 가장 필요로 하는 사람한테 찾아오는 법입니다. 그러니까 착한 일 한 사람은 말할 것도 없고, 힘없고 재주 없어 늘 남한테 뒤지는 사람에게도 행운은 언제나 찾아올 준비가 되어 있는 것입니다.

〈이 산 저 산 수수께끼〉는 수수께끼 푸는 이야기입니다. 이런 알쏭달쏭한 수수께끼 이야기는 그것을 푸는 과정이 재미있는데, 많은 이야기가 이 이야기에서처럼 아이들을 내세워 답을 얻습니다. 아이들이 어른보다 아는 게 많아서 그럴까요? 아닙니다. 아이들이 어른보다 보는 눈이 순수하기 때문입니다. 선입견에 사로잡히면 눈이 어두워지는 건 당연한 일이지요.

〈뛰는 장사 나는 장사〉도 겉과 속이 다른 이야기입니다. 겉으로는 도끼날에 구멍 난 내력을 밝히면서 실제로는 힘자랑에 얽힌 이야기를 하고 있지요. 이 이야기에서 우리가 눈여겨볼 만한 점은, 진짜 힘장사는 겉으로는 오히려 약해 보이는 사람이란 것입니다. 처녀와 초립둥이는 겉보기에 아무 힘이 없어 보이지 않습니까? 그런데도 천 근 쇠도끼를 떡 주무르듯 하니 예사 힘장사가 아니지요. 겉보기로 사람을 가늠하지 말라는 가르침과 함께 "진정한 힘이란 무엇인가?" "이 세상 참 주인은 누구인가?" 하는 진지한 물음을 우리에게 던져 주는 귀한 이야기입니다.

〈보릿고개 은인〉을 보면 옛사람들이 재물과 복에 대해 어떤 생각을 했는지 알 것 같습니다. 재물은 있다가도 없어지고 없다가도 생기는 것이며, 귀한 일을 하면 반드시 그 보답으로 복을 받게 된다는 생각 말입니다. 귀한 일 가운데는 어려운 형편에 있는 사람을 돕는 것이 으뜸이며, 그런 일을 한 사람이 복을 받는 것은 당연해 보입니다. 적어도 옛이야기 세상에서 이러한 믿음은 깨어지지 않습니다. 우리가 사는 세상도 옛이야기 세상과 같다면 얼마나 좋을까요?

여름

여름날 내리는 소나기처럼
시원한 이야기

여름철 풍습에 얽힌 이야기나 여름에 나오는 짐승 벌레 이야기도 있지만, 그런 것 말고도 여러 가지 이야기가 들어 있습니다. 밤 하늘을 바라보며 마음껏 상상하기 좋은 이야기, 절로 더위를 잊을 만큼 신기한 이야기, 욕심쟁이 심술쟁이를 은근히 놀려 주는 이야기, 한바탕 웃어넘길 이야기와 소나기처럼 시원한 이야기도 있지요.

염소 사또

옛날 옛적에, 참말인지 거짓말인지 모르지만 이런 일도 있었다네.

어떤 고을 사또가 제 딴에는 멋을 부리느라고 말을 아주 구성지게 하는 버릇이 있었거든. 이를테면 백성들이 와서 "사또, 아뢰오" 할 것 같으면, 대답을 한다는 것이 그냥 "오냐" 하는 것이 아니라 "오호호오냐" 하고 가락을 넣어서 길게 뺀단 말씀이야. 그래서 고을 백성들이 모두 참 재미있어하고 우스워했어.

그런데 한번은 사또가 잠깐 자리를 비운 사이에 일이 났어. 무슨 일인고 하니, 뜰에 매어 놓은 염소가 고삐를 풀고 제 맘대로 돌아다니다가 사또 방 안으로 들어갔거든. 들어가 보니 거기 뭐 종이가 아주 많이 널렸단 말씀이야. 사또 방이니까 책이고 문서고 편지고 뭐고 종이가 참 많을 것 아니야? 염소가 종이를 좀 좋아하나? 이게 웬 떡이냐고 그놈의 종이를 다 먹어치웠어. 그러고 나서 배가 부르니까 아랫목에 떡 누워 있었지.

이때 한 백성이 송사를 하려고 종이에 사연을 잔뜩 적어 가지고 왔어. 그리고 뜰 아래에서 사또를 불렀지.

"사또, 사또. 안에 계십니까?"

염소란 놈이 본디 가만히 있다가도 사람 소리만 나면 소리를 내는 법이거든. 이놈이 가만히 누워 있다가 밖에서 사람 소리가 나니까 벌떡 일어나서,

"오호호."

하고 울었단 말씀이야. 백성이 가만히 들어 보니 그게 뭐 영락없는 사또 소리 같거든. 멋 부리느라고 "오호호오냐" 하고 가락을 넣어서 길게 빼는 소리하고 똑 닮았잖아. 그래서 그만 사또가 방 안에 있는 줄 알고, 꾸벅꾸벅 머리까지 조아려 가면서 말을 줄줄 내놨어.

"저는 백성 아무개이온데 억울한 일이 있어서 송사를 하러 왔습니다."

"오호호."

염소라고 하는 것이 사람 소리만 나면 우니까 말끝마다 "오호호" 하는 거야.

"종이에 사연을 적어 가지고 왔는데, 한번 보시렵니까?"

"오호호."

"그럼 문틈으로 넣을 테니 거두어 주십시오."

"오호호."

종이를 문틈으로 들이미니까, 염소는 이게 웬 떡이냐고 냉큼 주워 먹지. 주워 먹느라고 부스럭부스럭 소리를 내니까, 백성은 그게 종이를 펴서 읽어 보느라고 내는 소린 줄만 알지.

"이제 다 읽어 보셨습니까?"

"오호호."

"그럼 제가 얼마나 억울한 일을 당했는지 아실 테지요?"

"오호호."

"그럼 어서 판결을 내려주십시오."

"오호호."

"네? 그게 무슨 말씀이십니까?"

"오호호."

"뭐라고요?"

"오호호."

"옳거니, 잘 처리해 주시겠다고요?"

"오호호."

"그럼 저는 마음놓고 가 보겠습니다."

"오호호."

이렇게 해서 백성은 마음 턱 놓고 집에 돌아갔지. 돌아가서 우리 고을 사또가 송사를 참 잘 보더라고 소문을 내니까, 그 소문이 짜하게 멀리멀리 퍼져 나가더라는 얘기.

흰 구슬 검은 구슬

 옛날 옛적 어느 마을에 형제가 살았어. 형은 아버지 어머니한테서 재산을 많이 물려받아 부자로 살고, 아우는 참 가난하게 살았지. 뭐라고? 벌써 다 안다고? 그래 그래, 누구든지 짐작하는 것처럼 형은 욕심쟁이고 아우는 착했단다.

 하루는 아우네 집에 먹을 것이 똑 떨어져서 온 식구가 쫄쫄 굶게 생겼어. 그래서 아우가 형 집에 양식을 꾸러 갔지. 그런데 욕심쟁이 형이 순순히 양식을 꾸어 줄 리 있나. 한 줌도 안 꾸어 주고 욕만 해 대지.

 아우가 욕만 실컷 얻어먹고 빈손으로 돌아오는데, 천만다행으로 길에서 보리 이삭 몇 송이를 주웠네. 그걸 고이 들고 집에 가서, 대강 껍질을 벗겨 물에 불린 다음 떡을 했어. 떡이라야 보리개떡, 그것도 아기 주먹만 한 것 달랑 하나지만 그게 어디야? 온 식구가 침을 삼키며 나누어 먹으려는데, 이때 문득 좋은 생각이 났어.

 "이럴 게 아니라 이 떡을 장에 내다 팔면 돈이 생길 터이니, 그 돈으로 양식을 사다 우리 식구 배불리 먹어 보자."

 이래서 아우가 떡을 가지고 장에 갔어. 장에 가다 보니 길가에 웬 할머니가 쪼그리고 앉아서 구걸을 하고 있더래.

 "불쌍한 이 늙은이한테 밥 한 술만 주오."

아우가 가만히 생각해 보니, 저희 식구는 비록 굶기를 밥 먹듯이 하지마는 그래도 집이라도 지키고 있잖아. 그런데 저 할머니는 집도 절도 없이 길가에서 굶주리고 있으니 얼마나 불쌍해? 그래서 들고 가던 떡을 할머니한테 다 줘 버렸어. 그랬더니 할머니가 떡을 받아 맛나게 먹고 나서 하는 말이,

"고맙소, 젊은이. 그 보답으로 내 한 가지 방도를 일러 줄 터이니 잘 들으시오. 저 뒷산 골짜기 큰 바위 밑에 가 보면 희고 검은 구슬 두 개가 있을 거요. 검은 구슬은 두고 흰 구슬만 가져오시오. 그러면 반드시 좋은 일이 생길 거요."

이러더래. 그러고 나서 바람같이 휙 가 버리는 거야.

아우는 할머니 말대로 뒷산 골짜기 큰 바위 밑에 가 봤지. 가 보니 과연 희고 검은 구슬 두 개가 있더래. 검은 구슬은 두고 흰 구슬만 가져왔어.

그런데 참 묘하기도 하지. 그날부터 구슬에서 황소가 나오는데, 하루에 한 마리씩 나오는 거야. 자고 일어나면 한 마리, 자고 일어나면 또 한 마리……, 이렇게 하루 한 마리씩 황소가 나와. 그러니까 아우는 금세 부자가 됐지.

뭐라고? 형이 소문을 듣고 아우를 찾아온다고? 어떻게 알았지? 그래, 누구든지 짐작하는 것처럼 형이 아우를 찾아와 이야기를 듣고는, 저도 욕심이 나서 뒷산 골짜기 큰 바위 밑에 가 봤어. 가 보니 검은 구슬 하나가 남아 있거든.

'흰 구슬에서 황소가 나왔으니 검은 구슬에서는 아마 암소가 나올 거야. 아니, 금덩이가 막 쏟아질지도 몰라.'

형은 검은 구슬을 주워 가지고 집에 가져왔어. 그런데 이게 웬일이야? 글쎄 검은 구슬에서는 호랑이가 나오더라지 뭐야. 사나운 호랑이가 나와서 온 집 안을 쑥대밭으로 만들어 버리니까 일 났지. 그것도 하루에 한 마리씩 나

와서 분탕질을 하니 견딜 재간이 있어야지. 형은 그만 혼이 빠질 대로 빠져서 어디론가 멀리 달아나 버렸는데, 그 뒤로 아무도 본 사람이 없대.
 아우네는 아직도 저 재 너머 마을에서 잘 살고 있단다.

병 속 세상 구경

옛날 어느 곳에 한 할아버지가 있었는데, 젊어서 아내 잃고 늙어서 자식 잃고 혼자 살았어. 그러자니 사는 게 참 어려웠지. 변변한 땅도 없어 농사도 못 짓고, 짚신이나 삼아 팔아서 근근이 먹고살았어.

하루는 이 할아버지가 장터에 나가 짚신을 팔고 있는데, 웬 스님이 바랑을 메고 지나가다가 뜬금없이 물 한 그릇을 청하네.

"노인장, 소승이 지금 목이 몹시 마르니 물 한 그릇만 떠다 주시오."

아무리 스님이라도 손발이 멀쩡하면 자기가 물을 떠 먹지 왜 남한테 물을 떠 달래? 그것도 나이 많은 할아버지한테 말이야. 다른 사람 같았으면 "무슨 헛소리요? 당신은 손이 없소, 발이 없소?" 하고 면박이나 줄 것인데, 이 할아버지는 안 그랬어. 무슨 사정이 있어서 그러겠거니 생각하고, 스님더러 잠깐 기다리라고 한 다음에 멀리 떨어진 우물로 달려갔지. 가서 물을 한 바가지 떠 가지고 와서 스님한테 줬어.

스님은 그 물을 벌컥벌컥 달게 마시고 나더니, 품속을 뒤져 조그마한 병 하나를 꺼내 주더래.

"내 가진 것이 이것밖에 없어 그러니 우습다 말고 받아 두시오. 쓸모가 있을지도 모르니."

받아 보니 뭐 아무것도 안 든 빈 병이야. 그래도 스님 정성이라 여기고 병을 품안에 고이 넣어 뒀지.

그날 집에 돌아와서 병을 머리맡에 두고 잠을 자는데, 잠결에 어디서 가느다랗게 노랫소리가 들리지 뭐야. 눈을 뜨고 이리저리 살펴보니, 노랫소리가 딴 데서 들리는 게 아니라 바로 병 속에서 들리는 거야. 가만히 병 속을 들여다보니, 아니 세상에 이런 변이 다 있나. 조그만 병 속에 온갖 게 다 들어 있구나.

집도 있고 사람도 있고 마을도 있고 장터도 있고, 산도 있고 물도 있고 논도 있고 밭도 있고, 뭐 없는 게 없어. 그게 죄다 조그마해서 마치 개미 세상 같은데, 그래도 있을 건 다 있지. 들판에는 곡식도 있고 과일도 있고, 산에는 나무도 있고 짐승도 있고, 농사꾼은 들에서 농사짓고 어부들은 물에서 고기 잡고, 남자들은 씨름하고 아낙네들은 그네 뛰고, 어른들은 장기 두고 아이들은 고누 두고……, 아 그런 게 조그만 병 속에 다 있더란 말이야.

하도 신기해서 이렇게 물끄러미 들여다보고 있으려니까, 병 속에서 푸른 옷 입은 사내아이 하나가 쓱 나오네. 병에서 나올 때는 개미만 하더니, 나오자마자 스르르 커져서 금세 보통 사람 몸집만 해졌어. 아이가 꾸벅 절을 하더니 하는 말이,

"할아버지를 우리 마을에 모시러 왔습니다."

하고 옷소매를 잡아끌거든.

"아니, 내가 이렇게 큰 몸집으로 저렇게 조그마한 병 속에 어떻게 들어간단 말이냐?"

"그런 걱정 마시고 어서 가시지요."

하고서 손바람을 한 번 일으키니까 몸집이 작아져. 아이 몸집도 도로 개미만 해지고, 할아버지 몸집도 꼭 고만해지는 거야. 할아버지는 아이가 끄는 대로 병 속에 따라 들어갔지.

들어가 보니 참 세상이 좋기도 하더래. 있을 건 다 있는데 그런 게 죄다 바깥세상보다 더 좋더라는 거야. 날은 춥지도 덥지도 않고, 바람은 산들산들 불고, 곳곳에 맛있는 음식이 그득하고, 어딜 가나 마음씨 좋은 사람들뿐이니 얼마나 좋아?

할아버지는 병 속에서 며칠 동안 잘 쉬었어. 이곳저곳 다니면서 경치 구경도 하고, 맛난 음식도 배불리 먹고, 병 속 사람들과 어울려 춤도 추고 노래도 하고, 이렇게 참 근심 걱정 하나 없이 잘 쉬었지.

그러고 나서 며칠 뒤에 이제 밖으로 나가야겠다고 하니까, 푸른 옷 입은 사내아이가 다시 나타나서 할아버지를 병 밖으로 이끌어 주더래. 그 아이를 따라 바깥세상으로 나왔지.

그런데 아니 이게 웬일이야? 밖으로 턱 나가 보니, 집이고 방이고 아무것도 없어. 그냥 풀만 무성한 쑥대밭이야. 병 속으로 들어갈 때는 틀림없이 방 안에 있었는데, 나와 보니 허허벌판이더란 말이지.

가만히 보니 마을은 틀림없이 자기가 살던 마을 같은데, 집도 없어지고 사람들도 죄다 낯선 사람들뿐이거든. 그것참 이상하다 하고 동네방네 다니면서 사람들한테 물어 봤어.

"이곳이 아무 마을이 아니오?"

"틀림없이 그렇소."

아, 자기가 살던 마을이 맞다네.

"그러면 아무개를 모르시오?"

은근슬쩍 자기 이름을 대 봤지. 그랬더니 동네 사람들이 하는 말이,

"아, 그 이름이라면 우리 고조할아버지 적 사람이지요."

하더래. 글쎄, 병 속에 들어가서 며칠 지낸 사이에 바깥세상은 세월이 백 년도 더 흘렀나 봐.

할아버지는 그 뒤에도 오래오래 살아서, 아흔아홉하고도 아흔아홉 살을 더 살았더래.

그 병은 어찌 됐느냐고? 그러고 보니 병도 온데간데없어졌네. 어디로 갔을까?

산골 사돈 들녘 사돈

옛날에 산골 사는 사람하고 들녘 사는 사람하고 살았는데, 둘이 어쩌다가 사돈이 됐어. 사돈이 됐으니까 서로 놀러 가기도 하고 놀러 오기도 하고, 그러면서 살 것 아니야? 한번은 들녘 사돈이 산골 사돈네 놀러를 갔네.

놀러를 턱 가 보니, 사돈이 왔다고 대접을 하는데 꿩고기를 구워 가지고 대접을 하는 거야. 산골이니까 꿩이 많고, 어쩌다가 그걸 좀 잡아 놨던 게 있었던 모양이지. 아, 그런데 이 들녘 사돈은 말이야, 꿩이라는 걸 난생처음 먹어 본단 말이야. 들녘에서야 평생 살아도 꿩 구경을 어디 해 보나. 먹어 보니까 참 맛이 좋거든. 야, 이거 어디서 이런 맛 좋은 걸 다 잡아 왔나 싶어서 물어봤지.

"사돈, 사돈. 이걸 어디서 어떻게 잡으셨소?"

산골 사돈이 듣고 보니, 이 들녘 사돈이 저도 꿩을 잡아 보고 싶어서 그러는 것 같은데, 꿩 잡기가 그게 어디 쉽나. 평생 산골에서 살아온 저도 어쩌다가 잡을까 말까 하는데 말이야. 그렇다고 '그거 못 잡소' 하기도 뭣하고 해서 우스개로 한마디 했어.

"아, 그것 말씀이오? 아주 쉽지요. 도리깨 휘추리에다가 새끼줄을 매달고, 새끼줄 끝에다가 콩을 매달아 가지고 산에 갖다 놓으면 되지요."

"그렇게만 하면 된단 말이오?"

"그럼요. 그렇게 해 놓으면 꿩이라는 놈이 산에서 내려와 콩을 집어먹으려고 새끼줄을 콕콕 잡아당길 것 아니오? 그 바람에 도리깨 휘추리가 빙 돌아서 탁 치면 꿩이고 뭐고 다 죽지요. 그렇게 한나절만 두면 꿩이 아주 뭐 산더미만큼 잡혀요."

"아, 그게 정말 그렇게 될까요?"

"되고말고요. 사돈도 한번 해 보시구려."

들녘 사돈이 가만히 생각해 보니 그게 그럴 법도 하고 안 될 법도 하고, 알쏭달쏭하거든. 에라 한번 해 보는 수밖에 없다, 이렇게 생각하고 그길로 집에 가서 당장 도리깨에다가 이것저것 주렁주렁 매달았어. 도리깨 휘추리에다가 새끼줄을 매달고, 새끼줄 끝에다가 콩을 매달고, 이렇게 해서 산으로 가지고 갔지. 갖다 놓고서 기다리는데, 원 아무리 기다려도 꿩 한 마린들 오기나 하나. 하루 종일 그러고 있어도 꾀는 거라고는 파리밖에 없거든.

'아이고, 내가 사돈한테 속았구나.'

그러고 나서 이듬해가 됐어. 이번에는 산골 사돈이 들녘 사돈네 놀러를 갔네.

턱 가 보니, 이 집에서도 사돈이 왔다고 대접을 하느라고 야단이 났어. 들녘이니까 물이 흔할 게 아니야? 개울물이고 도랑물이고. 그러니까 송사리를 잔뜩 잡아서, 이걸 튀기기도 하고 끓이기도 하고, 이렇게 요리를 해서 대접을 하는 거야.

산골 사돈은 산골에 사니까 물이 귀하고, 그러니 송사리 같은 걸 어디 먹어 봤어야지. 딱 먹어 보니까 맛이 좋거든. 야, 이거 이런 맛 좋은 걸 어떻게 잡았는고 싶어서 사돈한테 물었어.

"사돈, 사돈. 이걸 어떻게 잡으셨소?"

들녘 사돈은 바로 그렇게 물어 오기를 기다리고 있었지마는, 시치미를 뚝 떼고서 천연덕스럽게 대답을 했지.

"아, 그것 말씀이오? 아주 쉽지요. 쇠꼬리에다가 조리를 매달고, 커다란 물독이나 하나 쇠등에 짊어지워서 어디든 도랑물 흐르는 데 갖다 놓으면 되지요."

"아니, 그렇게 해서 어찌 물고기를 잡아요?"

"들어 보세요. 그렇게 해 놓고 소를 슬슬 몰기만 하면, 소가 꼬리를 한번 툭툭 칠 때마다 매달아 놓은 조리도 따라 올라올 것 아니오? 그때마다 조리에 송사리다 뭐다 물고기란 물고기는 죄다 들어가고, 소가 꼬리를 획 들어서 턱 치면 곧장 물독으로 들어가지요. 그렇게 한나절만 몰고 다니면 물독 열 개로도 감당을 못 해요."

산골 사돈이 가만히 생각을 해 보니 이게 참 진담인지 농담인지 알쏭달쏭하단 말이야. 에라 한번 해 보기나 하자 하고, 집에 가자마자 그대로 해 봤어. 쇠꼬리에다가 조리를 매달고, 커다란 물독을 쇠등에 짊어지워서 개울에 갔지. 가서 이리저리 소를 몰고 다니는데, 이거야 원 아무리 몰고 다녀도 물고기가 어디 잡히나. 하루 종일 해 봐도 안 되거든. 당장 그길로 들녘 사돈을 찾아가 따졌지.

"아니, 사돈. 내가 아무리 산골에 살아서 물고기 잡는 법을 모르기로서니 그렇게 놀려먹는 법이 어디 있소? 쇠꼬리에 조리를 매달고 쇠등에 물독을 짊어지워 몰고 다니라니, 그게 될 법이나 한 소리요?"

그랬더니 들녘 사돈이 이러더래.

"그럼, 도리깨 휘추리에 새끼줄 달고, 새끼줄 끝에 콩 매다는 건 될 법하고요?"

그래서 피장파장이 됐다는 얘기.

잉어 색시

옛날 어느 곳에 가난한 고기잡이 총각이 살았어. 이 총각은 날마다 강에 나가서 물고기를 잡아다 팔아서 근근이 먹고살았지.

하루는 이 총각이 강에 나가 그물을 던지니까, 사람 팔뚝만 한 잉어가 한 마리 턱 걸려 올라오더래. 그런데 참 이상한 것은 말이야, 그 잉어가 눈을 끔벅끔벅하면서 쳐다보는 게 영락없는 사람 같더라지 뭐야. 그래서 차마 잡아먹지도 못하고 팔지도 못하고, 집에 데리고 와서 길렀어. 부엌에 있는 커다란 물독 속에 넣어 뒀지.

그래 놓고 이튿날 강에 나가 고기를 잡고 집에 돌아와 보니, 어럽쇼 이게 웬일이야? 부엌에 밥상이 차려져 있네. 방금 지었는지 김이 무럭무럭 나는 밥이 한 상 잘 차려져 있어.

마침 배가 고프던 참이라 맛나게 먹었지. 그런데 다음 날도 또 그다음 날도, 일을 마치고 집에만 와 보면 밥이 한 상 잘 차려져 있는 거야.

거참 이상한 일도 다 있다 하고, 하루는 강에 나가는 척하고 부엌문 뒤에 숨어서 몰래 지켜봤어. 그랬더니 저녁 무렵이 되니까 글쎄 물독 속에서 예쁜 처녀가 하나 나오는 거야. 살금살금 나와서 밥을 한 상 차려 놓고 도로 물독 속으로 들어가. 그때 총각이 얼른 쫓아 들어가서 처녀 옷소매를 꽉 붙잡았지.

"그러지 말고 나하고 함께 삽시다."

그러니까 처녀가 하는 말이,

"앞으로 석 달 뒤에는 옹근 사람이 될 터이니 그때까지만 기다려 주십시오."

하더래. 총각은 무척 아쉬웠지만 처녀 말을 듣기로 했어.

그 뒤로도 잉어는 하루 한 번씩 처녀 모습으로 물독에서 나와 밥을 한 상 차려 놓더니, 석 달이 지나니까 과연 옹근 사람이 됐어. 그래서 둘은 혼인을 했지.

혼인을 해서 참 재미나게 잘 살았어. 잉어 색시는 날마다 남편을 따라 강에 나가 고기 잡는 것을 도와줬는데, 둘이서 고기를 잡으니까 전보다 몇 배나 더 많이 잡아서 살림살이도 곧 넉넉해졌지.

그렇게 사는데, 색시한테는 한 가지 별난 버릇이 있어. 그게 뭔고 하니, 날마다 일을 마치고 집에 돌아오면 방문을 꼭꼭 잠가 놓은 다음 큰 함지에 물을 받아 놓고 철벙철벙 목욕을 하는 거야. 남편더러는,

"무슨 일이 있어도 내가 목욕하는 걸 훔쳐보면 안 됩니다."

하고 신신당부를 하고서 말이야.

남편은 그러마 하고 처음 며칠 동안은 약속을 잘 지켰지. 그런데 며칠이 지나니까 궁금해서 견딜 수가 있어야지. 그래서 하루는 아내가 목욕을 하러 방에 들어간 사이에 창호지를 뚫고 살며시 들여다봤어. 그랬더니 이키키 이게 무슨 일이냐. 아내가 도로 잉어가 돼 가지고 함지 안에서 철벙철벙 헤엄을 치고 있지 뭐야. 옹근 사람이 다 된 줄 알았더니 아직도 물에만 들어가면 도로 잉어가 되나 봐.

그런데 정말 큰일이 나긴 났지. 조금 뒤에 아내가 방에서 나오더니 눈물을 흘리면서 하는 말이,

"당신이 삼 년 동안만 약속을 지켜 줬으면 나는 영영 옹근 사람이 됐을 텐데, 그러지를 못해서 그만 동티가 나 버렸습니다. 이제 우리는 함께 살 수 없게 됐습니다."

하고는 그만 밖으로 훌쩍 나가더니 어디론가 자꾸 가더래.

남편은,

"여보, 여보! 내가 잘못했소. 어서 돌아오오."

하고 불렀지만, 아내는 들은 체도 않고 자꾸 가더라는 거야. 그래서 어디로 갔느냐고? 응, 강으로 갔지. 강으로 가서 어떻게 됐느냐고? 도로 잉어가 되어서 물속 깊이 스르르 사라져 버렸지.

그다음엔 어떻게 됐느냐고? 그건 나도 몰라. 그 뒤로는 아무도 잉어 색시를 본 사람이 없으니까.

맹꽁이가 된 부부

옛날 어느 곳에 한 젊은 부부가 늙은 어머니를 모시고 살았어. 그런데 이 부부 둘 다 마음씨가 아주 고약해서 날마다 어머니한테 못된 짓을 해. 늙은 이가 일은 안 하고 밥만 축낸다고 허구한 날 잔소리를 하고 구박을 한단 말이지.

하루는 이 집에 스님이 동냥을 하러 왔어. 문간에 와서 목탁을 치며 염불을 하는데, 늙은 어머니가 들어 보니 염불하는 소리가 참 듣기 좋거든. 그래서 스님한테 염불 좀 가르쳐 달라고 했어.

스님이 '나무아미타불'을 가르쳐 줘서, 늙은 어머니가 그걸 배워 가지고 종일토록 염불을 했어. 하루 온종일 "나무아미타불, 나무아미타불" 하고 외우다가, 아뿔싸 잠깐 한눈을 파는 새에 깜박 잊어버렸네. 아주 까맣게 잊어버렸어. 아무리 생각해도 도통 생각이 나야 말이지. 그래서 며느리한테 물었어.

"애야, 며늘아가. 아까 스님이 가르쳐 준 염불, 그것 뭐라고 하더냐?"
그러니까 이 심술궂은 며느리가 일부러 말도 안 되는 엉터리 염불을 가르쳐 줬어.

"앞집 영감도 내 영감, 뒷집 영감도 내 영감이라고 하지요."
어머니는 그 말을 곧이듣고, 그때부터 이 말도 안 되는 염불을 했어.

"앞집 영감도 내 영감, 뒷집 영감도 내 영감……."

하고 하루 온종일 그것만 외웠지. 그게 진짜 염불인 줄 알고 말이야. 그랬더니 아들이 그 소리를 듣고 버럭 소리를 지르네.

"에잇, 저 늙은이가 기어이 망령이 들었군."

그만 달려들어 어머니를 들쳐 업고 나가는구나. 어디로 가나 했더니 강으로 가서, 그 깊은 강물에 어머니를 그만 퐁당 빠뜨려 버리는 거야.

어머니는 강물에 빠져 허우적거리면서도 염불만 했어.

"앞집 영감도 내 영감, 뒷집 영감도 내 영감……."

말도 안 되는 염불이지마는 온 정성을 다해서 외웠지. 그러자 하늘에서 빨주노초파남보 일곱 빛깔 무지개가 둥둥 떠서 날아오더니, 어머니를 싣고 도로 두둥실 올라가네. 어머니는 무지개를 타고 가면서도 쉬지 않고 염불을 했지.

"앞집 영감도 내 영감, 뒷집 영감도 내 영감……."

그런데 집에서 아들하고 며느리가 같이 보니까 어머니가 무지개를 타고 하늘로 올라가거든. 그만 욕심이 버럭 생겼어. 저희들도 어머니처럼 하늘로 올라가면 호강을 많이 할 것 같아서지. 그래서 어머니처럼 되려고 둘이 함께 강가로 갔어.

그런데 막상 물에 빠지려고 하니 겁이 난단 말이야. 그래서 새끼줄로 둘의 몸을 꼭 잡아맸어. 그러고는 아들이 며느리를 업고서 물속에 풍당 빠졌지. 물에 빠져서는 곧장 어머니처럼 염불을 했어.

"앞집 영감도 내 영감, 뒷집 영감도 내 영감……."

하고 마구 큰 소리로 외웠지. 그랬더니 아뿔싸 이게 웬일이야? 하늘에서 무지개가 내려오는 게 아니라 몸뚱이가 점점 작아지네. 그러더니 그만 둘 다 맹꽁이가 돼 버렸어.

둘은 저희들이 맹꽁이가 된 줄도 모르고, 업힌 아내는 업은 남편에게 새끼줄로 몸을 꼭 맸느냐고,

"꼭 맸나? 꼭 맸나?"

하고, 업은 남편은 업힌 아내더러,

"꼭 맸나? 꼭 맸나?"

하고, 이렇게 서로 묻느라고 정신이 없었지.

그렇게 "꼭 맸나? 꼭 맸나?" 하는 소리가 나중에는 '맹꽁맹꽁' 하는 소리가 됐어. 그때부터 맹꽁이는 밤낮 큰 놈이 작은 놈을 업고 다니면서 '맹꽁맹꽁' 하고 운단다.

게으름뱅이 두 사람

오늘은 게으름뱅이 얘기 하나 해 볼까.

옛날 옛날 고랫적 갓날 갓날 까막적, 나무 접시 소년 적 물뚝배기 영감 적, 떠꺼머리 총각 적 상투머리 서방 적, 논우렁이 논 맬 적 미꾸라지 도랑 칠 적, 어떤 곳에 게으름뱅이 사내가 하나 살았어.

게으름뱅이라도 보통 게으름뱅이가 아니고 일등 게으름뱅이야. 얼마나 게으른지 밥도 아내가 떠먹여 줘야 먹고, 옷도 아내가 입혀 줘야 입어. 손도 까딱하기 싫어서 손등에 파리가 와 앉아도 쫓지를 않고, 눈도 깜짝하기 싫어서 눈에 티가 들어가도 가만히 있어. 그런 게으름뱅이야.

하루는 이 게으름뱅이한테도 일이 생겨서 어디 먼 길을 가게 됐어. 가긴 가는데, 하도 게을러서 밥을 먹겠느냐 말이야. 궁리 끝에 아내가 좋은 수를 하나 냈어. 주먹밥을 동글동글하게 만든 다음 끈을 매어 목에다 걸어 줬지. 가다가 배가 고프면 한 입씩 떼어 먹으라고 말이야.

그래서 이 게으름뱅이가 주먹밥을 목에 걸고 갔지. 가다가 보니 슬슬 배가 고프거든. 그런데 게으름뱅이가 손을 까딱하기 싫어서 주먹밥을 못 먹어. 떼어 먹기는 떼어 먹어야 할 텐데 당최 손을 놀리기 싫단 말이야. 그래서 그걸 줄창 목에다 매달고 그냥 갔어.

흐느적흐느적 가다 보니, 저만치 앞에서 웬 갓 쓴 사람이 걸어오네. 그런데 그냥 오는 게 아니라 입을 딱 벌리고 와.

'저 사람은 왜 저렇게 입을 딱 벌리고 걸어오는 걸까? 옳아, 저 사람도 배가 몹시 고픈가 보네. 내 주먹밥을 보고 먹고 싶어서 저렇게 입을 딱 벌리고 오는 게지.'

그러고 보니 참 좋은 생각이 번쩍 났어.

'옳거니, 저 사람더러 이 주먹밥을 떼어 달라고 해야겠다. 한 번 떼어 저 한 입 먹고, 한 번 떼어 나 한 입 주고, 이러면 둘 다 배불리 먹을 수 있겠는걸.'

이제 살판났다 싶어서, 가까이 오는 사람을 불러 세웠어.

"아이고 여보, 잘 만났소. 당신도 배고프고 나도 배고프니 밥이나 같이 나누어 먹읍시다. 어서 이 밥 한 덩이 떼어다 당신 한 입 먹고 나 한 입 먹여 주쇼."

그랬더니 갓 쓴 사람이 뭐라고 하는 줄 알아? 입도 안 다물고 그냥 딱 벌린 채로 한다는 말이,

"아이고 여보, 그런 말 마쇼. 나는 아까부터 갓끈이 느슨해졌는데도 손 올리기가 싫어서 이렇게 입을 딱 벌리고 가는 참이오."

이러지 뭐야. 갓끈이 느슨하게 풀어져서 갓이 머리에서 벗겨지려 해도, 그놈의 것을 조이려면 손을 올려야 되니 그게 귀찮아서 입을 딱 벌리고 간다 이런 말이거든. 그런 사람한테 더 무슨 말을 해?

"아이고 여보, 여태 나만 한 게으름뱅이는 없는 줄 알았더니 당신한텐 못 당하겠소. 잘 가시오."

"아이고 여보, 당신도 어지간하오. 밥을 목에 걸고도 귀찮아서 못 떼어 먹으니 그게 어디 예사 게으름뱅이오? 잘 가시오."

이렇게 서로 인사를 하고 갔다는 얘기. 그 뒤에 어떻게 됐는지는 묻지 마.

나도 모르니까.

　무슨 그런 이야기가 다 있느냐고?

　이야기는 이야기 뙈기는 뙈자리, 진진 담뱃진 자리자리 칼자리, 딸랑 하면 한 푼 버썩 하면 한 모금, 마른논에 깜부기 진논에 거머리, 나막신은 딸깍 짚신은 찍찍, 대문은 삐꺽 거적문은 털썩, 숟가락은 뎅뎅 젓가락은 쩌르르.

은혜 갚은 쥐

옛날 어느 마을 산 밑에 오막살이가 하나 있었는데, 그 집에 식구들이 많이 살았어. 할아버지 할머니, 아버지 어머니, 아이들 여덟, 이렇게 모두 열두 식구가 살았어. 열두 식구가 힘을 합해 농사를 지어서 먹고살았지.

그런데 농사지은 곡식을 베어다 떨어서 곳간에 쟁여 놓으면 쥐들이 모여들어 야금야금 까 먹거든. 다른 집 같으면 쥐를 잡는다고 야단이 났을 테지만, 이 집 식구들은 그걸 그냥 내버려 뒀어.

"아이고, 저것들도 다 먹고살려고 저러는데 불쌍해서 어찌 잡나. 우리 식구들 한 끼에 한 입씩만 덜 먹으면 저 쥐들도 다 먹일 수 있을 테니 그냥 두자."

이래서 이 집 곳간에는 늘 쥐들이 바글바글해. 온 동네 쥐들이 다 모여들어 곡식을 까 먹으니까 그렇지.

그렇게 살다가 어느 해 여름이 됐는데, 마침 장마가 져서 비가 많이 왔어. 몇 날 며칠 동안 비가 내려서 곳곳에 큰물이 지고 산사태가 나고, 이런 형편이야.

이때 하루는 온 식구가 마루에 앉아 점심을 먹고 있었거든. 그런데 갑자기 곳간에서 쥐들이 죄 쏟아져 나오더니 마당에 죽 늘어서지 뭐야. 온 동네 쥐들이 다 이 집 곳간에 모여 있었으니 그 수가 참 이만저만이 아니지. 너른 마당이 온통 쥐들로 꽉 찼어.

그러더니 한 쥐 머리 위에 한 쥐가 올라타고, 또 한 쥐 머리 위에 한 쥐가 올라타고, 이렇게 온 쥐들이 다 무동을 타고서 사립문 밖으로 나가는 거야. 난생 처음 보는 구경거리에 식구들이 넋을 놓고 있으니까, 사립문 밖으로 나가던 쥐들이 얼른 나가지 않고 자꾸 돌아보면서 주춤거리네. 한 번 돌아보고 주춤주춤, 두 번 돌아보고 주춤주춤, 이런단 말이야.

"옳아, 저 쥐들이 저희들을 따라오라고 저러나 보다."

온 식구들이 점심을 먹다 말고 우르르 쥐들을 따라나갔지. 뭐, 세상에 이만한 구경거리가 없으니 따라가면서 볼만도 하거든. 온 식구가 다 따라나섰더니, 그제서야 쥐들은 머뭇거리지도 않고 길을 따라 막 달려가더래. 식구들도 그 뒤를 따라 막 달려갔지.

동구 밖까지 그렇게 식구들을 이끌고 가더니, 그만 딱 멈춰 서서 무동 탄 쥐들이 다 펄쩍펄쩍 뛰어내려서는 어디론가 사라져 버리는 거야.

"야, 오늘 참 별난 구경도 다 했다."

쥐들이 다 사라져 버리는 걸 보고 나서 식구들이 이제 집으로 돌아갔지. 그런데 이게 웬일이야? 그새 집이 없어졌어. 집이 있던 자리에 집은 온데간데없고 그냥 흙더미만 수북해. 어찌 된 일인고 하니, 식구들이 쥐를 따라나간 사이에 뒷산에서 산사태가 난 거야. 산사태가 나서 흙더미가 그만 집을 덮친 거지.

이렇게 해서 그 집 식구들은 쥐들 덕분에 목숨을 구하고, 그 뒤로 더 부지런히 농사지으면서 잘 살았대. 그 쥐들은 어떻게 됐느냐고? 요새도 시골에 가면 집집마다 곳간에 쥐가 들락거리잖아. 그것들이 다 그때 그 쥐들이래.

지성이와 감천이

옛날 옛적 어느 마을에 두 아이가 살았는데, 하나는 이름이 지성이고 하나는 감천이야. 둘은 서로 앞뒷집에 살면서 형제처럼 사이좋게 지냈지. 그런데 지성이는 눈이 안 보이고, 감천이는 걷지를 못해. 하나는 장님이고 하나는 앉은뱅이라는 거지.

이 아이들이 나이 여남은 살 먹었을 때, 어찌 된 일인지 두 집 부모가 그만 한날한시에 세상을 떠나 버렸어. 둘 다 하루아침에 고아가 돼 버린 거야. 두 아이는 며칠 동안 슬피 울다가 마을 사람들 도움으로 겨우 장례를 치렀지.

그런데 정작 장례를 치르고 나니 앞으로 살아갈 길이 막막하거든. 궁리 끝에 여기저기 얻어먹으러 다니기로 했어. 지성이가 감천이를 업고, 감천이는 지성이 등에 업혀서 길을 가르쳐 주면서 말이야.

둘이 업고 업혀서 이곳저곳 떠돌아다니다가 어느 고개 밑에 이르렀는데, 목이 말라서 옹달샘을 찾아갔어. 옹달샘을 찾아가서 샘물을 먹으려고 보니, 아 글쎄 물속에 커다란 금덩이가 하나 들어 있지 뭐야.

"얘 지성아, 여기 금덩이가 하나 있다."

"그래? 그러면 어서 주워라."

그래서 금덩이를 주웠지. 줍긴 했는데, 이것 참 일이 딱하게 됐어. 그걸 누가 가지느냐 말이야. 금덩이가 한 개뿐이니 나누어 가질 수도 없잖아.

"네가 본 것이니까 네가 가져라."

"아니야. 네가 아니었으면 이리로 오지도 못했을 테니 네가 가져라."

겉으로는 이렇게 서로 가지라고 했지마는, 속으로는 은근히 자기가 가졌으면 하는 마음도 있었지. 한참을 옥신각신하다가 가만히 생각해 보니, 아이놈의 금덩이 때문에 도리어 의만 상하게 생겼거든.

"아무래도 안 되겠다. 우리 이걸 여기 그냥 두고 가자."

"그래, 그러자."

이렇게 해서 둘이는 금덩이를 거기에 그냥 놔두고 고개를 올라갔어. 둘이 업고 업혀서 고갯마루에 올라서니, 갑자기 숲속에서 도둑이 나타나서 앞을 가로막고 소리를 치네.

"가진 것을 다 내놓아라."

그런데 내놓으려니 뭐 가진 것이 있어야지. 그래서 금덩이 이야기를 해 줬어.

"우리가 가진 것은 없지만, 저 아래 옹달샘에 가면 금덩이가 있을 것입니다. 그걸 가지세요."

이 말을 들은 도둑이 두 아이들을 나무에 묶어 놓고, 고개 아래 옹달샘에 금덩이를 찾으러 갔어.

도둑이 옹달샘에 가 보니 물속에 금덩이가 있기는커녕 커다란 구렁이 한 마리가 똬리를 틀고 있거든.

"에잇, 금덩이라더니 구렁이잖아."

도둑이 화가 나서 들고 있던 칼로 구렁이를 힘껏 내리쳤어. 그 바람에 구렁이 몸뚱이가 두 동강 나 버렸지.

도둑이 다시 고갯마루로 올라와서, 거짓말을 했다고 두 아이를 실컷 두들겨패고 나서 제 갈 길로 가 버렸어. 둘이서 가까스로 묶인 줄을 풀고 가만히 생각해 보니 참 이상하거든. 아까 옹달샘에서 본 것은 틀림없는 금덩이였는데 도둑은 구렁이라고 하니 어찌 된 일이야? 이상해서 다시 옹달샘에 가 보기로 했어.

둘이서 다시 옹달샘에 가 보니, 아니 이게 무슨 조화야? 금덩이는 틀림없는 금덩이인데 하나가 아니라 둘이 있구나. 실은 산신령님이 조화를 부려서 도둑한테는 금덩이가 구렁이로 보이게 해 놨던 거야. 먼저 감천이가 그걸 보고,

"야, 금덩이가 두 개다!"

하고 막 걸어가려고 하다가 자기도 모르게 다리가 쭉 펴졌어.

지성이도 그 소리를 듣고,

"어디, 어디?"

하다가 자기도 모르게 눈이 번쩍 떠졌어.

이렇게 해서 성한 몸이 된 두 아이는 금덩이 두 개를 사이좋게 나누어 가졌지. 그리고 그걸 내다 팔아서 큰 부자가 됐어. 부자가 된 뒤에도 늘 서로 도와주고 사양하면서, 그렇게 오래오래 잘 살았다는 이야기야.

북두칠성이 된 일곱 아들

옛날 옛적 어느 곳에 아들 일곱 형제를 둔 집이 있었어. 아이들이 어렸을 때 아버지가 죽고, 어머니 혼자서 떡장사를 하며 애면글면 일곱 아들을 키우고 살았지.

어머니는 날마다 떡을 해 가지고 함지에 담아 이고 팔러 다녔어. 그런데 개울 건너 이웃 마을에 짚신장수 할아버지가 살았거든. 이 할아버지도 젊어서 아내를 잃고 혼자 사는데, 날마다 이 집 어머니한테서 떡을 사 먹었어. 그렇게 날마다 만나서 떡을 팔고 사고, 이러다가 참 서로 정이 담뿍 들었어. 둘이 하루라도 못 보면 서운할 지경이 된 거야.

어머니는 날마다 떡함지를 이고 건넛마을 할아버지 집에 갔어. 날이 궂으나 맑으나 추우나 더우나 가리지 않고 날이면 날마다 개울을 건너갔지. 가서 떡도 팔고 얘기도 하고 놀다가 날이 저물어서야 집에 돌아오곤 했어.

하루 이틀도 아니고 허구한 날 그러자니, 개울을 건너느라고 어머니 고생이 이만저만이 아니지. 개울에 다리가 없어서 그냥 발을 적셔 가며 건너야 하는데, 그게 참 예사 고생이 아니거든.

그래서 하루는 아들 일곱 형제가 모여서 의논을 했어.

"우리 어머니가 날마다 건넛마을 짚신장수 영감님 댁에 가시는데, 개울 건너는 고생이 너무 크신 것 같다. 우리가 징검다리라도 놔 드리자."

이렇게 의논을 하고, 그날 저녁에 일곱 아들이 개울에 가서 큼직한 돌을 하나씩 날라다가 징검다리를 놨어. 그날 밤에 어머니가 건넛마을에 갔다가 돌아오는 길에 보니, 전에 없던 징검다리가 떡 하니 놓여 있거든.

'참 잘 됐다. 이제는 발을 적시지 않아도 되겠구나.'

어머니는 징검다리를 밟고 경중경중 개울을 잘 건넜어. 다음 날도 또 그 다음 날도 발에 물 한 방울 안 묻히고 개울을 잘 건넜지.

그런데 하루는 어머니가 건넛마을에 간 사이에 큰비가 사납게 왔어. 그 바람에 개울물이 불어서 시뻘건 흙탕물이 콸콸 흐르게 됐지.

"이러다가는 징검다리가 물에 쓸려 가 버리겠다. 어서 가 보자."

일곱 형제가 부리나케 달려가 보니, 아니나 다를까 징검다리 일곱 개가 죄다 큰물에 휩쓸려 가 버리고 없네. 이 일을 어쩌나 하고 걱정을 하고 있는데, 벌써 저 멀리서 어머니가 오는 거야. 일곱 형제는 얼른 머리를 짜냈어.

"이러고 있을 새가 없다. 어서 물속으로 들어가서 우리가 징검다리가 돼 드리자."

일곱 아들이 물속으로 들어가, 한 줄로 죽 늘어서서 등을 대고 엎드렸어. 그러니까 사람 징검다리가 된 거지. 어머니는 아무것도 모른 채 일곱 아들 등을 밟고 개울을 건넜어.

'어째 오늘은 징검다리가 더 넓고 푹신한 게 디디기 좋구나.'

이렇게 해서 어머니는 무사히 개울을 건너 집으로 갔는데, 이때 갑자기 큰비가 더 사납게 쏟아지면서 개울물이 마구 넘쳐났어. 그 바람에 일곱 아들은 미처 피할 겨를도 없이 모두 큰물에 휩쓸려 가 버렸지.

그렇게 한날한시에 죽은 일곱 아들은, 그 뒤에 하늘에 올라가 별이 됐다는 거야. 북쪽 하늘에 별 일곱 개가 나란히 박힌 북두칠성, 그게 바로 그 일곱 아들들이 죽어서 된 별이래.

눈 먼 시어머니와 지렁이 국

옛날 옛적 어느 곳에 가난한 집이 있었는데, 이 집에는 효성스런 며느리가 남편과 함께 늙은 시어머니를 모시고 살았어. 그런데 시어머니가 앞을 못 보는 장님이야.

살림이 하도 가난해서 세 식구 끼니 잇기도 힘드니까, 한번은 남편이 먼 데로 돈을 벌러 갔어. 그래서 며느리 혼자서 눈 먼 시어머니를 모시고 살게 됐지.

며느리는 남의 집 품팔이를 해 가며 어렵게 어렵게 사는데, 날이 가고 달이 가도 돈 벌러 간 남편은 돌아올 줄 모르네. 일 년이 다 가도록 감감무소식이야. 그러니 살림은 점점 쪼들리고 살기는 점점 어려워지지. 아침을 끓여 먹고 나면 저녁거리가 없고, 저녁을 끓여 먹고 나면 아침거리가 없고, 이런 형편이야.

그래도 며느리는 눈 먼 시어머니를 잘 모시려고, 저는 못 먹어도 시어머니 밥은 거르지 않고 잘 챙겨 줬어.

그런데 시어머니는 그런 사정도 모르고 날마다 밥투정, 반찬투정을 해.

"얘, 요즘엔 어찌 입맛이 없구나. 만날 맛없는 나물국만 먹어서 그런 모양이니, 이제부터는 기름진 고깃국 좀 끓여 다오."

"예, 어머님. 다음번엔 꼭 고깃국 끓여 드릴게요."

이렇게 대답은 했지만 참 막막하거든. 당장 먹을 양식도 있으니 없으니 하는 형편인데 무슨 수로 고기를 구해? 며느리는 생각 끝에 혹시 물고기라도 잡아 볼까 하고 개울에 나가 봤어. 그런데 물고기 잡기는 어디 쉽나? 이리저리 다니다 보니, 마침 개울가에 지렁이가 굼지럭굼지럭 기어다니더래.

'어머님이 고깃국을 드시고 싶어하시니, 저거라도 잡아다 국을 끓여 드리는 수밖에 없다.'

며느리는 지렁이를 많이 잡아 가지고 집에 갔어. 그리고 씻고 또 씻어서 국을 끓였지. 그 국을 사발에 담아 시어머니께 드렸어. 시어머니는 앞이 안 보이니까 그게 지렁인지 뭔지 알 리가 있나? 한 숟갈 떠먹어 보니 아주 맛이 좋거든.

"얘, 이건 무슨 고깃국이 이렇게 구수하냐? 이제부턴 날마다 이런 국을 끓여 다오."

"예, 어머님. 그렇게 할게요."

그다음부터 며느리는 날마다 지렁이를 잡아다가 국을 끓여 시어머니께 드렸어. 시어머니는 맛있다면서 아주 잘 먹지. 그렇게 몇 달이 지나니까 시어머니가 아주 살이 포동포동 올랐어. 지렁이 국이 맛있으니까 밥을 잘 먹고, 밥을 잘 먹으니까 살이 오르는 거야.

이러구러 세월이 흘러 드디어 아들이 돌아왔어. 아들이 돌아와 보니 어머니가 전보다 훨씬 몸이 좋아졌거든.

"아니 어머니, 뭘 드시고 이렇게 몸이 좋아지셨어요?"

어머니가 진작부터 국에 든 고기를 건져다가 말려서 삿자리 밑에 넣어 놓은 게 있었어. 아들 오면 보여 주려고 말이야. 그걸 꺼내서 보여 줬지.

"우리 며느리가 날마다 이 고기로 국을 끓여 줘서 잘 먹었다."

"아니, 어머니. 그건 지렁이잖아요?"

"뭐야? 지렁이야?"
 깜짝 놀라서 소리치니까 그만 눈이 번쩍 떠졌어.
 지렁이 국 덕분에 몸도 좋아지고 눈도 뜨게 된 거지. 그 뒤로도 세 식구가 오래오래 잘 살아서, 그저께까지 살았대.

없는 목숨

옛날 옛적 어느 마을에 나룻배를 모는 사공이 있었어. 이 사공은 날마다 강에 나가 조그마한 나룻배를 타고 노를 저어 강 이쪽저쪽을 왔다 갔다 하면서 사람들을 실어날랐지.

하루는 사공이 나루터에 나갔다가 젊은 선비 한 사람을 손님으로 태웠어. 마침 나루터에 다른 손님은 아무도 없고 이 젊은 선비 한 사람뿐이어서, 사공과 선비 둘이서만 배를 타고 강을 건넜지.

선비는 옷을 아주 잘 차려입고 겨드랑이에는 어려운 한문책을 잔뜩 끼고서 한껏 거드름을 피우는 중이야. 그러다가 심심했던지 사공에게 말을 건네는데, 뜬금없이 뭐라는고 하니,

"여보시오, 뱃사공. 당신은 논어를 읽어 보았소?"

이러는구나. 논어라는 건 한문으로 된 아주 어려운 책이지. 제 딴에는 어려운 책도 읽을 줄 안다는 걸 뽐내려고 그러나 봐. 그런데 배 모는 사공이 그런 어려운 한문책을 읽었을 리 있나. 그래서 사공이 대답했지.

"못 읽어 봤습니다."

그랬더니 선비가 뭐라는지 알아?

"어허, 논어도 못 읽었다? 그러면 사공 목숨은 반의 반쯤 없는 것과 같소."

조금 있다가 또 심심했던지 말을 건네는데, 이번에는 뭐라는고 하니,

"여보시오, 뱃사공. 그러면 통감은 읽어 보았소?"

이러는구나. 통감인지 땡감인지 그런 어려운 한문책을 무엇에 쓰려고 읽겠어? 배 모는 데 그런 책이 무슨 소용이냔 말이지. 그래서 사공이 대답했지.

"그것도 못 읽어 봤습니다."

그랬더니 선비 하는 말 좀 들어 보게.

"어허, 통감도 못 읽었다? 그러면 사공 목숨은 반쯤 없는 것과 같소."

그쯤 했으면 좋으련만, 조금 있다가 심심했던지 또 뭐라는고 하니,

"여보시오, 뱃사공. 그럼 대학은 읽어 보았소?"

이러는구나. 아, 사공이 배만 잘 몰면 됐지 그까짓 한문책은 읽어서 뭐 해? 읽을 일도 없지. 그래서 사공이 대답을 했지.

"그것도 못 읽어 봤습니다."

그랬더니 이 선비, 아주 불쌍해서 못 보겠다는 듯이 혀를 끌끌 차네.

"쯧쯧, 대학도 못 읽었다? 그러면 사공 목숨은 반 넘어 없는 것과 같소."

사공은 선비가 거드름을 피우거나 말거나 잠자코 노만 저었지. 그러다가 배가 강 한가운데쯤 왔을 때 선비에게 넌지시 물었어.

"선비님은 헤엄을 칠 줄 아십니까?"

"아, 그런 건 할 줄 모르오."

그러자 사공은 태연하게 이렇게 말했지.

"그래요? 그러면 선비님 목숨은 아예 없는 것과 같습니다."

그러고 나서는 노를 내던지고 강물에 풍덩 뛰어들어 유유히 헤엄을 쳐 갔어. 강 한복판에서 배만 놔두고 헤엄을 쳐서 건너편으로 가 버린 거야.

그러니 어떻게 됐겠어? 조금 전까지 그렇게나 큰소리치던 선비는 배에 혼자 남아 얼굴이 하얗게 질려서 발을 동동 구르며 어쩔 줄을 몰라 하더래.

돌이 된 며느리

옛날 옛적 어느 곳에 아주 욕심 많고 인색한 부자 영감이 살았어. 어찌나 욕심 많고 인색했던지, 평생 남한테 돈 한 푼 꾸어 준 일 없고 불쌍한 사람에게 찬물 한 사발 거저 준 일 없어. 게다가 온몸에 심술이 덕지덕지 붙어서 남 잘 되는 꼴을 못 봐. 그러고 살아.

이 영감한테 며느리가 하나 있었는데, 이 며느리는 시아버지하고 아주 딴판이야. 참 착해. 남의 사정 헤아릴 줄도 알고 불쌍한 사람 도와줄 줄도 알고, 그랬단 말이지.

하루는 이 집에 스님 한 분이 동냥을 하러 왔어. 문간에 와서 "나무아미타불 관세음보살" 염불도 하고, '똑똑 또로록 똑똑 또로록' 목탁도 두드리면서 시주를 청하거든.

그런데 이 영감 심술 좀 보게. 쭈르르 마당 가 거름더미로 달려가더니 소똥을 한 바가지 퍼다가 스님 바랑에 집어넣네.

"에잇, 이놈의 중아. 이거나 받아 가지고 가거라."

하면서 말이야. 옛말에 동냥은 못 줄망정 쪽박은 깨지 말랬는데, 영감이 글쎄 이런 짓을 해 놨어. 그래 놓으니 스님은 어이가 없는지 아무 말도 않고 그냥 돌아서 가더래.

그런데 이때 이 집 며느리가 부엌에서 그 꼴을 봤어. 시아버지 하는 짓을 보니 참 기가 막히거든. 저러다가는 우리 집이 천벌 받겠다 싶어서, 며느리가 가만히 스님 뒤를 따라나갔어. 시아버지 몰래 물동이에다가 쌀을 한 됫박 퍼담아 가지고, 물 길러 가는 체하고 밖으로 나갔지. 스님을 따라가서, 쌀 한 됫박을 내놓고 빌었어.

"스님, 스님. 우리 시아버지가 노망이 들어서 이런 짓을 했으니 부디 노여워 마시고 너그러이 용서해 주십시오."

그랬더니 스님이 한동안 가만히 있다가 이런 말을 하는 거야.

"내일이 되면 큰비가 내려 이 마을이 물에 잠길 것이니, 아침 일찍 뒷산으로 올라가 몸을 피하십시오. 그런데 뒤에서 어떤 소리가 나도 절대로 뒤를 돌아봐서는 안 됩니다."

그러고는 그냥 바람같이 가 버리더래.

이튿날 날이 밝으니까, 아니나 달라 아침부터 비가 억수같이 내리는데, 참 하늘에 구멍이라도 뚫린 듯이 쏟아지는 거야.

며느리는 식구들한테 스님 말을 전하면서 어서 뒷산으로 올라가자고 했지. 그런데 시아버지고 시어머니고 남편이고 간에 말을 들어야 말이지. 콧방귀만 킁킁 뀌고 아무도 말을 안 들어. 그래서 하는 수 없이 아기를 들쳐 업고 혼자서 뒷산으로 올라갔어.

막 올라가는데 뒤에서 우르릉 쿵쾅 천둥치는 소리가 나고 우지끈 뚝딱 벼락치는 소리가 나고, 아주 난리가 났어. 뒤를 돌아보고 싶었지마는 스님 당부를 떠올리고 그냥 앞만 보고 올라갔지.

그런데 한참 올라가다 보니 뒤에서 막 자기를 부르는 소리가 나는 거야.

"애야, 애야. 며늘아가. 나 좀 살려 다오."

"여보, 여보. 나 좀 살려 주."

시아버지, 시어머니, 남편이 한꺼번에 자기를 마구 불러 대는데 차마 못

들은 체할 수가 있어야지. 그만 덜컥 뒤를 돌아보고 말았어.

 그래서 어떻게 됐게? 그래, 그 자리에서 그만 돌이 되고 말았어. 돌이 돼서 아직도 그 자리에 그대로 서 있대. 그런 얘기야.

호랑이와 무서운 소나기

오늘은 호랑이 이야기 하나 할까. 옛날 옛적 호랑이 담배 피울 때 이야기야. 육칠 월 삼복더위에 호랑이 한 마리가 담배를 피우다 말고 어슬렁어슬렁 마을로 내려왔겠다.

'오늘은 김서방네 살찐 소나 한 마리 잡아먹어 볼까나.'

아주 입맛까지 쩍쩍 다시면서 내려왔단 말이야. 그런데 마을 어귀쯤 내려오니까 사람들이 정자나무 밑에 모여 앉아 놀고 있거든. 한창 놀다가 그중 한 사람이,

"여보게들, 이제 그만 놀고 집에 가세. 이러다가 호랑이라도 오면 큰일 아닌가."

하는데, 아무도 말을 듣는 사람이 없어. 모두가 들은 체 만 체야.

그런데 다른 사람이,

"여보게들, 이제 그만 놀고 집에 가세. 이러다가 소나기라도 오면 큰일 아닌가."

하니까, 모두 벌떡벌떡 일어나. 일어나서 부리나케 집으로 간단 말이야.

호랑이가 가만 보니까 참 놀랍거든. 호랑이가 온다 해도 들은 체 만 체하던 사람들이 소나기가 온다니까 걸음아 날 살려라고 내빼니 놀랍긴 하지.

'소나기란 놈이 어떤 놈인지는 모르지만 나보다 더 사나운 게 틀림없어.

그렇지 않고서야 사람들이 저렇게 도망갈 리 없지. 아무튼 소나기란 놈을 조심해야겠다.'

호랑이가 그만 겁을 잔뜩 집어먹었네. 겁을 집어먹고, 이제 날이 어두워지기를 기다려 살금살금 김서방네 외양간으로 들어갔어. 소 잡아먹으려고.

이때 마침 김서방네 망나니 큰아들이 거기 왔어. 외양간에. 이놈이 노름판에서 돈을 다 잃고 나서, 눈에 뵈는 게 없으니까 저희 집 소를 끌고 가려고 온 거야. 소를 팔아서 노름 밑천 하려고 말이지.

어두컴컴한데 뭐 잘 보이기나 하나? 외양간에 턱 들어서니까 시커먼 소가 두 마리나 서 있거든. 가만히 보니 하나는 큼지막하고 하나는 그냥 고만고만해.

'우리 집 소가 언제 송아지를 낳았나? 그런데 어미소가 그새 살이 많이도 쪘군. 갖다 팔면 돈푼이나 되겠는걸.'

이렇게 생각하고는, 이 망나니가 큼지막한 놈의 귀를 딱 움켜잡고 다짜고짜 외양간 밖으로 끌고 나왔어.

"이랴, 이놈의 소야. 어서 가자."

그런데 그게 호랑이인 거야. 호랑이는 소 잡아먹으려고 외양간에 들어왔다가 시커먼 놈한테 다짜고짜 귀를 딱 잡히고 보니 정신이 하나도 없어.

'어이쿠, 이놈이 말로만 듣던 소나기로구나.'

어찌나 놀랐는지 숨도 크게 못 쉴 지경이야.

'사람들이 소나기란 말만 들어도 죄다 내빼더니 과연 사납긴 사나운 놈이로군.'

겁을 먹을 대로 먹어서 아무 소리도 못 내고 얌전하게 끌려나오는 판이야. 그렇게 끌려서 큰길까지 나왔지.

어두컴컴한데 뭐 잘 보이기나 하나? 그냥 시커멓기만 하니까 말이야. 김서방네 큰아들은 아직도 그게 소인 줄만 알지. 소인 줄만 알고서, 호랑이 양쪽 귀를 다 틀어쥐고 등에 훌쩍 올라타고는 냅다 소리를 질렀어.

"이랴, 이놈의 소야. 어서 가자."

아주 서슬이 퍼레져서 발꿈치로 호랑이 배까지 한바탕 쥐어질렀네.

호랑이는 너무 놀라서 식은땀이 줄줄 나오는 판이야. 아, 여태 자기 등에 뭘 얹어 가지고 다녀 본 적이 없는데, 이제 소나기란 놈을 업고서 배까지 한 대 쥐어박히고 나니 그만 정신이 아득해. 그래서 그냥 냅다 뛰었지. 걸음아 날 살려라 하고 내처 뛰었단 말이야.

호랑이 걸음이 좀 빨라? 댓 걸음 뛰고 나면 시오 리를 가 버리거든. 그렇게 새벽까지 달려서, 어디까지 갔는고 하니 백두산 너머 만주 땅까지 갔던 모양이야. 거기까지 갔는데, 밤새도록 달렸으니 제아무리 호랑이라도 지칠 것 아니야? 그만 혀를 쭉 빼고 널브러졌어.

아직도 새벽 어스름인데 뭐 잘 보이기나 하나? 김서방네 큰아들은 아직도 자기가 탄 게 소인 줄만 알지. 소인 줄만 알고서, 호랑이가 널브러지니까 등에서 펄쩍 뛰어내렸겠다.

"에잇, 이놈의 소 헛먹였군. 기운이 이렇게 없어서야 원."

발길질을 해 봐도 꿈쩍을 안 하니까,

"이놈의 소 기운 좀 차릴 때까지 나도 한숨 자야겠다."

하고서, 나무 밑에서 한숨 잤어. 자고 일어나 보니 날이 훤하게 밝았는데, 가만히 보니 아까 널브러져 있던 것이 온데간데없지 뭐야. 감쪽같이 사라졌어. 호랑이가 그새 정신을 차리고 도망을 간 게지. 소나기한테 두 번 걸렸다 간 뼈도 못 추리겠다고, 아주 천리만리 도망을 갔어.

김서방네 큰아들은 아직도 만주 땅에서 소 찾아다닌다나.

먹보 머슴

옛날에 갓날에 먹보 머슴이 살았어. 왜 이름이 먹보인고 하니 밥을 너무 많이 먹어서 먹보야. 부잣집에서 농사일을 해 주고 밥을 얻어먹으면서 사는데, 늘 배를 곯아. 아, 한 끼에 못 먹어도 밥 쉰 그릇은 먹어야 속에서 '너 먹었니?' 하는 판이니. 주인집에서 주는 밥 한두 그릇으로는 어림도 없지. 배를 곯으니 힘도 못 써. 배가 고파서 늘 비실비실하는데 무슨 힘을 써?

한 해 여름에는 산사태가 나서 주인집 논 스무 마지기가 몽땅 흙더미에 깔렸어. 그러니 참 이게 예삿일이 아니지. 너른 논에 흙이고 돌이고 잔뜩, 사람 키만큼 쌓였는데 그걸 죄 걷어 내야 농사를 짓게 생겼거든. 그런데 그 일이 어디 쉬워?

주인집에서 걱정이 늘어졌는데, 이때 먹보 머슴이 슬그머니 나서.

"그 일이라면 내가 한번 해 볼 테요."

"아, 네까짓 게 무슨 수로?"

만날 비실비실하느라 힘도 못 쓰는 머슴이 나서니 같잖지.

"어쨌든 해 볼 테니 밥이나 한 쉰 그릇 해 주쇼."

"밥을 쉰 그릇씩이나?"

주인이 생각하기를,

'아, 이놈이 저 혼자서 하려는 게 아니라 놉을 한 쉰 사람 얻어서 일을 하

려는 게로군.'

했지. 그래서 그러면 당장 일을 시작하라고 하고 먹보를 논에 내보냈어. 그러고 나서 밥을 쉰 그릇 해 가지고 일하는 데 가 봤거든.

가 보니 참 볼 만해. 논에는 놉이고 뭐고 한 사람도 없고 먹보 혼자 있는데, 그것도 일은 안 하고 논둑에 누워서 쿨쿨 자고 있지 뭐야.

"야, 이놈아. 일은 안 하고 이게 무슨 짓이냐?"

두들겨 깨웠지.

"그리고 밥을 쉰 그릇이나 해 오라고 하더니 일꾼은 다 어디 있어?"

그랬더니 먹보가 부스스 일어나서 한다는 말이,

"밥은 거기 두고 가쇼. 아무튼지 일만 다 해 놓으면 될 것 아뇨?"

하거든. 별 수 있어? 밥 쉰 그릇을 두고 그냥 왔지.

집에 와서 가만히 먹보 일하는 데를 바라보니, 거기서 흙먼지가 뽀얗게 일더니 천지가 온통 하얘. 먼지에 덮여서 산이고 들이고 그냥 뿌옇기만 하고 잘 보이지도 않아. 그리고 하늘에는 솔갠지 뭔지 새가 가득 떠서 날아다녀. 아주 하늘에 새까맣게 깔렸어.

거참 이상하잖아. 하도 이상해서 주인이 살금살금 먹보 일하는 델 가 봤지. 큰 나무 뒤에 숨어서 가만히 보니까, 아 참 일이 나긴 났어.

먹보가 혼자서 가래로 논에 깔린 흙더미를 퍼내는데, 어찌나 빠른지 손이 안 보여. 그냥 와그르르 소리만 들리고 공중에 흙먼지가 뽀얗게 솟아올라. 그 흙먼지가 산을 가리고 들을 가리는 거야. 그만큼 손이 빨라. 하늘에 솔개처럼 보이는 건 말이야, 그게 뭔고 하니 죄 돌이야. 먹보가 논에 깔린 돌을 퍼내니까 그게 하늘에 날아올라서 새까맣게 뜬 거지.

그렇게 해서 어찌나 빨리 했는지 그날 해가 넘어가기도 전에 일을 다 했어. 흙이고 돌이고 남김없이 다 퍼내서 논을 아주 깨끗하게 만들어 놨지. 먹보가 밥 쉰 그릇을 혼자 먹고 나서 그만큼 일을 잘 하더란 말이야.

주인집에서는 그다음부터 먹보한테 끼니마다 밥 쉰 그릇씩을 해 줬어. 먹보는 밥 쉰 그릇을 먹고 나면 혼자서 쉰 사람 몫 일을 너끈히 했지.

그런데 나중에는 일거리도 없는데 밥만 자꾸 먹어서 그 집 살림이 거덜날 지경이 됐어. 그래서 먹보는 그 집에서 내쫓겼지. 밥 많이 먹는다고 소문이 나서 아무 데서도 받아 주는 집이 없고, 그래서 여기저기 떠돌아다녔어. 떠돌아다니다가 산으로 들어갔다는데, 그 뒤로는 아무도 먹보를 본 사람이 없다네.

벌거숭이가 된 양반

옛날 어느 마을에 한 양반이 살았는데, 이 사람이 참 말도 못 하는 거드름쟁이야. 속에 든 것도 없이 겉만 잔뜩 꾸며서 있는 거드름 없는 거드름 다 피운단 말이지. 날마다 좋은 비단옷을 차려입고 살찐 말을 타고 고개를 빳빳하게 쳐들고 '에헴 에헴' 헛기침을 하고 다니거든.

그 마을에 개구쟁이 세 사람이 있었는데, 그 양반 으스대는 꼴을 보고서 배알이 썩 뒤틀렸어. 언젠가 한번 된통 골려 주리라 마음먹었지.

그런데 하루는 보니까 그 양반이 비단옷을 입고 말 뒤에 소를 매어 끌고 간단 말이야. 쇠고삐를 말꼬리에 비끄러매고, 자기는 말을 타고 가는 거지. 소에 워낭을 달아 놔서 걸을 때마다 딸랑딸랑 소리가 나. 주인은 딸랑거리는 소리만 듣고도 소가 잘 따라오는 줄을 알지.

그걸 보고 개구쟁이 셋이서 작당을 했어. 먼저 첫째 개구쟁이가 소 뒤를 살금살금 따라가다가, 슬며시 소 목에 달린 워낭을 떼어 내서 말꼬리에 달았지. 그러고는 고삐를 딱 끊어서 소를 몰고 가 버렸어. 그래도 말 탄 양반은 뒤에서 딸랑딸랑 소리가 나니까 소가 잘 따라오는 줄만 알고 그냥 갔지. 버릇처럼 잔뜩 으스대면서 말을 타고 가는 거야.

이 양반이 가다가 오줌이 마려워서 말에서 내렸어. 내려 보니 뒤에 따라오는 줄만 알았던 소가 온데간데없거든. 이게 웬일인가 하고 가만히 보니,

소 목에 달려 있어야 할 워낭이 말꼬리에 달려 있네.

"어이쿠, 이거 낭패로구나. 어느 놈이 내 소를 훔쳐 갔네."

그때 마침 둘째 개구쟁이가 그 앞을 지나갔어. 우연히 지나가는 것 같지만 사실은 미리 다 꾸민 일이지. 소 잃은 양반은 그것도 모르고, 마음이 급하니까 지나가는 개구쟁이를 붙잡고 물어.

"여보게, 이 길로 오다가 소 한 마리 못 봤는가?"

아무리 급해도 거드름은 남 못 주는지, 고개를 뻣뻣하게 쳐들고 잔뜩 으스대면서 묻지. 개구쟁이는 천연덕스럽게 꾸며서 대답을 했어.

"고삐 끊긴 소라면 오다가 봤습지요. 여기서 한 삼 마장 떨어진 곳에 혼자 놀고 있던뎁쇼. 지금 되돌아가면 금세 잡기야 하겠지만, 말을 타고 쫓아가면 틀림없이 소가 놀라서 달아날걸요."

일이 이쯤 되니 거드름쟁이 양반도 웬만큼 풀이 죽지.

"그럼 어쩌면 좋겠는가?"

"여기 말을 매어 두고 갔다 오시지요."

소 잃은 양반은 둘째 개구쟁이 말대로, 그 자리에 말을 매어 두고 소를 찾으러 갔어. 오던 길을 삼 마장이나 되돌아갔지. 그런데 가서 아무리 찾아봐도 없거든. 찾다가 찾다가 허탕을 치고 돌아와 보니, 아뿔싸 그 자리에 매어 뒀던 말까지 없어졌네. 그새 둘째 개구쟁이가 끌고 가 버린 거지.

소 잃고 말 잃은 양반은 하도 속상해서 자리에 주저앉아 엉엉 울었어. 울다 보니 저쪽에서 웬 사람이 저처럼 엉엉 울면서 걸어오네. 그게 셋째 개구쟁이야. 양반이 울다 말고 물어봤지.

"여보게, 자네는 무슨 일로 그리 섧게 우는가?"

"하도 억울한 일을 당해서 그럽니다."

"암만 억울한들 나만큼 억울할까? 나는 방금 눈을 번히 뜨고 소와 말을 다 잃었다네."

"소와 말이 중하다 해도 금덩이만 하겠습니까?"

"금덩이라니?"

"오다가 금덩이 두 개를 연못에 빠뜨렸는데, 저는 헤엄을 못 치니 어쩌겠습니까? 누구든지 연못에 들어가 금덩이를 찾아 주기만 하면 둘 중 하나를 주련만……."

금덩이란 말에 그만 이 양반 귀가 솔깃해졌어. 금덩이 하나만 가지면 잃어버린 소 한 마리 말 한 마리 값을 벌충하고도 남겠거든.

"그 금덩이를 내가 찾아 줘도 하나를 주겠는가?"

"샌님께서 찾아 주시기만 하면 그중 큰 것으로 드리지요."

"그럼 어서 가 보세."

둘이 같이 연못에 갔어. 가서, 양반은 그 좋은 비단옷을 훌훌 벗어 놓고 벌거숭이로 연못에 들어갔지. 금덩이를 찾으려고 헤엄을 친다 자맥질을 한다 난리가 났어. 그런데 연못 속을 이 잡듯이 뒤져도 금덩이는커녕 납덩이 하나 안 나오거든. 하릴없이 밖에 나와 보니, 아뿔싸 그 자리에 벗어 뒀던 비단옷마저 없어졌네. 그새 셋째 개구쟁이가 갖고 가 버린 거지.

이래서 거드름쟁이 양반은 소 잃고 말 잃고 비단옷까지 잃고서 벌거숭이가 돼서 집에 돌아갔다네. 돌아갈 때는 거드름을 못 피우고 아주 풀이 죽을 대로 죽어서 다소곳하게 웅크리고 갔지. 아, 벌거벗고 무슨 거드름을 피울 거야? 부끄러우니까 여기저기 가리고서 고개를 푹 숙이고 갔지.

집에 가 보니 소도 있고 말도 있고 비단옷도 있더래. 그새 세 개구쟁이가 다 갖다 놓은 거지. 그 뒤로는 이 양반이 거드름을 안 피우고 얌전하게 살더라나.

땅속 세상

옛날 옛적에 어떤 사람이 길을 갔어. 왜 갔는지는 나도 몰라. 가다가 가다가 비탈길에서 발을 헛디뎠네. 떼굴떼굴 굴러서 척 떨어졌지. 거기가 어딘지는 나도 몰라.

척 떨어졌는데 땅속에서 무슨 소리가 나네. 귀를 땅에 대고 가만히 들어 봤지. 들어 보니 오만소리가 다 나. 닭 우는 소리도 나고 개 짖는 소리도 나고, 사람들 말하는 소리도 나. "아무개야" 부르고 "네" 대답하고, "이리 오너라" 하고 "곧 가요" 하고, 뭐 이렇게 왁자지껄해.

이상하게 여기고 땅을 살살 파 봤지. 한 치 파고 두 치 파고 세 치 파니까 구멍이 뻥 뚫려. 구멍이 뻥 뚫려서 안이 환하게 보여. 그 안에 사람 사는 세상이 있어. 집도 있고 절도 있고 산도 있고 들도 있고, 없는 게 없어.

햐 이것 참 요상한 데도 다 있구나 하고, 이 사람이 거기다 대고 입김을 후 불어 봤어. 그랬더니 땅속 세상에서는 큰 바람이 분다고 난리가 났어. "지붕이 날릴라, 사립을 닫아라" 야단법석이 나지. 이번에는 거기다 대고 오줌을 찔끔 눠 봤어. 그랬더니 땅속 세상에서는 비가 온다고 난리가 났어. "집 안에 비 들라, 마당 것을 걷어라" 야단법석이 나지.

'하이고 그것참 재미있구나' 하고, 이 사람이 그 구멍으로 쏙 내려갔어. 칡넝쿨을 꼬아서 동아줄을 만들어 타고 내려갔지. 내려가 보니 땅 위 세상하고 똑같더래. 집에는 사람들이 들락날락하고 길에는 마소가 왔다 갔다 하고, 들에는 곡식이 익고 하늘에는 새가 날고, 뭐 하나도 다를 게 없어.

이 사람이 땅속 세상 여기저기를 돌아다니면서 구경을 했어. 그런데 참 이상도 하지. 아무도 아는 체를 안 해. 쳐다보는 사람도 없고 말 거는 사람도 없어. 먼저 기웃기웃해 봐도 본체만체, 먼저 말을 건네 봐도 들은 체 만 체야.

구경을 하다 보니 배가 고프거든. 그런데 밥을 얻어먹을 재간이 있어야지. 이 집에 가서 밥 한 덩이 달래도 본체만체, 저 집에 가서 죽 한 술 달래도 들은 체 만 체, 이러니 말이야. 알고 보니 땅속 세상 사람들한테는 이 사람 모습도 안 보이고 말소리도 안 들리나 봐. 그러니 팔자에 없는 귀신이 된 거지. 제 모습이 안 보이고 제 말소리가 안 들리니 그게 귀신이 아니면 뭐가 귀신이야?

배는 고프고 날은 덥고, 괜히 심통이 나서 하루는 어느 집에 들어가 장난을 했어. 문도 쾅쾅 두드려 보고, 장독 뚜껑도 열어 놓고, 그 집 식구들 머리통도 툭툭 건드려 줬지. 그랬더니 어찌 된 줄 알아?

귀신이 들었다고 그 집에서 아주 난리가 났어. 아, 멀쩡하던 집 대문이 쾅쾅 소리를 내고 장독 뚜껑이 슬그머니 열리고 식구들 머리가 아프니, 귀신이 안 들고서는 그럴 리가 없거든.

당장 용한 무당을 부른다 어쩐다 하더니 상을 차려 놓고 푸닥거리를 해. 그러면서 귀신 대접하느라고 물밥을 해서 문 밖에다 내놓는단 말이야. 이 사람이 그걸 주워 먹고 겨우 허기를 면했어.

그다음부턴 배만 고프면 아무 집에나 들어가서 장난을 했어. 그러면 밥이 나오지. 문도 쾅쾅 두드려 보고, 장독 뚜껑도 열어 놓고, 그 집 식구들 머리통도 툭툭 건드려 주고, 그러면 아주 틀림이 없어. 귀신이 들었다고 무당을 불러 푸닥거리를 하는 거야. 그러면서 귀신 대접한다고 물밥을 해서 문 밖에 내놓거든. 그러면 그걸 얻어먹지. 그러고 살았어.

그러니까 이게 갈데없는 귀신이 된 거지 뭐야. 귀신 대접하는 물밥을 얻어먹고 사니까, 그게 귀신이 아니면 뭐가 귀신이야?

그렇게 귀신 노릇 하며 살다가, 이 사람이 싫증이 나서 도로 땅 위로 나왔어. 칡넝쿨 동아줄을 타고 나왔지. 그런데 그사이에 세월이 얼마나 흘렀던지 아주 딴 세상이 돼 있더래. 자기가 살던 집도 없어지고, 함께 살던 식구들도 없어지고, 천지에 아는 사람이라고는 하나도 없어. 게다가 산도 설고 물도 설고, 아주 낯선 곳이 돼 있더라는 거야.

도로 땅속 세상으로 들어가려고 구멍 있는 곳에 가 봤더니, 그새 구멍도 온데간데없더래. 아무리 땅을 파 봐도 구멍은 안 뚫리고, 아무리 땅에 귀를 대고 들어 봐도 아무 소리도 안 나더라네.

그러면 그게 다 뭐였지?

독장수 구구

옛날에 한 사람이 참 가난하게 살았어. 다 쓰러져 가는 오막살이에서 사시사철 홑옷을 입고 겨우 입에 풀칠이나 하면서 근근이 살았거든. 그런데 이 사람이 은근히 마음속에 품은 욕심은 참 푸짐했던 모양이야. 저도 한번 부자로 살아 보는 게 소원인데, 그것도 고만고만한 보통 부자는 싫고 아주 천석꾼 만석꾼 큰 부자가 되고 싶었다나.

그래서 허구한 날 자나깨나,

"나도 언제 한번 크나큰 부자로 살아 보나."

하고, 아주 이 말이 입에 붙었어. 부자가 되고 싶으면 일을 부지런히 해야 할 텐데, 일은 안 하고 눈만 뜨면 그저 큰 부자 될 생각만 하고 있단 말이야.

그러다가 이 사람이 한번은 외상으로 독을 사다가 독장사를 시작했어. 지게에다 크고 작은 독을 싣고 다니면서 파는 일이지. 지게에다 독을 잔뜩 실어서 짊어지고 가는데, 가다가 다리가 아파서 길가에 독짐을 받쳐 놓고 잠깐 쉬었겠다. 그런데 쉬는 새에 또 큰 부자 될 생각을 했네.

'이 독을 모두 팔면 스무 냥은 거뜬히 받으렷다. 살 때 열 냥 주고 샀으니 열 냥은 거저 남겠는걸.'

생각만 해도 기분이 좋아지거든.

'그 열 냥으로 또 독을 사서 팔면 열 냥이 남고, 그 열 냥으로 또 독을 사

서 팔면 열 냥이 남고…….'

눈을 감고 생각을 하니 눈앞에 돈이 마구 술술 들어오는 거야.

'열 냥이 백 냥 되고, 백 냥이 천 냥 되고, 천 냥이 만 냥 되고…….'

이쯤 되니 당장 큰 부자가 돼 버린 것 같단 말이지.

'어험, 그러면 제일 먼저 고래등 같은 기와집을 지어야지. 아주 큼지막하게 아흔아홉 칸으로 지을까 보다. 그러고 나서는 종들을 여럿 둬야지. 밥 하는 종, 빨래하는 종, 마당 쓰는 종, 나무하는 종을 다 따로 둬야겠네.'

생각하면 할수록 어깨가 으쓱해지고 목이 뻣뻣해지네.

'그런데 그 많은 돈은 다 어찌한다? 옳지, 커다란 궤짝을 짜서 그 안에 집어넣어야겠군. 그리고 튼튼한 자물쇠를 덜커덕 채워 둬야지. 그런데 만약에 도둑이 훔치러 오면?'

여기까지 생각하니 정말로 도둑이 제 돈을 훔치러 오는 것 같거든.

'그러면 내가 가만히 둘 줄 알고? 작대기를 가지고 흠씬 두들겨 줄 테다.'

그만 독짐을 받쳐 놓은 지겟작대기를 빼내 가지고 공중에 대고 마구 휘둘렀겠다.

"예끼 이놈, 감히 내 돈을 훔치려고 해? 어디 맛 좀 봐라!"

이러면서 작대기를 휘두르니 어떻게 되겠어? 지겟작대기를 빼내는 바람에 독짐이 와그르르 무너지면서 애꿎은 독이 다 깨졌지 뭐. 용케 안 깨진 독은 주인이 휘두르는 작대기 바람에 맞아서 다 부서졌고.

정신을 딱 차리고 보니 글쎄 지게는 쓰러졌지, 독은 다 떨어져 깨졌지, 세상에 이런 난장판이 없네그려. 큰 부자는커녕 당장 외상으로 산 독값 물어 줄 일만 남은 거야.

그때부터 공연한 생각으로 헛물만 켜는 일을 두고 '독장수 구구'라 했다는 얘기가 있어.

이상한 돌멩이

옛날 어느 곳에 한 사내아이가 살았는데, 참 일하기를 싫어했어. 빈둥거리며 놀기만 좋아했단 말이지. 나이 여남은 살 먹도록 일이라고는 한 번도 해 본 적이 없다니 말 다 했지. 늙으신 홀어머니하고 함께 사는데, 어머니가 밤낮으로 남의 집 품을 팔아 겨우 입에 풀칠이나 하고 살았어. 아들이 허구한 날 놀기만 하니까 어머니 고생이 이만저만이 아니지.

하루는 이 아이가 개울가에 가서 종일토록 물장난이나 하면서 놀았어. 실컷 놀다가 해가 저물어 이제 집에 돌아가는데, 무엇이 뒤에서 달그락달그락 소리를 내며 따라오네. 딱 돌아보니까 조막만 한 돌멩이가 때굴때굴 구르면서 따라와. 따라오다가 애가 서면 저도 서고, 애가 가면 저도 가고, 이런단 말이야.

'쳇, 성가신 돌멩이로군.'

하고, 그놈의 것을 집어서 냅다 멀리 던져 버렸어. 그러고 나서 길을 가는데, 얼마 못 가서 또 달그락달그락 소리가 나네. 딱 돌아보니까 아까 그 돌멩이야. 언제 왔는지 또 때굴때굴 구르면서 따라와. 따라오다가 애가 서면 저도 서고, 애가 가면 저도 가고, 이러거든.

'뭐 이런 놈의 돌멩이가 다 있어?'

또 집어서 냅다 멀리 던져 버렸어. 이번에는 아예 멀리 개울물 속에 던져 넣어 버렸지. 그러고 나서 또 길을 가는데, 얼마 못 가서 또 달그락달그락 소리가 나지 뭐야. 딱 돌아보니 또 그놈의 돌멩이일세. 또 집어던졌더니 금세 따라와. 집어던지면 또 따라오고, 집어던지면 또 따라오고, 이러니 도무지 떼 버릴 재간이 있나. 그냥 그걸 달고 집에 돌아왔지.

집에 돌아와 잠을 자는데, 돌멩이는 그동안 방문 앞에 가만히 있더래. 방 안에까지는 안 따라 들어오고, 그냥 문지방 바깥에 얌전하게 있는 거야. 그런데 이튿날 아침에 일어나 보니, 참 별일도 다 있지. 그놈의 돌멩이가 밤새 자라서 요강 단지만 해졌지 뭐야. 요강 단지만 한 것이 문지방에 떡 버티고 있어. 그러거나 말거나 또 놀러 나갔지. 돌멩이는 따라오지 않고 그냥 거기 있더래.

그날도 개울가에 가서 하루 종일 물장난하고 놀다가 집에 돌아오니, 아 그놈의 돌멩이가 그새 자라서 맷돌만 해졌어. 맷돌만 하게 자라서 방문 앞에 떡 버티고 있는 거야. 이제는 내다 버리려고 해도 무거워서 들지도 못해. 내버려 두고 잠을 잤지.

잠을 자고 이튿날 아침에 일어나 보니, 아 돌멩이가 그새 자라서 큰 물독만 해졌네. 큰 물독만 한 것이 문지방에 떡 버티고 있으니, 사람 하나 드나들 만한 틈밖에 없어. 겨우 빠져나와서 또 놀았지. 개울가에 가서 진종일 물장난하고 놀다가 저녁이 돼서 집에 돌아와 보니, 아이고 이를 어째. 그새 돌멩이가 자라서 큰 바위가 됐어. 큰 바위가 돼서 방문을 떡 하니 가로막고 있으니 어디 틈이 있나. 틈이 없으니 방에도 못 들어가게 생겼어.

하릴없이 두 식구가 마당에 멍석을 깔고 한뎃잠을 잤어. 그러느라고 그날 밤에 홀어머니가 삯일을 못 했지. 여태 어머니가 삯바느질을 밤낮으로 해서 먹고살았는데, 삯일을 못 하니 밥도 굶을 판이야.

"애야, 이러다가 우리 둘 다 굶어 죽겠다. 오늘은 산에 가서 나무라도 한 짐 해 오너라. 그걸 팔아 보리죽이라도 쒀 먹자꾸나."

어머니가 시킨 대로, 그날은 얘가 지게를 지고 산에 갔어. 산에 가서 나무를 한 짐 해 가지고 저녁에 집에 돌아왔지. 아니, 그런데 이게 웬일이야? 돌멩이가 도로 물독만 하게 줄어들었네. 물독만 하게 줄어드니까 사람 하나 드나들 만한 틈이 생겼지. 이상한 일이다 하고, 그 틈으로 들어가 방에서 잠을 잤어.

이튿날은 또 전처럼 개울가에 가서 종일토록 물장난을 했지. 그러다가 저녁이 돼서 집에 돌아와 보니, 아니 그새 돌멩이가 또 자랐어. 자라서 큰 바위가 된 거야. 그러니 어떻게 해? 방에 못 들어가고 한데서 잠을 잤지.

그 이튿날은 하릴없이 또 나무를 한 짐 해 왔더니, 이번에는 바위가 줄어들어서 도로 물독만 해졌어.

'옳아, 이 돌멩이가 나더러 일을 하라는군. 일을 하면 줄어들고, 놀면 불어나니 말이야.'

그래서 그 이튿날은 큰마음 먹고 남의 집에 가서 품을 팔았어. 하루 종일 땀 흘리며 일하고 삯을 받아서 집에 돌아와 보니, 아니나 다를까 돌멩이가 줄어들어서 도로 맷돌만 해졌더래.

그래서 그다음부터는 날마다 일을 했지. 나무도 하고 품도 팔고, 아주 부지런히 일을 했어. 그랬더니 돌멩이는 점점 줄어들어서 도로 조막만 하게 됐어. 조막만 한 것이 며칠 동안 방문 앞에 얌전하게 서 있더니, 한번은 아침에 일어나 보니 어디론가 가 버리고 없더래. 그런데 이제는 이 아이도 일하는 게 아주 몸에 익어서, 돌멩이가 있으나 없으나 날마다 부지런히 일을 하게 됐어.

그렇게 부지런히 일을 하니 다 잘 됐지. 홀어머니 고생도 덜고, 살림도 점점 붇고, 그래서 잘 살았더란다.

호랑이가 된 효자

 옛날에 한 젊은 부부가 홀어머니를 모시고 살았어. 그런데 갑자기 어머니가 병이 들어 암만 애를 써도 낫지를 않네. 좋다는 약은 다 써 보고 용하다는 의원은 다 불러다 보여도 차도가 없어. 점점 병이 깊어 가더란 말이지.
 그래서 걱정을 하고 있는데, 하루는 한 스님이 동냥을 하러 왔어. 그래 쌀을 정성껏 씻어서 줬더니, 스님이 가만히 집 안을 살펴보고는 하는 말이,
 "이 집에 틀림없이 병든 사람이 있을 텐데, 이 병에는 산짐승 백 마리를 고아 먹어야 낫겠소."
이러거든. 이 말만 하고는 그냥 바람같이 가 버리는 거야.
 그래서 아들이 그다음 날부터 산에 가서 산짐승을 잡기 시작했어. 어떻게든 어머니 병을 고쳐 보려고 말이야. 그런데 산짐승 잡기가 어디 쉽나? 산돼지를 잡으려니 사나워서 못 잡고, 노루를 잡으려니 재빨라서 못 잡고, 산토끼를 잡으려니 꾀가 많아 못 잡고, 이러니 제대로 잡을 수가 있나. 뭘 한 마리라도 잡는 날보다 허탕치는 날이 더 많지.
 날은 자꾸 가고, 어머니 병은 점점 더 깊어지고, 마음은 바쁜데 산짐승은 안 잡히고, 이래서 아들은 아주 피가 말랐어. 그런데 하루는 밤에 꿈을 꾸니까 머리가 허연 산신령님이 나타나서 하는 말이,
 "네 정성이 지극하니 내 한 가지 방도를 일러 주겠노라. 내일은 산에 가거

든 동쪽 골짜기 큰 바위 밑을 파 보도록 하여라."

이런단 말이야. 아들이 잠을 깨자마자 산으로 가서 동쪽 골짜기 큰 바위 밑을 파 봤어. 그랬더니 거기서 뭐가 나오는고 하니 책 한 권이 나오더래.

'이 책으로 어떻게 산짐승을 잡는단 말인가?'

앞을 보고 뒤를 보고 들고 보고 놓고 보고, 아무리 봐도 그것으로 무슨 방도를 얻는다는 건지 도무지 모르겠거든. 궁리 끝에 혹시나 하고 책을 펴서, 앞쪽에 씌어진 글자를 소리내어 읽어 봤지. 아, 그랬더니 이게 웬일이야? 갑자기 자기 몸이 스르르 커지더니 호랑이로 변하네. 눈 깜짝할 사이에 커다란 호랑이가 됐어.

호랑이가 되니까 산짐승 잡기가 얼마나 쉬워? 산돼지고 노루고 토끼고 간에 힘 안 들이고 쉽사리 잡을 수가 있지. 이래서 아들은 산짐승을 아주 푸지게 잡았어. 잡은 산짐승을 모두 물어다 집 마당에 갖다 놓고서, 이번에는 책 뒤쪽에 씌어진 글자를 읽으니까 도로 사람 모습으로 돌아오는 거야.

이렇게 해서 아들은 날마다 산짐승을 여러 마리씩 잡아다가 어머니께 고아 드렸어. 그래서 그런지 어머니 병도 점점 나아졌지. 날마다 부지런히 산짐승을 잡아서, 이제 얼마 안 있으면 백 마리를 채울 판이야.

그런데 아내가 가만히 보니 남편이 날마다 새벽 일찍 나가서 밤늦게 돌아오는데, 그때마다 산짐승을 많이 잡아 가지고 오거든. 하도 이상해서 하루는 새벽에 몰래 지켜봤어. 문 뒤에 숨어서 가만히 보니까, 글쎄 남편이 책을 펴 들고 중얼중얼 읽더니 금세 호랑이가 돼 가지고 달려나가지 뭐야.

아내가 기겁을 하고 생각하기를,

'남편이 저 책을 읽더니 흉측한 호랑이가 되는구나. 저 책만 없으면 호랑이로 변하는 일도 없을 테지.'

하고는 책을 집어다가 아궁이 속에 던져 넣어 버렸어. 그 바람에 책이 그만 불에 활활 타 버렸지.

 그날 밤에 아들이 산짐승을 잡아 가지고 집에 돌아와서 책을 찾으니 책이 없거든. 책이 없으니까 다시 사람으로 돌아올 수가 있나. 영영 사람으로 못 돌아오고 호랑이 모습 그대로 살아야 할 판이지. 아들은 "어흥 어흥" 울면서 밤새 몸부림을 치다가 새벽녘에야 울면서 산으로 들어갔어. 산으로 들어가서, 그다음부터 줄곧 호랑이로만 살았다는 이야기야.

알쏭달쏭 수수께끼

　옛날 옛적에 아주 글공부를 많이 한 선비가 살았어. 어려서부터 밤낮없이 책을 읽어서 천자문, 유합, 동몽선습, 명심보감에다 소학, 통감, 사기, 당률을 다 읽고 대학, 중용, 논어, 맹자, 시경, 서경, 주역, 춘추까지 안 읽은 책이 없었다니 그것참 굉장하지. 이쯤 되니 아는 것 많고 똑똑하기로는 세상에서 둘째가라면 서러워할 판이거든.
　'에라, 내가 이러고 있을 게 아니라 세상 구경 다니면서 슬기 겨룸이나 해 봐야겠다.'
　하고, 하루는 아예 신들메를 조여 매고 집을 나섰어. 누가 저보다 글 더 많이 읽고 아는 것 더 많은 사람 없나 하고 여기저기 돌아다니는 거지. 그런데 어디를 가나 저보다 더 똑똑한 사람은 못 찾겠더래. 다들 알 만한 건 알고 모를 만한 건 모르고. 그저 고만고만했지 별나게 슬기로운 사람은 없더란 말이지.
　그러다가 한번은 어느 산골 마을에 가게 됐어. 마침 갑자기 소나기가 내리기에 길가 주막집 처마 밑에 들어가서 비를 긋는데, 옆에서 조그마한 아이가 동생을 데리고 놀고 있더래. 선비는 할 일도 없고 심심해서 아이들 노는 모습을 지켜보고 있었지.
　조금 뒤에 안에서 아이들 어머니가,

"애야, 거기 빗자루 좀 가져오너라."

하니까, 이 아이가 빗자루를 강아지 꼬리에다 붙잡아 매고서,

"어머니, 강아지를 부르세요."

하지 뭐야. 어머니가 강아지를 부르니까, 강아지가 꼬리에 빗자루를 달고 쪼르르 달려갈 게 아니야? 강아지한테 심부름을 시킨 셈이지.

'옳아. 비를 안 맞으려고 저런 꾀를 쓴 게로군. 참 똑똑한 아이로구나.'

이렇게 생각하고 선비가 아이한테 물어봤어.

"네 나이가 몇 살이냐?"

그러니까 아이가 동생을 가리키면서,

"내 나이에서 한 살을 떼다가 쟤를 주면 둘의 나이가 같아지고, 쟤 나이에서 한 살을 떼다가 나를 주면 내 나이가 곱절이 됩니다."

이러거든. 그것참 맹랑하지. 도대체 형은 몇 살이고 동생은 몇 살이란 말이야? 한번 알아맞혀 봐. 이 선비는 한참 동안 끙끙 앓으면서 생각한 끝에 겨우 알아냈다니까.

그러고 나서 조금 있으니까 벙거지 쓴 사람들 여럿이 말을 타고 왁자지껄 소란을 떨며 들어오더래. 가만히 보니 말을 탄 사람도 있고 안 탄 사람도 있고, 말 한 마리에 두 사람씩 타기도 하고 한 사람이 타기도 하고, 이렇거든. 언뜻 봐서는 사람이 몇인지 말이 몇 마린지 모르지. 이때 안에서 또 아이들 어머니가 묻기를,

"애, 이제 들어오신 손님은 모두 몇이고 말은 모두 몇 마리더냐?"

하니까, 이 아이가 대답하기를,

"말 한 마리에 사람 하나씩 타면 열다섯 마리가 모자라고, 두 사람씩 타면 아홉 마리가 남습니다."

이러더래. 그것참. 도대체 사람은 몇 사람이고 말은 몇 마리란 말이야? 한

번 알아맞혀 봐.

 이 선비는 아무리 생각해 봐도 도무지 모르겠더래. 책을 그렇게나 많이 읽고 아는 것이 많아도 조그마한 아이가 낸 수수께끼를 못 푸니 이게 무슨 망신이야? 그래서 그만 슬기 겨룸이고 뭐고 다 그만두고 집으로 돌아가서 아주 얌전하게 입 다물고 살았다는 이야기야.

 그러나저러나 수수께끼는 다 풀었니?

농사꾼과 원님

옛날 옛적 고을 원님이 백성들을 종 부리듯 할 때 이야기야. 한 해 여름에 가뭄이 아주 크게 들어서 온 세상이 바짝 말랐어. 석 달 열흘 동안 비가 한 방울도 안 온 탓이지. 논밭에 선 곡식은 바짝바짝 타 들어가고 땅바닥은 쩍쩍 갈라지는 판이야.

고을 원님이 걱정이 돼서 날마다 눈만 뜨면 동헌 뜰에 나와 하늘만 쳐다보고 살았어. 그런데 참 하늘이 도왔는지 하루는 아침부터 하늘이 컴컴해지더니 그예 비가 오네. 그것도 아주 큰비가 쏴아 하고 시원하니 잘도 내리는 거야.

'어이쿠, 비가 오는군. 백성들이 좋아하겠는걸.'

원님은 곧장 사령들을 데리고 마을에 나가 봤어. 과연 고을 백성들이 모두 밖에 쏟아져 나와 비를 맞느라고 아주 난리가 났어. 모두들 비에 흠뻑 젖어서 덩실덩실 춤을 춘다, 하늘을 보고 하하 허허 웃는다, 아닌 게 아니라 참 야단법석이 났네.

원님이 그 모습을 보고 흐뭇해하고 있는데, 가만히 보니 그중에 별난 사람이 있어. 딱 세 사람이 그래. 어떤 별난 짓을 하는고 하니 한 사람은 마구 달아나고, 한 사람은 하늘을 보고 찡그리고, 한 사람은 손으로 머리를 가리는 거야.

"아니, 저런 고얀 놈들을 봤나. 가뭄 끝에 비 오는 걸 싫어하는 놈들이 다 있다니. 여봐라, 저놈들을 냉큼 잡아다 관가로 끌고 가자."

사령들이 당장 달려들어 세 사람을 관가로 끌고 갔어. 가서 동헌 마당에 꿇려 놓고, 원님이 호령을 했지.

"가뭄 끝에 단비가 와서 온 세상이 좋아하는데, 너희들만 비를 싫어하였으니 중죄로다. 무슨 까닭으로 그리하였는지 바른대로 아뢰렷다."

먼저 마구 달아나던 사람이 나서서 대답을 해.

"사또, 비를 싫어하다니 당치않은 말씀입니다. 저는 아랫마을에 사는 농사꾼으로, 이 마을에 볼일이 있어 왔다가 비를 만났습니다. 비를 보니 너무 반가운지라, 우리 마을에도 비가 오는지 한시바삐 보고 싶어서 달려간 것뿐입니다. 그게 어찌 죄가 되겠습니까?"

듣고 보니 할 말이 없거든. 아, 제 마을에 비 오는 것 보려고 달려간 사람을 잡아다 놓고 호령을 해 댔으니 무슨 할 말이 있어? 무안하니까 입맛만 쩍쩍 다시고 앉아 있지, 뭐 별수가 있나.

그다음에는 하늘을 보고 찡그린 사람이 나서서 대답을 해.

"사또, 저는 가난한 농사꾼이라 가진 거라고는 산골에 다랑논 두어 배미 있는 게 전부인데, 이번 가뭄에 논에 심은 벼가 다 말라 죽었습니다. 오늘 비 오는 것을 보니 죽은 벼가 생각나 저도 모르게 이마를 찡그렸던 것입니다. 그런 것도 죄가 됩니까?"

듣고 보니 또 할 말이 없네. 죽은 벼가 생각이 나서 찡그린 사람을 보고 중죄니 뭐니 야단을 하였으니 체면만 우습게 됐지 뭐야. 무안하니까 먼 산 보고 헛기침만 흠흠 하고 있지, 뭐 다른 수가 없어.

이번에는 손으로 머리를 가린 사람이 나서서 대답을 해.

"사또, 제가 손으로 머리를 가린 건 비가 싫어서 그런 게 아닙니다. 이 귀한 비를 제 머리에 맞기보다는 땅에 떨어지게 해야 곡식에도 좋을 것 아닙니까? 그래서 머리에 떨어지는 비를 막아 땅으로 흘려보냈던 것입니다. 농사꾼이 땅을 위하는 것도 죄가 될 줄은 몰랐습니다."

듣고 보니 다 옳은 말이거든. 원님이 말문이 막혀 눈만 끔벅끔벅하고 있으니, 세 사람이 원님한테 도로 물어.

"그런데 사또께서는 아까 행차하실 때 사령들이 받쳐 주는 우산을 쓰고 계시던데, 혹시 비 맞는 게 싫어서 그러신 것입니까?"

이 말을 듣고 원님이 손을 내저으며 하는 말이,

"아닐세, 아니야. 그럴 리가 있나. 나도 자네들처럼 비 한 방울이라도 땅으로 흘려보내고 싶어서 그랬던 걸세."

하고 나서,

"자네들은 다 훌륭한 농사꾼이로군. 나도 짐작은 했네마는, 혹시나 하고 한번 물어봤던 것일세. 이제 알았으니 그만 가 보게나."

하더라나.

과거에 급제한 바보

　옛날 옛적에 참 고지식하고 어수룩한 아이가 살았어. 어찌나 고지식했던지, 누가 뭘 시키면 꼭 곧이곧대로 할 줄만 알았지 딴생각은 눈곱만큼도 할 줄 몰랐지. 그래서 다른 사람들한테 바보라고 놀림을 받았어.
　하루는 이 아이 옷에 벌레 한 마리가 붙었는데, 그걸 뭐 어떻게 해야 할지 몰라서 그냥 가만히 놔뒀어. 그랬더니 벌레가 온 데 다 기어다니거든. 그걸 보고 아버지가 한마디 가르쳐 줬지.
　"애야, 벌레가 옷에 붙으면 손으로 탁 때려서 잡는 법이다."
　"손으로 탁 때려서 잡으라고요? 잘 알았습니다."
　아들은 아버지 말을 마음에 잘 새겨 뒀어.
　며칠 뒤에 이 아이가 방 안에 앉아 있는데, 마침 파리 한 마리가 포르르 날아오거든. 그런데 이놈의 파리가 어디에 가서 앉는고 하니, 하필이면 방바닥에 누워 있는 아버지 등짝에 턱 내려앉네.
　'아버지가 그러는데 벌레가 옷에 붙으면 손으로 탁 때려서 잡으라셨지.'
　당장 파리 붙어 있는 곳을 손바닥으로 탁 때렸어. 손자국이 빨갛게 나도록 철썩 후려쳤지. 그래 놓으니, 잠자던 아버지가 기겁을 하고 일어날 것 아니야? 그래도 아버지는 화를 내지 않고 좋은 말로 타일렀어.
　"애야, 그럴 때는 부채로 설렁설렁 바람을 내어 쫓는 법이다."

"부채로 바람을 내어 쫓으라고요? 잘 알았습니다."

아들은 이번에도 그 말을 마음에 잘 새겨 뒀지.

며칠 뒤에 이웃집에 불이 났어. 동네 사람들이 많이 모여서 불을 끈다고 시끌벅적한데, 이 아이가 보니 불 속에 검은 불티가 많이 날아다니거든. 그게 마치 파리 날아다니는 것 같단 말이야.

'아버지가 그러는데 저런 건 부채로 설렁설렁 바람을 내어 쫓으라셨지.'

당장 부채를 가져와서 설렁설렁 부쳤어. 말 그대로 불난 집에 부채질을 한 거지. 그래 놨으니 어떻게 되겠어? 고약한 놈이라고 동네 사람들한테 욕만 먹고 쫓겨났지. 그 꼴을 보고 아버지가 또 좋은 말로 가르쳐 줬어.

"얘야, 그럴 때는 물을 길어 와서 끼얹는 법이다."

"물을 길어 와서 끼얹으라고요? 잘 알았습니다."

아들은 이번에도 그 말을 마음에 잘 새겨 뒀지.

며칠 뒤에 이웃집 옆을 지나다 보니 저녁밥을 짓느라고 부엌 아궁이에 불을 때고 있거든.

'어라? 저기 불이 났네. 아버지가 그러는데 저럴 땐 물을 길어 와서 끼얹으라셨지.'

당장 물을 한 동이 길어 와서 부엌 아궁이에 대고 끼얹었어. 불 때는 아궁이에다 물을 끼얹어 놨으니 어떻게 되겠어? 주인이 노발대발 야단을 하지. 이번에도 욕만 실컷 얻어먹고 쫓겨났어.

그 꼴을 보고 아버지가 허허 웃으면서,

"아이고 얘야. 너처럼 하기도 쉽지 않으니, 그것도 남이 따르지 못할 재주로구나."

하고서, 그날부터 데리고 앉아 글을 가르쳤어.

이 아이는 부지런히 글공부를 했지. 잠깐이라도 한눈파는 법도 없고, 아버지 말을 귓등으로 흘려듣는 법도 없었어. 아버지가 가르쳐 주면 가르쳐 주는 대로, 꼭 그대로 배웠지. 그렇게 열심히 하는데 글공부가 안 될 리 있어? 몇 해가 지나니까 더 배울 것이 없을 만큼 됐지.

그래서 과거를 봤는데, 보기 좋게 급제를 했단다. 그게 다 아버지 덕 아니겠어? 아무리 바보짓을 해도 야단치지 않고, 그걸 다 재주로 봐 줬으니까.

시어머니와 며느리

옛날 어느 곳에 홀시어머니가 외동며느리 하나를 데리고 살았는데, 둘이 사이가 참 나빠. 눈만 마주치면 으르렁대. 시어머니는 시어머니대로, 며느리 하나 있는 것이 머리끝부터 발끝까지 안 미운 데가 없어. 옛말에 며느리가 미우면 발뒤축 둥근 것도 밉다더니 딱 그 꼴이야. 며느리는 며느리대로 시어머니가 어른으로 안 보여. 그냥 원수 중에 상원수야. 그러니 둘이 만났다 하면 힐끔햅끔 실쭉샐쭉 티격태격 옥신각신, 하루도 잠잠한 날이 없지.

가령 시어머니가 나들이라도 갔다가 조금 일찍 집에 돌아오면 이렇게 돼.

"아이 어머님, 저녁에 오시겠다더니 벌써 오셨어요?"

며느리는 그냥 인사치레로 하는 말인데,

"그래 이것아, 내가 일찍 들어오니 꼴 보기 싫지?"

시어머니가 짐짓 어깃장을 놓고, 그러면 며느리도 지지 않지.

"아이 참, 어머님도 무슨 애먼 소리를 그렇게 하세요?"

"애먼 소리라니. 너, 어른한테 말대꾸하는 버르장머린 어디서 배웠니?"

"말대꾸라니요. 억지 말씀은 어머님이 먼저 시작하셨잖아요."

"저것이 어른한테 눈을 똑바로 뜨고 대드는 것 좀 봐. 네 친정에선 어른한테 고렇게 바락바락 기어오르라고 가르치디?"

"왜 애꿎은 친정은 들추고 그러세요? 정말 너무하세요. 제가 그렇게 미우세요?"

"그래, 밉다 미워. 아주 지긋지긋하다, 이것아. 꼴도 보기 싫으니 썩 나가거라."

"흥, 제가 왜 나가요? 제가 제 집을 두고 어딜 나가요?"

"얼씨구, 이게 왜 네 집이냐? 내 집이지. 저것이 이제는 아주 집까지 빼앗으려 드네."

이렇게 시끌벅적 싸움이 벌어지니, 이게 참 어디 예삿일인가. 그런데 이 두 사람이 처음부터 이랬던 게 아니라 처음에는 사이가 좋았거든. 어머님 이거 잡수세요, 오냐 너도 먹어라, 이러고 오순도순 사근사근 잘도 지냈는데, 아 어쩌다 그만 한번 사이가 틀어지더니 내처 배배 꼬이더란 말이지.

그래서 시어머니는 시어머니대로, 며느리는 며느리대로 정화수 떠다 놓고 신령님께 빈다는 것이 서로 없어지기를 비는 거야.

"신령님 전 비나이다, 저 못된 며느린지 개떡인지 범에게 물려 가든 도적에게 잡혀가든 하루빨리 내 눈앞에서 사라지게 하옵소서."

"신령님 전 비나이다, 저 사나운 시어머니 명줄까지 길어지면 그 등쌀에 내 명대로 못 살 테니 하루빨리 저승으로 데려가 주옵소서."

이렇게 모진 소리를 해 대니 참 민망한 일이지 뭐야.

하루는 한 스님이 이 집에 동냥을 왔다가, 시어머니와 며느리가 서로 방자질하는 걸 엿들었어. 시어머니는 앞마당에서, 며느리는 뒤꼍에서 정화수 떠다 놓고 빈다는 것이 서로 없어지기를 빌고 있단 말이야. 그걸 보고 스님이 꾀를 하나 냈어.

먼저 시어머니한테 가서 은근히 수작을 걸었지.

"소승이 보아하니 늙은 보살님은 못된 며느리를 만나 고생이 많은 듯합니다. 못된 며느리 내치는 방도가 하나 있긴 한데, 어디 들어 보시렵니까?"

"아이고 스님, 제발 그 방도 좀 일러 주시오."
"이제부터 며느리를 만나면 반드시 앞니를 보이십시오. 앞니를 천 번만 보이면 며느리는 쥐도 새도 모르게 없어져 버릴 것입니다."
그다음에는 며느리한테 가서 또 수작을 걸었지.
"소승이 보아하니 젊은 보살님은 나쁜 시어머니를 만나 고생이 많은 듯합니다. 나쁜 시어머니 저세상으로 보내는 방도가 하나 있긴 한데, 어디 들어 보시렵니까?"
"아이고 스님, 제발 그 방도 좀 일러 주시오."
"이제부터 시어머니를 만나면 반드시 정수리를 보이십시오. 정수리를 천 번만 보이면 시어머니는 잠자다가 저세상으로 가 버릴 것입니다."
그날부터 시어머니는 시어머니대로 며느리한테 방자질하느라고 야단이 났어. 며느리를 만나기만 하면 히 하고 입을 벌려 웃는 거지. 앞니를 보이자니 입을 히 안 벌릴 수가 있나? 그것도 천 번씩이나. 만나기만 하면 히, 눈만 마주치면 히, 이래도 히, 저래도 히, 며느리만 보면 히 하고 웃는단 말이야. 며느리가 가만히 보니 이건 뭐 우습기도 하고 같잖기도 하고, 그런데 그게 참 웃으면 웃었지 성낼 일은 아니거든. 날이 가고 달이 가니까 시어머니가 슬슬 귀여워도 보이고 그렇지.

또 며느리는 며느리대로 시어머니한테 방자질하느라고 야단이 났네. 시어머니를 만나기만 하면 시도 때도 없이 까딱 하고 고개를 숙여 절을 하는 거지. 정수리를 보이자니 절을 까딱 안 할 수 있나? 그것도 천 번씩이나. 만나기만 하면 까딱, 눈만 마주치면 까딱, 이래도 까딱, 저래도 까딱, 시어머니만 보면 까딱 하고 절을 한단 말이야. 시어머니가 가만히 보니 이건 뭐 겸연쩍기도 하고 무안하기도 하고, 그런데 그게 참 고마우면 고마웠지 기분 상할 일은 아니거든. 날이 가고 달이 가니까 며느리가 슬슬 곱게도 보이고 그렇지.

　그래서 어떻게 됐느냐고? 석 달 지난 뒤에는 둘이 그만 정이 담뿍 들어서, 어머님 이거 잡수세요, 오냐 너도 먹어라, 아 이러고 오순도순 사근사근 잘도 지내게 됐다네.

엽전골 짚신 서방

 오늘은 우스운 이야기 하나 할까. 옛날에 갓날에 한 부자 양반이 살았는데, 이 양반이 글을 몰랐어. 낫 놓고 기역자도 모르는 까막눈이라 말이지. 그런데 겉은 번드레하니까 누가 그걸 알아? 큰 부잣집에 살면서 말쑥하게 차려입고 잔뜩 점잔을 빼고 다니니까 다들 아주 유식한 줄 알지.
 그런데 이 양반이 돈이 많으니까 돈놀이를 했어. 누구든지 궁한 사람이 찾아오면 돈을 빌려 주고, 얼마 지난 뒤에 길미까지 톡톡히 쳐서 돌려받는 것 말이야. 그런 돈놀이를 하는데, 이런 일을 하자면 글을 알아야지, 안 그래? 돈을 빌려 줄 때마다 일일이 치부책에 적어 놔야지, 그걸 다 머릿속에 욀 수는 없는 노릇이잖아. 그런데 이 양반은 글을 모르니까 치부책이 있어도 못 적지. 그래서 궁리 끝에 아주 좋은 수를 하나 냈어.
 어떤 수를 냈는고 하니, 글 대신에 그림을 그려 넣은 거야. 가령 감나무골 박서방이 돈 닷 냥을 빌려 갔다 치면, 감을 하나 그려 놓고, 박을 하나 그려 놓고, 그 옆에 돈을 다섯 개 그려 놓는 거지. 그러면 나중에 그 그림만 딱 봐도 다 알거든. 감을 그려 놨으니까 감나무골이요, 박을 그려 놨으니까 박서방이요, 돈 다섯 개를 그려 놨으니까 돈 닷 냥 빌려 갔다는 걸 알지. 그래 가지고 때가 되면 영락없이 돈을 받아 내는 거야.
 "에헴, 오늘은 감나무골 박서방한테 돈 닷 냥 꾸어 준 것 받을 날이구나.

애들아, 어서 가서 길미까지 일곱 냥 닷 푼 받아 오너라."

치부책을 보고서 이렇게 딱딱 짚어 내니까 심부름하는 하인들도 제 주인이 아주 글을 잘 하는 줄 알지. 돈 빌려 가는 사람도 매한가지야. 돈을 빌려 주고 나서 치부책을 펴 놓고 붓으로 뭘 열심히 끼적거리니까 그게 다 글자 쓰는 줄 알지, 설마 그림 그리는 줄 누가 알겠어?

그러다가 한번은 이 양반이 배나무골 이서방한테 돈을 꾸어 줬어. 그리고 치부책에 그림을 그려 넣는데, 먼저 배나무골이니까 배를 하나 그리고 이서방이라고 이 한 마리를 그렸거든. 그런데 그날따라 바빠서 대충 그리느라고, 배를 그린다는 게 그냥 동글동글한 동그라미를 하나 그리고 이를 그린다는 게 그냥 길쭉한 동그라미를 하나 그려 놨어.

그러고 나서 세월이 흘러 돈 받을 때가 됐지. 이 양반이 치부책을 펴 놓고 딱 보니까 동글동글한 동그라미 옆에 길쭉한 동그라미가 하나 있거든. 이게 뭘 그린 걸까, 궁리하다가 무릎을 탁 치고 하는 말이,

"옳거니. 동글동글한 건 틀림없는 엽전이요, 길쭉한 건 보나마나 짚신이렷다."

하고서, 하인들을 불러다가 점잔을 빼며 심부름을 시켰네.

"애들아, 얼른 엽전골에 가서 짚신 서방한테 돈 받아 오너라."

하인들이 들어 보니 참 어이가 없어서,

"우리 고을에는 엽전골이라는 데도 없고, 짚신 서방이라는 사람도 없는 뎁쇼."

했더니, 이 양반이 다시 치부책을 펴 놓고 물끄러미 들여다보다가,

"이키, 내가 배를 그린다는 게 꼭지를 빠뜨리고, 이를 그린다는 게 발을 빠뜨렸구나."

하더라나. 하하하.

굴속에 들어간 장수

 옛날에는 말이야, 장수가 나면 나라에서 잡아갔거든. 무슨 말인고 하니, 장수는 힘세고 재주도 많잖아. 그러니까 행여 임금을 몰아내고 자기가 임금 노릇 할까 봐서지. 그래서 아예 아기 때 나라에서 잡아갔다는 거야. 잡아가서 뭐 어떻게 했는진 몰라도, 잡혀가면 그게 끝이지 뭐. 그래서 아기장수가 났다 하면 그 집이 아주 초상집이 됐어.
 옛날 어느 곳에 장수가 났는데, 그 집 식구들이 그냥 쉬쉬하고 키웠어. 그래서 아무도 몰라. 아무 힘도 재주도 없는 척하고 사니까 아무도 몰라, 장수인 줄. 그 집 식구들도 장수도 아예 티를 안 내고 그냥 잠자코 사는 거야. 힘도 재주도 다 숨기고. 힘으로 말할 것 같으면 반쪽이도 울고 가고 재주로 말할 것 같으면 홍길동이도 저리 가랄 만한데 말이야.
 이 아기장수가 커서 총각이 됐을 때, 한번은 고기잡이를 갔어. 집이 바닷가에 있어서 동네 사람들이 다 고기 잡아 먹고살았거든. 이웃 동무들하고 같이 갔는데, 가서 참 고기를 많이 잡았어. 한 배 가득 잡아서 좋아라 하며 돌아오는데, 아 그때 도적들이 나타났네.
 도적들이 턱 나타나서 다짜고짜 칼을 들이대니 뭐 어쩔 수 있나. 이쪽은 몽둥이 하나 없는 맨손들이니 어디 대거리나 한 마디 해 봐? 그냥 곱다랗게 빼앗겼지. 이쪽 배에 가득 실은 고기를 다 저쪽 배에 옮겨 싣고 가는 거야.

186 철 따라 들려주는 옛이야기

도적들이.

 일이 이렇게 되니 동무들이 분해서 죽겠다고 야단이 났거든. 아, 저희들이 종일 힘써 잡은 고기를 용 한번 못 써 보고 다 빼앗겼으니 그럴 만도 하지. 그렇다고 뭐 어떻게 해 볼 수는 없고, 그냥 앉아서 공중에 주먹질만 하는 판이야.

 이때 장수가 동무들한테 가만히 말했지.

 "너희들 정말 그렇게 분하니? 그러면 내가 도로 찾아오련?"

 "네까짓 게 무슨 수로 찾아와?"

 아무도 이이가 장수인 줄 모르니까 그러는 거지.

 "내가 도로 찾아올 테니 너희들 소문 안 낼 테냐?"

 "소문은 무슨 소문?"

 "글쎄, 너희들 지금부터 본 건 뭐든지 말 안 내겠다고 약속하면 내 도로 찾아오마."

 "네가 찾아오기만 하면 말 안 내고말고."

 다 말 안 내겠다고 약속을 하지, 뭐 그럼 말 낼 테니까 찾아오지 마라 그럴 사람이 어디 있어? 뭐 하늘에 대고 맹세를 하래도 하지, 그럴 때는.

 다 약속을 하니까, 이 장수가 배에서 슬쩍 뛰어내리는데 뭐 안방 문지방 넘듯이 그냥 뛰어넘어. 그러더니 그냥 물 위로 달려가는 거야.

 "너희들은 배로 뒤따라오너라."

 이러고 달려가는데 참 빠르기가 번개 같아. 발목 하나 물에 안 잠기고 사뿐사뿐, 마치 마른땅 밟듯이 바다를 밟고 그냥 냅다 달려가. 동무들이 배를 타고 기를 쓰고 노를 저어 따라가도 못 따라가.

 그렇게 달려가서 도적들 배를 따라잡아서는, 성큼 배에 올라서거든. 그러니 도적들이 달려들 것 아니야? 싸움이 벌어졌지. 그런데 뒤따라가던 동무들이 보니까, 뭐 아무것도 안 보여. 그냥 먼지만 한번 풀썩 일었다가 말지. 아주 참 그냥 잠깐이야. 눈을 비비고 가만히 보니, 그새 도적들이 다 여기저기 나자빠졌어. 뭐 어떻게 했는진 몰라도 칼 든 놈들 여럿이 눈 깜짝할 새에 다 그만 나가떨어진 거야.

"너희들 아까 빼앗은 것 다 저 배에 도로 실어라."

뱃전에 떡 버티고 서서 호령을 하니까 도적들이 감히 고개나 들어 봐? 벌벌 떨면서 시키는 대로 하지. 그래서 빼앗겼던 고기를 다 찾았어.

그러고 나서 집에 돌아왔는데, 아이고 참, 이튿날이 되니까 그만 온 동네에 소문이 쫙 퍼졌네. 아무개가 바다 위를 땅 밟듯이 걷고 칼 든 도적 여럿을 눈 깜짝할 새에 해치웠다고, 장수도 그런 장수가 없더라고 아주 소문이 나도 크게 났어. 다들 말 안 내겠다고 약속을 했지마는 입이 근질거려서 배기지를 못했던 모양이지. 아무리 그래도 한 며칠이나 참을 것이지, 원.

소문이란 게 한번 나기 쉽지 어디 그게 금세 숙지나? 퍼지고 퍼져서 서울까지 갔지. 나라에서 소문을 듣고 당장 군사를 보냈어. 장수 잡으러 말이야. 군사들이 말을 타고 창을 들고 들이닥치니까 온 동네가 난리가 났지.

군사들 온단 말을 듣고 장수는 얼른 뒷산 바위굴 속에 들어갔어. 식구들을 다 데리고 들어갔지. 식구들을 두고 들어가면 군사들이 식구들을 대신 잡아가거든. 어머니, 아버지, 동생들을 다 데리고 들어갔는데 그 뒤로 아무도 본 사람이 없대. 군사들이 굴속을 이 잡듯이 뒤졌지만 발자국 하나 없더래. 어디로 갔는지, 어찌 된 영문인지 아무도 몰라.

그 마을 사람들 말로는 그 뒤로 가끔 뒷산 바위굴 속에서 사람 울음소리 같은 게 새 나오더라고 하지만, 그것도 잘못 들은 건지 모르지.

가난뱅이 과거 보기

옛날 옛적 어느 시골에 한 사내아이가 살았는데 집이 참 가난했어. 너무 가난해서 서당에 다닐 형편도 못 됐지. 그래서 남들 서당에 다닐 동안에 저는 오줌장군 지고 들에 가고, 지게 지고 산에 가고, 이랬지. 그러다 보니 어찌나 글공부를 하고 싶은지, 일하는 틈틈이 서당에 가서 문틈으로 가만히 동냥글을 배웠어.

그렇게 눈치코치로 얻어 배운 동냥글이 남들 옹글게 배운 글보다 나아서, 몇 해 동안 배우고 나니 모르는 게 없게 됐어. 마침 다른 서당 도령들이 과거 보러 서울 간다기에 저도 따라나섰지. 그런데 가다가 밥도 먹고 잠도 자고 하려면 노자가 있어야 할 텐데 어디 돈 한 푼이나 있어야지. 빈털터리니까 부잣집 도령들 짐을 대신 지고 따라갔어. 짐을 지고 잔심부름이나 해 주면서 가다가 도령들이 밥을 먹으면 한 술 얻어먹고, 도령들이 잠을 자면 한 자리 얻어 자고, 이러면서 갔지.

부잣집 도령들은 서로 돌아가면서 너 한턱, 나 한턱, 이렇게 돈을 써 가면서 가는데 가난뱅이는 빈털터리니까 밥 한 그릇 못 사는 거야. 늘 얻어먹으면서 따라다니는 게 일이지. 그러니까 부잣집 도령들이 그만 심통이 났어. 하루는 이 가난뱅이를 큰 나무에 매달아 놓고 저희들끼리 가 버렸네.

"너 한턱 내려거든 따라오고, 안 그러면 오지 마라."

이러고서 횡 가 버렸지.

가난뱅이는 나무에 매달려 울고 있었어. 그때 마침 정승 딸이 외갓집에 가느라고 그곳을 지나다가 가난뱅이를 보고 무슨 일로 우느냐고 물어. 과거 보러 가다가 일이 이만저만하게 돼서 봉변을 당했노라고 그랬지. 그랬더니 정승 딸이 가난뱅이를 풀어 주고는, 자기가 가지고 가던 음식 보따리까지 내줘.

"어서 빨리 도령들을 따라가세요. 따라가서 이것으로 한턱 내고 함께 가자고 하세요."

가난뱅이는 음식을 받아 가지고 부리나케 도령들을 따라갔어. 따라가서 한턱 내니까 도령들도 별 수 있어? 함께 과거길을 가게 됐지.

부잣집 도령들은 또 서로 돌아가면서 너 한턱, 나 한턱, 이렇게 돈을 써 가면서 가는데 가난뱅이는 또 얻어먹기만 하면서 따라갔지. 그러니까 부잣집 도령들이 또 심통이 났어. 하루는 가난뱅이더러 길가 큰 집 안에 있는 배나무에 올라가 배를 따 오라고 시켜 놓고, 가난뱅이가 배 따러 나무에 올라간 새 저희들끼리 도망을 가 버렸어.

"너도 노자가 생기거든 따라오고, 안 그러면 오지 마라."

이러고서 가 버렸지.

가난뱅이는 나무에 올라앉아 울고 있었지. 그런데 이 집이 마침 정승 집이었어. 정승이 잠을 자다가 커다란 용 한 마리가 저희 집 배나무에 올라가 있는 꿈을 꿨네. 꿈을 깨어 배나무에 가 보니 아니나 다를까 웬 사내아이가 울고 있거든. 무슨 일로 우느냐고 물으니 과거를 보러 가다가 일이 이만저만해서 봉변을 당했노라고 그런단 말이야.

정승은 꿈에 용을 봤으니 틀림없이 이 아이가 크게 될 아이라고 생각했어. 그래서 다짐을 받았지.

"만약 네가 과거에 급제하면 내 딸과 혼인하겠느냐?"

"그리하겠습니다."

그래서 정승이 가난뱅이한테 노자를 듬뿍 줬어. 가난뱅이는 정승한테 노자를 받아 가지고 또 부리나케 도령들을 따라갔지. 따라가서 노자를 내놓으니까 도령들도 별 수 있어? 함께 갔지.

그래서 끝내 가난뱅이는 무사히 과거장까지 가게 됐어. 가서 과거를 봤는데, 보기 좋게 급제를 했지. 다른 도령들은 다 떨어지고 말이야.

가난뱅이는 약속대로 정승 딸과 혼인을 했어. 사실은 정승 딸이 본래 조막손이었거든. 그런데 가난뱅이와 혼인하고 나니 손이 쫙 펴지더래. 그래서 사람들이 다 천생연분이라고 그러더라나.

재주 좋은 신랑감 구하기

옛날 어느 곳에 한 처녀가 살았는데, 어려서 어머니 아버지 다 여의고 혼자 살았어. 혼자 살다 보니 별별 재주를 다 익혔지. 밥하고 빨래하고 물 긷고 베 짜는 건 말할 것도 없고, 밭 갈고 논 매고 나무하고 꼴 베는 일까지 못하는 게 없어. 그 중에서 베 짜는 재주는 귀신도 울고 갈 지경이야. 얼마만큼 잘 짰는고 하니, 한여름 첫새벽에 베틀에 올라앉으면 그날 해 넘어가기 전에 세 필도 짜고 네 필도 짜내거든.

재주가 이리 좋으니 신랑감을 구해도 똑 저처럼 재주 좋은 신랑감을 구하고 싶단 말이야. 그래서 여기저기 소문을 냈어. 누구든지 재주 좋은 총각이 있으면 와서 시험을 봐라, 마음에 들면 내가 시집을 가마, 이렇게 소문을 내놨단 말이지.

그랬더니 참 하루는 비가 억수같이 쏟아지는데 어떤 총각이 찾아왔어. 그런데 삿갓이고 도롱이고 뭐고 아무것도 안 쓰고 그냥 맨몸으로 왔어. 그러니 당연히 흠뻑 젖어야 할 것 아니야? 그런데 하나도 안 젖었어. 비 한 방울 안 맞고, 아주 보송보송하게 해 가지고 왔단 말이야.

"이 댁에서 신랑감 구한다는 소문을 듣고 찾아왔소이다."

그래서 물었지.

"당신은 어떤 재주가 있습니까?"

"예, 나는 비를 피해 가는 재주가 있습니다."

한번 해 보라고 했지. 그랬더니 아 이 총각이 냉큼 바깥마당에 나가서 그냥 막 돌아다녀. 아무것도 안 쓰고 맨몸으로 막 돌아다니는데, 그래도 정말 비 한 방울 안 맞아. 빗줄기 사이를 요리조리 살살 빠져 나가는 거야. 그것 참 대단한 재주 아니야?

그래서 이 사람한테 시집을 갈까 어쩔까 하는 판인데, 그때 마침 또 한 총각이 찾아왔어. 이번 총각은 서너 말들이 묵직한 자루를 하나 어깨에 턱 걸치고 와서는 마루에 탁 내려놓네.

"이 댁에서 신랑감 구한다는 소문을 듣고 찾아왔소이다."

그래서 또 물었지.

"당신은 어떤 재주가 있습니까?"

"예, 나는 벼룩을 잡아서 머리카락으로 오라를 짓는 재주가 있습니다."

한번 해 보라고 했지. 그랬더니 아 이 총각이 대뜸 자루를 거꾸로 들더니 마루에 탁탁 털어. 그러니까 그 안에서 벼룩이 막 쏟아져 나오네. 한 서너 말 좋이 쏟아져 나와서, 그 많은 벼룩이 마루 위에 흩어져서 이리 팔딱 저리 팔딱 뛰어다니느라고 아주 난리가 났어.

벼룩이란 놈이 좀 빠른가? 눈 깜짝할 새에 이리저리 튀어 달아나면 손도 못 쓰지. 그런데 이 총각은 그놈의 벼룩을 다 잡아서 머리카락으로 오라를 짓는 거야. 뭐, 잠깐 동안에 다 꽁꽁 묶어 오라를 지어 놨어. 그것도 참 대단한 재주 아니야?

그래서 이 사람한테 시집을 갈까 어쩔까 하는 판인데, 그걸 보고 비 피해 다니는 총각이 슬슬 시비를 걸어.

"거참, 실없는 사람이로군. 아 그래 벼룩 그까짓 것 잡아서 오라 짓는 게, 그게 무슨 대단한 재주냐?"

그러니까 벼룩 오라 짓는 총각도 지지 않거든.

"그래, 그러는 당신은 얼마나 용하냐?"

"나야 비를 피해 가는 재주가 있지."

"거참, 싱거운 사람이로군. 아 그래 그까짓 빗줄기 좀 피해 가는 게, 그게 무슨 대단한 재주냐?"

서로 내 재주가 좋으니 네 재주가 나쁘니 옥신각신하는 거야. 그러다가 둘이서 드잡이도 하고 주먹다짐도 하고 야단법석이 났어.

그걸 보고 처녀가 싸움을 말리느라고 가운데 들어섰지. 둘 가운데 들어서서 막 뜯어말리는데, 싸우는 서슬이 어찌나 사나운지 그만 처녀 몸이 공중에 붕 떴어. 공중에 붕 떠서 바깥마당으로 휙 날아가 척 떨어졌지. 그런데 딱 떨어지고 보니 푹신해. 가만히 보니 자기가 광주리 안에 턱 들어가 있지 뭐야. 그리고 그 광주리를 웬 총각이 두 팔로 안고 있어.

"이게 대체 어찌 된 일이며 당신은 누구십니까?"

물었더니 총각이 하는 말이,

"이 댁에서 신랑감 구한다는 소문을 듣고 찾아왔더니, 마침 당신이 공중에 붕 떠서 이리로 날아오더이다. 그냥 두면 죽을 테고, 받긴 받아야 할 텐데 그냥 받으면 다칠 테고, 그래서 내가 뒷산 대나무밭에 가서 대나무를 베어다가 쪼개서 광주리를 엮었습니다. 그걸로 당신을 받은 것입니다."

이러거든. 듣고 보니 참 대단한 재주란 말이야.

"비를 피해 가는 재주도 놀랍고 벼룩 오라 짓는 재주도 놀랍지만, 세상에 목숨 살린 재주보다 더 놀라운 게 있겠습니까? 당신 재주가 으뜸입니다."

그래서 광주리 엮는 총각하고 결혼해서 잘 살았다는 이야기.

토란 캐러 온 꿩

꿩 알지? 산속에 살면서 나무 사이를 설설 기어다니는 꿩 말이야. 이 꿩이 겁이 많아서, 하늘에서 무슨 소리가 들렸다 하면 그냥 풀숲 사이에 머리를 처박고 벌벌 떨거든. 그러면서 울기는 '캐룩, 캐룩' 하고 울지. 그게 왜 그렇게 됐는지, 오늘은 그 이야기나 해 볼까.

옛날 옛적 호랑이 담배 피울 적에 하늘나라 옥황상제의 딸이 병에 걸렸어. 그래서 옥황상제가 이것저것 좋다는 약을 다 구해다 먹이고 여기저기 용하다는 의원을 다 불러다 보이고 했는데, 그게 다 소용이 없어. 병이 낫지를 않고 점점 더해 가기만 하더란 말이지.

그 때문에 옥황상제가 근심에 싸여 있는데, 이때 동해 바다에 사는 청거북이가 와서 보더니,

"이 병에는 인간 세상에 나는 토란을 캐어다 먹이면 낫겠습니다."
이런단 말이야. 그래서 옥황상제가 누구를 보낼까 하고 둘레를 둘러보니, 마침 옆에 꿩이 오색 깃털로 단장하고 잔뜩 뽐을 내며 서 있거든. 그래서 당장 꿩에게 명령을 했어.

"너는 지체 말고 인간 세상에 내려가서 토란을 캐어 오너라."

이렇게 해서 꿩이 옥황상제의 명을 받고 땅으로 내려오게 됐어. 그런데 꿩이 토란을 구하러 여기저기 다니다 보니 인간 세상이 참 마음에 쏙 들거

든. 들판에 가 보면 곡식이며 나물이 지천으로 널려 있지, 산에 올라가 보면 온갖 나무와 향기로운 풀꽃들이 가득하지, 강가에 가 보면 갖가지 물고기와 조개들이 즐비하지, 바닷가에 가 보면 깎아지른 바위와 너른 모래밭이 경치가 그만이지, 보는 것마다 신기하고 가는 곳마다 멋이 철철 넘치니까 아주 마음을 쏙 빼앗겼어.

"야, 인간 세상은 참 살기 좋은 곳이로구나."

꿩이 그만 자기가 뭘 하러 왔는지도 잊어버리고, 좋은 경치에 취해서 날마다 여기저기 돌아다니기만 했어. 토란 캘 생각은 않고 말이야. 그러다 보니 날은 자꾸 가서 어느덧 열흘이 지나고 보름이 지나고 한 달이 지나고 두 달이 지났어. 그새 하늘나라 옥황상제의 딸은 병을 못 이기고 그만 죽어 버렸지.

옥황상제의 딸이 죽었다는 소문은 퍼지고 퍼져서 땅에까지 전해졌어. 그 소문을 듣고서야 꿩은 정신이 번쩍 들었어.

"아이쿠, 내 정신 좀 봐. 토란 캐는 걸 그만 깜빡 잊고 있었네."

그렇지만 때는 이미 늦었잖아. 이제 토란을 캐 가지고 가 봐야 무슨 소용이 있어?

꿩은 제 할 일을 깜빡 잊고 놀러만 다닌 것을 뒤늦게 뉘우쳤지만, 그러면 뭐 해? 엎질러진 물인걸.

이제 와서 하늘나라로 올라가자니 옥황상제 볼 낯이 없고, 꾸중들을까 봐 겁도 나고, 그래서 꿩은 내처 땅에 눌러앉아 살기로 했어. 그렇지만 늘 죄스러워서 하늘을 못 쳐다보고, 납작 엎드려 나무 사이를 설설 기어다니기만 하는 거지. 꿩이 산속에 숨어서 잔솔밭을 설설 기어다니기 시작한 게 그때부터래.

또 날이 궂어 하늘에서 '우르르르' 하고 천둥이라도 치면, 옥황상제가 호

통치는 소린 줄 알고 겁이 나서 풀숲에 머리를 처박고,
 "캡니다, 캡니다."
하는데, 토란을 캐고 있으니 벌 주지 말라는 말이지, 그게. 그 소리가 '캐룩, 캐룩' 하는 것처럼 들리는 거래.

시루 굿 이야기

옛날 옛적 갓날 갓적 밤나무에 밥 열리고 옻나무에 옷 열릴 적, 어느 산골에 한 할머니가 가난하게 살았어.

하루는 할머니가 쌀 한 되를 담가 시루에 쪄서 떡을 했지. 그 떡을 장에 내다 팔아 쌀 두 되를 샀어.

이튿날에는 할머니가 쌀 두 되를 담가 시루에 쪄서 떡을 했지. 그 떡을 장에 내다 팔아 쌀 서 되를 샀어.

사흘째 되는 날에는 할머니가 쌀 서 되를 담가 시루에 쪄서 떡을 했지. 그 떡을 장에 내다 팔아 쌀 너 되를 샀어.

나흘째 되는 날에는 할머니가 쌀 너 되를 담가 시루에 쪄서 떡을 했지. 그 떡을 장에 내다 팔아 쌀 닷 되를 샀어.

닷새째 되는 날에는 할머니가 쌀 닷 되를 담가 시루에 쪄서 떡을 했지. 그 떡을 장에 내다 팔아 쌀 엿 되를 샀어.

엿새째 되는 날에는 쌀 엿 되로 떡을 해서 팔고, 이레째 되는 날에는 쌀 일곱 되로 떡을 해서 팔고, 여드레째 되는 날에는 쌀 여덟 되로 떡을 해서 팔고, 아흐레째 되는 날에는 쌀 아홉 되로 떡을 해서 팔고, 열흘째 되는 날에는 쌀 한 말로 떡을 해서 팔았지.

이렇게 날마다 쌀 한 되씩 보태어 떡을 해다 팔아서, 나중에는 크나큰 부자가 됐어. 부자가 돼서 논도 사고 밭도 사고 소도 사고 말도 사고 해서 잘 살았지. 아들딸 잘 키워 며느리 보고 사위 보고 손자 보고 손녀 보고, 집안에 식구도 그득하게 돼서 잘 살았어. 할머니는 이 모든 것이 시루 덕분이라 여겨서, 집 안에 시루를 잘 모셔 놓고 위했어. 먹을 것이 생겨도 맨 먼저 시루에 갖다 바치고, 좋은 물건이 생겨도 맨 먼저 시루에 갖다 바쳤지.

"한 되 찌던 시루님아 두 되 찌던 시루님아, 서 되 찌던 시루님아 너 되 찌던 시루님아, 닷 되 찌던 시루님아 엿 되 찌던 시루님아, 한 말 찌던 시루님아 한 섬 찌던 시루님아, 영검 영판 하고지고."

시루 모시기를 신줏단지 모시듯 허구한 날 안고 도니 그 집 며느리가 그만 샘이 나서, 하루는 할머니 안 보는 새에 시루를 발로 걷어찼어. 시루는 며느리 발에 채어 그만 쨍그랑 깨져 버렸지. 뒤늦게 할머니가 그걸 보고 가슴을 쳤어.

"논 사 주신 시루님아 밭 사 주신 시루님아, 소 사 주신 시루님아 말 사 주신 시루님아, 며느리 주신 시루님아 사위 주신 시루님아, 손자 주신 시루님아 손녀 주신 시루님아, 이게 무슨 변고인고?"

밤낮으로 가슴을 치다가 그만 병이 났어. 병이 나서 자리에 누워 시름시름 앓으니, 몸은 말라깽이가 되고 팔다리는 지푸라기가 되고 입은 타 들어가고 눈은 희미해져 갔지. 보다 못한 이웃집 할머니가 며느리더러 권했어.

"아이고 이 사람아, 저러다가 생사람 죽겠다. 어서 빨리 용한 무당 불러다가 굿이라도 해 주어라."

며느리가 무당을 찾아가 시루 굿을 해 달라고 부탁을 했어. 무당이 듣고 보니 참 같잖거든.

'무당 노릇 삼십 년에 사람 굿은 말할 것도 없고 소 굿 말 굿 개 굿 닭 굿에 도야지 굿 고양이 굿까지 안 해 본 굿이 없건마는 시루 굿 한단 말은 처

음 듣는구나. 도대체 시루 굿을 어떻게 한단 말인가?'

그래도 못 한단 말은 못 하고, 하릴없이 날을 받아 할머니 집에 갔지. 뒷마당에서 굿 채비를 하다 보니 안방에서 할머니가 며느리하고 얘기하는 소리가 들려.

"얘야 얘야, 며늘아가. 시루 굿하는 무당은 왔니?"

"예, 어머님. 그런데 시루 굿은 어떻게 한답니까?"

"나도 아직 못 봤지마는 한다면 이렇게 할 것 같구나. '한 되 찌던 시루님아 두 되 찌던 시루님아, 서 되 찌던 시루님아 너 되 찌던 시루님아, 닷 되 찌던 시루님아 엿 되 찌던 시루님아, 한 말 찌던 시루님아 한 섬 찌던 시루님아, 논 사 주신 시루님아 밭 사 주신 시루님아, 소 사 주신 시루님아 말 사 주신 시루님아, 며느리 주신 시루님아 사위 주신 시루님아, 손자 주신 시루님아 손녀 주신 시루님아, 어서 와서 들고 가소. 마른 것일랑 들고 가고 진 것일랑 먹고 가고, 깨진 것일랑 붙여 주고 죽은 것일랑 살려 주고, 까닭 없는 병일랑 낫게 해 주소' 이렇게 할 것 같구나."

무당이 이 말을 듣고 옳다구나 무릎을 치고 시루 굿을 시작했어.

"한 되 찌던 시루님아 두 되 찌던 시루님아, 서 되 찌던 시루님아 너 되 찌던 시루님아, 닷 되 찌던 시루님아 엿 되 찌던 시루님아, 한 말 찌던 시루님아 한 섬 찌던 시루님아, 논 사 주신 시루님아 밭 사 주신 시루님아, 소 사 주신 시루님아 말 사 주신 시루님아, 며느리 주신 시루님아 사위 주신 시루님아, 손자 주신 시루님아 손녀 주신 시루님아, 어서 와서 들고 가소. 마른 것일랑 들고 가고 진 것일랑 먹고 가고, 깨진 것일랑 붙여 주고 죽은 것일랑 살려 주고, 까닭 없는 병일랑 낫게 해 주소."

그랬더니 할머니가 대번에 툭툭 털고 일어나더라는 이야기.

● ── 이야기를 들려주고 나서

〈염소 사또〉는 말 그대로 웃기는 이야기입니다. 싱거운 이야기이기도 하지요. 염소가 사또 노릇을 했다니 우습긴 한데, 그래서 어쨌단 말이냐고 누가 물으면 할 말이 별로 없습니다. 그저 그렇다는 얘기라고 대답할 수밖에요. 그렇다고 이런 이야기가 값이 떨어지는 걸까요? 아닙니다. 반드시 가르침이 있어야 좋은 얘기는 아니겠지요. 어떤 옛이야기는 우리를 즐겁게 하려고 생겼으며, 그것으로도 충분한 값어치가 있는 것입니다. 이야기를 듣고 그저 한바탕 웃기만 해도 얼마든지 좋은 일이니까요.

〈맹꽁이가 된 부부〉에는 곱씹어볼 만한 대목이 있네요. 늙은 시어머니가 왼염불은 엉터리 같은 염불이었는데, 그래도 벌 대신에 복을 받았으니 말입니다. 하지만 아들과 며느리는 똑같은 염불을 했는데도 복 대신에 벌을 받았습니다. 그러니까 어떤 염불을 했느냐, 얼마나 잘 했느냐는 아무 뜻이 없나 봅니다. 오직 마음 씀이 중요한 게지요. 오늘날 종교를 가진 사람들이 새겨들을 만한 가르침이라고 생각합니다. 또 다른 많은 이야기들이 시어머니 구박에 고생하는 며느리 이야기를 하는데, 이 이야기는 거꾸로 아들과 며느리한테 천대받는 어머니 이야기를 하고 있는 점도 눈여겨볼 만합니다.

〈지성이와 감천이〉에 나오는 두 아이는 참 슬기로워 보입니다. 앞이 안 보이는 아이와 걷지 못하는 아이가 서로 눈이 돼 주고 다리가 돼 주었으니 말입니다. 이렇게 살면 불편도 덜 뿐 아니라 서로 정도 깊어질 테니 그 얼마나 좋습니까?

끝에 가서 두 아이 모두 성한 몸이 되는데, 그러지 않고 그대로 산대도 이들은 얼마든지 행복할 것 같습니다.

〈없는 목숨〉은 이모저모 새겨볼 만한 풍자이야기입니다. 선비가 사공에게 '목숨이 없는 것과 같다'고 한 것은 책을 읽지 않아 아는 게 없으면 살아도 산 것 같지 않다는 뜻이지요. 사공이 선비에게 같은 말을 한 것은 물속에서 헤엄을 칠 줄 모르면 정말로 목숨을 잃을지 모른다는 뜻입니다. 책을 읽어 사물의 이치를 아는 것과 헤엄을 치는 것은 둘 다 살아가는데 필요한 능력입니다. 어느 쪽이 낫다 못하다 할 수 없는 것이지요. 그런데도 선비는 자기가 가진 능력만 값진 것으로 알고 함부로 잘난 체를 했습니다. 그 대가를 톡톡히 치렀으니 앞으로는 선비도 남을 함부로 업신여기지 않겠지요?

〈농사꾼과 원님〉에서도 우리는 날카로운 풍자를 만납니다. 흔히 많이 알거나 많이 가진 사람들일수록 자신이 만든 잣대로 남을 함부로 재는 경우가 많은데, 이 이야기 속 원님도 그중 하나입니다. 비가 올 때 달리거나 눈을 찡그리거나 머리를 가리는 것이 다 비를 싫어하기 때문이라고 여긴 것은 선입견 때문이지요. 게다가 원님은 자신의 권세를 내세워 농사꾼들을 벌주려고 했습니다. 똑같은 편견이라도 권세나 부를 가진 이들 것이 더 무서운 까닭이 여기에 있습니다. 끝에 가서 원님이 자신의 잘못을 깨달은 것이 그나마 다행스럽네요.

〈과거에 급제한 바보〉에 나오는 아이는 너무 고지식하여 두름성이라곤 눈곱만큼도 없는데, 아버지는 그것을 흠결로 보지 않고 되레 재주로 보았습니다. 그리고 그 재주를 살리려 글공부를 시켰지요. 그 덕분에 아들은 과거에 급제까지 했습니다. 만약에 아버지가 아들을 두름성 없다고 나무라며 고치려고만 들었다면 이런 일은 일어나지 못했을 것입니다. 아이들을 교육하는 사람이 귀담아들을 만한 이야기입니다.

〈굴 속에 들어간 장수〉는 아기장수 이야기입니다. 아기장수가 나면 식구들이 화를 당할 걸 두려워하여 아기를 죽이려 들거나 내쫓는다는 것이 여느 아기장수 이야기 줄거리입니다. 그런데 이 이야기에서는 식구들이 그 재주를 숨기고 그냥 살지요. 그러다가 동무들이 억울한 일을 당하자 장수는 그이들을 돕기 위

해 어쩔 수 없이 자신의 힘과 재주를 내보입니다. 백성을 구하는 일보다는 격이 낮아 보이지만, 그렇다고 이 일이 값이 떨어진다고 보아야 할까요? 끝내 자신이 구해 준 동무들 때문에 장수는 위험에 빠지는데, 이는 다른 아기장수 이야기와 그 틀이 같습니다.

가을
가을밤 둥근 보름달처럼 넉넉한 이야기

가을에 나는 곡식이나 과일에 얽힌 이야기도 있고, 가을을 배경으로 한 이야기도 있지만, 그냥 왠지 분위기가 가을에 걸맞을 것 같은 이야기도 들어 있습니다. 가령 세상살이를 슬쩍 비꼬는 이야기라든가 그냥 시원하게 웃자고 하는 이야기, 또는 둥근 보름달처럼 넉넉한 이야기와 빈 들판처럼 쓸쓸한 이야기도 있지요.

도토리 신랑

옛날 옛적 호랑이 담배 피우고 까막까치 말할 적에, 어떤 색시가 시집을 갔어. 연지 찍고 곤지 찍고 활옷 입고 족두리 쓰고 신랑을 맞이하려고 초례청에 썩 나서 보니, 아이쿠 세상에 이런 변이 있나. 신랑이 엄청 조그마하네. 얼마나 조그마한고 하니 더도 말고 덜도 말고 딱 도토리만 하더라네.

고렇게 작아서 말이야, 그냥 가만히 서 있으면 신랑이 안 보여. 허리를 굽히고 이렇게 엎드려서 바닥을 잘 살펴봐야 겨우 신랑이 보이는 거야. 아이고 세상에! 그래도 신랑이니까 어떻게 해. 아무리 작아도 신랑은 신랑이니까 같이 살아야지.

첫날밤에 신랑 각시가 음식상을 받아 놓고 먹는데, 마침 밤이 한 소쿠리 들어왔어. 그래서 색시가 밤을 까먹고 나서 껍데기를 물그릇에 담아 놨지.

그런데 밤을 다 까먹고 나니 신랑이 안 보이네. 허리를 굽히고 엎드려서 방바닥을 이리저리 살펴봐도 안 보여. 온 방구석을 이 잡듯이 뒤져도 없어. 대체 어디 갔을까?

신랑 잃어버렸다고 큰 걱정을 하고 있는데, 이때 물그릇 안에서 무슨 소리가 들리더래. 가만히 들어 보니,

"에야디야 에야디야, 노 저어라 에야디야."

하고 청승맞은 뱃노래 소리가 들리는데, 그게 아무래도 신랑 목소리 같거

든. 목을 빼고 물그릇 안을 요렇게 들여다봤더니, 아 글쎄 신랑이 그 안에 들어가 있어. 밤 껍데기를 배삼아 타고 성냥개비로 노를 저으면서 뱃노래를 부르고 있는 참이야.

"에구머니, 서방님이 물그릇 안에서 뱃놀이를 하네."

색시는 신랑을 젓가락으로 꺼내어 삿자리 위에 올려놨어. 그래 놓고 잠을 자려고 하는데, 이번에는 삿자리 아래서 무슨 소리가 들리는 거야. 가만히 들어 보니,

"영차, 영차!"

하고 용쓰는 소리가 들리는데, 이번에도 그게 신랑 목소리 같거든. 삿자리를 들치고 요렇게 들여다봤더니, 아 글쎄 신랑이 그새 삿자리 안에 들어가 있어. 그 안에서 벼룩하고 씨름을 하고 있는 참이야. 벼룩하고 신랑이 서로 괴춤을 붙잡고 엉겨붙어서 '영차, 영차' 하면서 씨름하고 있더란 말이지.

"에구머니, 서방님이 벼룩하고 씨름을 하네."

색시는 신랑을 젓가락으로 집어내어 이부자리에 곱게 뉘어 줬어. 그래 놓고 잠을 잤지.

그런데 이튿날 아침에 일어나 보니 또 신랑이 온데간데없네. 아무리 찾아도 없어. 그릇이란 그릇은 다 뒤져 보고 삿자리란 삿자리는 다 들쳐 봐도 없는 거야.

"아이고, 우리 서방님을 영영 잃어버렸구나."

색시는 그 자리에 주저앉아 눈물을 뚝뚝 흘리면서 울었어. 한참 울다가 보니 이불자락 밑에서 또 무슨 소리가 들리네. 가만히 들어 보니 "에취, 에취!" 하고 재채기를 하는 소리더래. 눈을 비비고 이불자락 밑을 요렇게 들여다봤더니, 아이고 세상에! 신랑이 물에 빠진 생쥐꼴이 돼서 '에취, 에취' 재채기를 하고 있지 뭐야. 색시가 흘린 눈물 때문에 옷이 젖어 감기가 든 게지.

"에구머니, 서방님이 눈물비 맞고 감기 들었네."

색시는 신랑을 젓가락으로 들어내어 옷을 갈아입히고 조각 이불을 덮어 줬어.

그 뒤로 색시는 신랑한테서 한시도 눈을 안 떼고 살았대. 신랑이 가면 저도 가고 신랑이 오면 저도 오고, 신랑이 앉으면 저도 앉고 신랑이 서면 저도 섰지. 장보러 갈 때도 손바닥에 올려놓고 가고, 빨래하러 갈 때도 바구니 안에 넣어 가지고 가고, 이렇게 해서 그다음부터는 신랑 잃어버리는 일이 없이 잘 살았더래. 오래오래 살아서, 둘 다 아흔아홉 살하고도 아흔아홉 살을 더 살다가 죽었더래.

세상에 없는 꽃 구월 꽃

옛날 옛적 강원도 어느 산골에 올케와 시누이가 한집에 살았어. 두 사람은 본디 피를 섞은 사이는 아니지마는, 둘 다 남편을 여의고 홀어미가 되고부터 친자매처럼 서로 의지하며 살았지.

그런데 두 사람은 손재주가 좋아서 수를 참 잘 놓았어. 얼마나 잘 놓았느냐 하면, 산을 수놓으면 산짐승이 뛰어다니는 것 같고, 물을 수놓으면 물고기가 헤엄치는 것 같았지. 이게 소문이 나서 아주 온 나라에 짜하게 퍼졌어.

이때 나라를 다스리는 임금이 백두산 금강산 경치 좋단 말을 듣고, 신하들을 시켜 두 산의 모습을 생생하게 그림으로 그려 오라 일렀네. 그래서 신하들이 그림 잘 그리는 이를 찾아 나섰지. 그런데 백두산 금강산이 워낙 경치가 좋아서, 이걸 뭐 웬만큼 그려서는 진짜 모습 근처에도 못 가겠단 말이야. 여기저기 그림 잘 그린다고 소문난 사람을 찾아가 봤지만, 다 재주가 신통찮더래.

그러다가 신하들이 강원도 산골에 수 잘 놓는 두 아낙이 산다는 소문을 듣고 찾아가 봤어. 가서 보니 과연 재주가 참 보통이 아니거든. 산을 수놓으면 산짐승이 뛰어다니는 것 같고, 물을 수놓으면 물고기가 헤엄치는 것 같고, 이렇단 말이야.

"그대들이야말로 우리가 찾던 사람들이오. 두 사람은 지금 당장 백두산 금강산으로 가서 그 모습을 생생하게 수놓아 오시오."

그래서 두 사람은 길을 떠났어. 올케는 백두산으로 가고, 시누이는 금강산으로 갔지.

백두산으로 간 올케는 곧장 그 늠름한 모습을 수놓기 시작했어. 가운데 꼭대기에 천지를 수놓고, 사방으로 돌아가며 숲과 바위를 수놓고, 사이사이 날짐승 길짐승을 수놓고, 마지막으로 한쪽 귀에 두만강을 수놓았지. 색실 삼천 타래로 구천 번 바늘땀을 내어 한 달 만에 수를 다 놨어.

금강산으로 간 시누이도 곧장 그 고운 모습을 수놓기 시작했어. 일만 이천 봉우리를 색색으로 수놓고, 크고 작은 바위벼랑을 가지가지로 수놓고, 알록달록 단풍잎을 군데군데 수놓고, 마지막으로 한쪽 귀에 동해 바다를 수놓았지. 색실 삼천 타래로 구천 번 바늘땀을 내어 한 달 만에 수를 다 놨어.

두 사람이 수놓은 것을 신하들에게 가져와 보이자, 신하들이 보고 무릎을 치며 좋아하더래. 그중 한 신하가 말하기를,

"두 그림이 장히 좋긴 하다마는 꽃이 없으니 아쉽구려. 가장자리로 빙 돌아가며 일 년 열두 달 피는 꽃을 수놓으면 좋지 않겠소?"

하니, 다른 신하들도 모두 그게 좋겠다고 하지. 그래서 두 사람은 그림 가장자리에 돌아가며 일 년 열두 달 피는 꽃을 수놓기 시작했어.

정월 이월 삼월 사월 오월 유월 칠월 팔월 꽃을 다 수놓고 시월 동지 섣달 꽃도 다 수놓았는데, 아무리 생각해도 구월 꽃을 못 놓겠네. 그때까지만 해도 구월에 피는 꽃이 없었거든. 두 사람은 궁리 끝에 구월 꽃 자리에는 세상에 없는 꽃을 수놓았어. 마음속으로 생각해서 꾸며 낸 꽃을 수놓았단 말이야. 노란 색실로 꽃술을 수놓고, 하얀 색실로 꽃잎을 수놓고, 푸른 색실로 꽃받침을 수놓았지. 그렇게 해서 신하들에게 갖다 주니, 신하들이 좋아라 하면서 그림을 임금에게 갖다 바쳤어.

임금이 그림을 받아 보니 어찌나 아름다운지 입이 벌어질 지경이야. 산도 좋고 물도 좋지만 가장자리로 돌아가며 수놓은 꽃 그림도 참 좋거든. 그런데 그중에 모를 것이 딱 하나 있네. 일 년 열두 달 피는 꽃 중 열한 가지는 알겠는데, 구월 꽃은 도무지 처음 보는 꽃이더란 말이야.

"여봐라, 여기 수놓은 구월 꽃은 무슨 꽃이냐?"

신하들이 들여다봐도 도무지 모르겠거든.

"글쎄요, 우리도 처음 보는 꽃입니다."

임금이 다시 신하들을 다그쳐 보냈어.

"그러면 당장 이 그림을 수놓은 두 아낙에게 가서 물어보아라. 그리고 꽃 한 송이 따 달라 하여 가져오너라."

신하들이 두 아낙을 찾아가 임금의 명령을 전했지. 올케와 시누이는 큰 시름에 잠겼어. 마음속으로 생각해서 꾸며 낸 꽃이라고 하면 임금의 노여움을 살 게 뻔하니 어떻게 해? 궁리 끝에 하릴없이 저마다 금강산 백두산에 다시 올라 산신령님께 빌었어.

"영험하신 산신령님께 비나이다. 우리가 어리석어 세상에 없는 꽃을 수놓아 임금을 속였습니다. 부디 죄를 씻을 방도를 일러 주십시오."

백두산 금강산 신령이 이 소리를 듣고 둘이 의논을 했지.

"여보게, 금강산 신령. 수 잘 놓는 올케 사정이 딱하게 됐네그려."

"수 잘 놓는 시누이 사정도 딱하기는 마찬가지일세."

"무슨 방도가 없겠는가?"

"방도가 있긴 있지. 세상에 없는 꽃을 세상에 있게 해 주면 되지 않겠나?"

둘이서 힘을 합해 수놓은 모양 그대로 꽃을 만든 다음 생기를 불어넣어 줬어. 그랬더니 꽃들이 살아나 온 산에 퍼졌지. 올케와 시누이는 그 꽃을 한 송이 따서 신하들에게 전해 줬어. 신하들은 꽃을 임금에게 바쳤고, 임금은 그걸 보고 크게 기뻐했지.

  그때부터 온 나라에 구월 꽃이 피게 됐고, 사람들은 그 이름을 '국화꽃'이라 지었단다.

천 냥짜리 수수께끼

옛날에 어떤 사람이 아들 형제를 뒀어. 그런데 어찌 된 일인지 큰아들만 귀여워하고 작은아들은 천덕꾸러기로 키우네. 큰아들은 날마다 고운 옷 입혀서 글방에 보내. 똑똑하니 글공부하라고 말이야. 그런데 작은아들은 날마다 험한 옷 입혀서 산에 보내. 힘이 세니 나무나 해 오라고 그러는 거지.

이래 놓으니 자랄수록 두 아들 하는 짓이 점점 달라지거든. 큰아들은 말도 잘 하고 몸가짐도 똑 부러지는데, 작은아들은 말도 잘 못 하고 몸가짐도 말이 아니야. 그래서 큰아들은 날마다 동네 사람들한테 칭찬만 받는데, 작은아들은 허구한 날 남들 웃음거리가 됐어.

그렇게 살다가 형제 나이 여남은 살 먹었을 때 온 동네에 소문 하나가 짜하게 났어. 무슨 소문인고 하니, 건넛마을 사는 정승이 천 냥짜리 수수께끼 내기를 한다는 거야. 수수께끼를 내서 알아맞히면 돈 천 냥을 주고, 못 알아맞히면 천 냥을 받는다는 거지.

아버지가 그 소문을 듣고 가만히 생각해 보니, 큰아들을 데리고 가면 돈 천 냥을 벌 것 같거든. 큰아들은 똑똑해서 뭐든 잘 아니까 수수께끼도 잘 풀 것 아니야?

"애야, 내일은 글공부 그만두고 건넛마을 정승 댁에 돈 천 냥 벌러 가자."

이튿날 큰아들을 데리고 정승 집에 갔지. 가서 수수께끼 풀러 왔다고 하

니 우선 밥 한 상씩 차려 주더래. 그래서 잘 먹었어. 먹고 나니 정승이 나와서 수수께끼를 내는데,

"오다가 우리 집 문 앞에 큰 느티나무를 봤느냐?"

"예, 봤습니다."

"그 느티나무 잎이 모두 몇 개나 되느냐?"

이러네. 이게 수수께끼야. 아이고 참, 느티나무 잎이 몇 개나 되는지 세어 봤어야지. 아니, 세어 본다고 해도 그 많은 걸 언제 다 셀 거야? 애당초 아무도 못 풀 수수께끼지 뭐야. 그러니 제아무리 똑똑하다는 큰아들도 그만 꿀 먹은 벙어리가 돼 버렸어.

"왜 대답이 없는고?"

"잘 모르겠습니다."

"그럼 돈 천 냥을 내놓아라."

수수께끼 맞혀서 돈 벌려고 왔지 돈 잃으려고 온 건 아니잖아. 돈 천 냥이 있을 턱이 없지.

"돈을 가져오지 못했습니다."

"그러면 우리 집에서 삼 년 동안 머슴살이를 해야 하느니라."

하릴없이 큰아들은 정승 집에 남아 머슴살이를 하게 됐어.

아버지 혼자 집에 돌아와 가만히 생각해 보니 참 기가 막히거든. 돈 천 냥 벌려다가 아들을 머슴으로 팔아넘기는 꼴이 됐으니 기가 막히지 안 막혀? 아버지는 그만 이불을 뒤집어쓰고 누워서 끙끙 앓았어. 작은아들이 그걸 보고 묻지.

"아버지, 왜 그러세요?"

"너 알 것 없다."

허구한 날 나무 지게나 지고 다니는 게 뭘 알기나 알까 싶었던 게지. 그래

도 작은아들은 자꾸 물어.

"말씀이나 해 보세요."

"네 형이 정승 댁에 수수께끼 내기하러 갔다가 져서 머슴이 돼 버렸다."

그랬더니 작은아들 하는 말 좀 들어 보게.

"내일은 제가 한번 가 볼까요?"

"이놈아, 네 형도 못 푸는 수수께끼를 네까짓 게 무슨 수로 풀어?"

그래도 한번 해 보겠다고 하도 부득부득 조르는 통에 허락을 했지. 그래서 그 이튿날 작은아들을 데리고 또 정승 집에 갔어.

가서 밥 한 상 잘 얻어먹고 수수께끼를 푸는데, 정승이 내는 수수께끼가 어제하고 똑같아.

"우리 집 문 앞에 있는 큰 느티나무에 잎이 모두 몇 개나 되느냐?"

말이 떨어지기가 무섭게 작은아들이 되받기를,

"그러면 대감 머리카락은 모두 몇 올이나 되겠습니까?"

이러네. 머리카락이 몇 올이나 되는지 세어 봤어야 알지. 정승이 화를 버럭 내며,

"내가 그 많은 머리카락이 몇 올이나 되는지 어찌 알겠느냐?"

그래. 그러니까 작은아들 하는 말이,

"대감 댁 문 앞 느티나무는 제가 오늘 처음 본 것이지마는, 대감 머리카락은 대감께서 한평생 머리에 얹고 다니는 것이 아닙니까? 한평생 머리에 얹고 다니는 머리카락 수도 모르는데 오늘 처음 본 나뭇잎 수를 어찌 알겠습니까?"

이러는구나. 뭐 할 말이 있어? 이치에 딱 맞는 말인데 더 무슨 말을 해?

"아이고 내가 졌다, 내가 졌어."

정승이 그만 두 손 두 발 다 들고 나가떨어졌지.

"그럼 제가 이긴 겁니다."

"그래. 돈 천 냥을 내주마."

"돈 천 냥은 그만두고 형이나 돌려주십시오."

그래서 동생은 머슴 살던 형을 구해 가지고 집에 돌아왔대. 천덕꾸러기 동생이 똑똑한 형을 구한 거지.

그 뒤로도 아버지가 큰아들만 귀여워하고 작은아들은 천덕꾸러기로 키웠을까 아닐까?

꿀, 꿀, 꿀이 원수

 돼지가 어떻게 울지? '꿀꿀' 하고 울잖아. 돼지는 왜 하필 '꿀꿀' 하고 우는지, 오늘은 그 얘기를 하지. 옛날 옛적 호랑이 담배 피울 적 이야기야.
 하루는 배고픈 여우가 뭐 먹을 것이 없나 하고 여기저기 어슬렁어슬렁 돌아다녔어. 돌아다니다가 어느 곳에 가니까 배나무가 한 그루 있는데, 아 거기에 먹음직스러운 배가 주렁주렁 달려 있거든. 그런데 죄다 높은 데 달려 있어서 따 먹을 수가 있어야지. 궁리 끝에 근처에 사는 돼지를 찾아갔어.
 "돼지 아저씨, 돼지 아저씨. 아무 데 가면 배나무에 배가 디룽디룽 많이도 달려 있는데, 그것 따 먹으러 갑시다."
 "응, 그러자."
 욕심 많은 돼지는 수가 났다고 좋아하며 여우 뒤를 따라갔어. 여우가 봐 둔 배나무에 가서는, 주둥이로 배나무를 '쿵쿵' 들이받았지. 돼지 힘이 좀 센가. 몇 번 들이받으니 금세 배가 우르르 쏟아져. 그러니까 돼지가 떨어진 배를 혼자서 다 먹어 버리네. 여우한테는 한 개도 안 주고 저 혼자서 다 먹어치운단 말씀이야. 그러니 여우는 화가 아주 많이 났지.
 '흥, 욕심쟁이 같으니라고. 어디 두고 보자.'
 아주 단단히 별렀어. 그러고 나서 며칠 뒤에 여우가 어느 곳을 지나다가 벌집을 봤거든. 옳거니, 잘 됐다 하고 얼른 돼지를 찾아갔어.

"돼지 아저씨, 돼지 아저씨. 아무 데 가면 벌집에 꿀이 철철 넘치게 들어 있는데, 그것 내먹으러 갑시다."

"응, 그러자."

욕심 많은 돼지는 이번에도 좋아라 하면서 여우를 따라갔어. 미리 봐 둔 벌집까지 가서는, 여우가 먼저 돼지더러 일렀지.

"꿀이라고 하는 것은 인절미에 발라 먹어야 제격이지요. 내 마을에 가서 인절미를 좀 얻어 올 테니 그동안 여기서 꿀을 잘 지키고 계세요."

여우는 마을에 가는 척하고 큰 나무 뒤에 가서 가만히 숨었지. 숨어서 돼지가 어떻게 하나 지켜봤어.

욕심 많은 돼지가 혼자서 가만히 생각을 해 보니, 여우가 올 때까지 기다렸다가는 도리 없이 꿀을 반씩 나누어 먹어야겠거든.

'안 되겠다. 여우가 오기 전에 혼자서 다 먹어치워야겠다.'

이렇게 생각하고서, 주둥이를 들입다 벌집에 디밀고 꿀을 막 빨아 먹었어. 그러니 야단났지. 벌들이 와르르 쏟아져 나와서 돼지를 쏘는데, 머리고 주둥이고 몸뚱이고 다리통이고 가릴 것 없이 마구 쏘아 대는 거야. 돼지는 혼이 다 빠져서 냅다 도망을 갔어. 앞도 뒤도 안 보고 마구 달려가다가 아뿔싸, 사람들이 곰 잡으려고 파 놓은 구덩이에 쏙 빠졌네. 벌에 쏘여 퉁퉁 부은 몸으로 흙구덩이에 빠져 났으니 어떻게 되겠어? 꼴이 말이 아니지. 돼지는 참 죽을 고생을 한 끝에 간신히 기어 나왔어.

그때 얼마나 혼꾸멍이 났는지, 돼지는 그 뒤로도 틈만 나면 꿀 때문에 제가 그 지경이 됐다고 해서,

"꿀, 꿀, 꿀이 원수지. 꿀, 꿀, 꿀이 원수야."

하고 다녔지. 그러다가 그만 그게 버릇이 돼서 아무 때나 '꿀꿀' 하고 울게 됐다는 거야.

쌀 한 말로 석 달 나기

옛날 어떤 사람이 아들 삼형제를 뒀어. 아들 삼형제를 다 키워서 모두 장가를 보냈지. 그리고 셋 다 세간을 내줬어. 제각각 살림을 차려서 따로 살게 해 줬단 말이지.

그렇게 살다가 이 사람이 나이를 자꾸 먹으니까 재산을 물려줄 요량을 했어. 그런데 이걸 누구한테 물려줘야 할지 모르겠단 말이야. 가장 궁량이 넓고 야무진 며느리한테 살림을 물려주고 싶거든. 그런데 며느리 셋 중에 누가 나은지 도무지 알 수가 없네.

그러다가 한번은 이 사람이 먼 길을 가게 됐어. 가서 석 달 뒤에나 돌아오게 됐지. 그래서 이 겨를에 세 며느리 궁량을 시험이나 해 보자고 마음먹었어. 곳간에서 쌀 서 말을 퍼다가 세 며느리한테 한 말씩 나눠 줬지. 그러고는 단단히 일렀어.

"얘들아, 잘 들어라. 나는 석 달 뒤에나 돌아올 것이니, 내가 돌아올 때까지 이 쌀 한 말씩을 가지고 살도록 하여라. 무슨 수를 쓰든지 이 쌀 한 말로 석 달을 버텨야지, 쌀을 한 줌이라도 더 써서는 안 되느니라."

그래 놓고 시아버지는 가 버렸어. 남은 세 며느리는 그때부터 쌀 한 말을 가지고 석 달을 살 궁리를 하느라고 야단이 났지.

큰며느리는 어떻게든 쌀을 아껴 먹을 궁리만 했어.

'쌀 한 말로 석 달을 버티자면 한 달에 서 되 서 홉씩만 먹고 살아야겠네. 그러자면 하루에 먹는 쌀이 한 홉을 넘겨서는 안 되겠구나.'

이렇게 셈을 쳐서, 쌀을 한 홉씩 봉지에 넣어 천장에 주렁주렁 매달아 놨어. 그래 놓고 하루에 한 봉지씩만 떼내어서 밥을 해 먹고 사는 거야. 그러자니 날마다 멀건 죽만 끓여 먹고 살아. 안 그러고는 쌀 한 말로 석 달을 버틸 재간이 없으니까 말이야. 그러느라고 큰며느리네 식구들은 아주 죽을 고생을 했지.

둘째 며느리는 쌀말고 다른 걸 먹고 살 궁리를 했어.

'아버님이 쌀을 한 말만 가지고 석 달을 살랬지, 다른 걸 먹지 말란 소리는 안 했겠다. 쌀말고 먹을 수 있는 걸 구해다 먹으면 되겠구나.'

이렇게 생각하고, 날마다 온 식구가 산에 들에 가서 먹을 만한 걸 닥치는 대로 구해 왔어. 풀뿌리도 캐고, 나무 열매도 따고, 물고기도 잡고 해서 그걸 먹고 사는 거야. 쌀은 닷새에 한 번 열흘에 한 번씩 조금 퍼내어 밥을 해 먹고, 나머지는 늘 딴 걸 먹고 살았지. 그러느라고 둘째 며느리네 식구들도 고생이 이만저만이 아니었어.

그런데 막내며느리는 무슨 꿍꿍이속인지 첫날부터 쌀 한 말을 다 퍼내 가지고 떡을 했어. 쌀 한 말을 몽땅 찧어서 떡을 해 놓으니 아주 푸짐하지. 그걸 보고 다른 사람들은,

"아이쿠, 저렇게 살림을 헤프게 살다가는 열흘도 못 버티겠는걸."

하고 걱정을 했지만, 정작 막내며느리는 태연해. 어쩌나 했더니 그 떡을 함지에 넣어 이고 장으로 가네. 장에 가지고 가서 파는 거지. 떡을 죄다 파니까 쌀 한 말 값을 빼고도 돈이 좀 남거든. 그걸 가지고 또 쌀을 샀어. 그걸로 또 떡을 해서 내다 팔았지.

그렇게 떡을 해서 내다 팔고, 남는 돈으로 또 떡을 해서 내다 팔고, 이렇게

하니까 돈이 점점 모이거든. 쌀 한 말은 고스란히 그냥 남고, 떡 팔아서 번 돈으로 이제 살림을 하는 거야. 쌀을 사서 밥도 하고 고기를 사서 국도 끓이고, 이렇게 해서 배불리 먹으면서 산단 말이야. 그러니 막내며느리네 식구들은 고생 한번 안 했지.

석 달이 지나 시아버지가 집에 돌아와 보니 세 집 식구들 얼굴이 다 딴판이거든. 큰며느리네는 온 식구가 굶느니 먹느니 하느라고 부황이 들어서 죄다 얼굴이 누렇게 떠 있어. 둘째 며느리네는 온 식구가 풀뿌리 캐고 나무 껍질 벗기러 다니느라고 죄다 얼굴이 새카맣게 탔어. 그런데 막내며느리네는 온 식구가 아주 부옇게 살이 올라 있네. 어찌 된 일인가 물어보고 들어 보니 앞뒤 사정을 다 알겠단 말이야.

"옳거니, 이제 보니 막내며느리 궁량이 제일이로군."
하고, 재산을 모두 막내며느리한테 물려줬지.

막내며느리는 그 뒤에 시아버지한테 물려받은 재산을 더 많이 늘려서 아주 부자가 됐어. 그래서 재산을 큰집 둘쨋집에도 많이 나누어 주고, 그렇게 우애 있게 잘 살더라는 이야기야.

나도 밤나무다

나도밤나무 알지? 밤나무 비슷한데 밤나무는 아니고, 그렇다고 아주 딴 나무도 아니고, 밤나무 사촌쯤 되는 나무지, 그게. 나도밤나무가 왜 나도밤나무가 됐느냐? 오늘은 그 이야기를 해 볼까.

옛날에 어떤 사람이 늙도록 자식이 없다가 늘그막에 아들 하나를 낳았어. 그래 애지중지 키우는데, 하루는 스님이 동냥을 하러 왔다가 마당 가에 놀고 있는 아이를 보더니 혀를 끌끌 차네. 아무 말도 안 하고 그냥 혀만 끌끌 차. 하도 이상해서 부모가 스님에게 물어 봤어.

"스님은 무슨 일로 우리 아이를 보고 혀만 그리 차십니까?"

스님이 대답하기를,

"아이가 나이 열다섯을 못 넘기고 호랑이한테 잡아먹힐 팔자라 그럽니다." 이러는 거야.

듣고 보니 참 억장이 무너질 일이거든. 늘그막에 아들 하나 얻어, 쥐면 깨질세라 불면 꺼질세라 고이고이 키웠는데, 호랑이한테 잡아먹힐 팔자라니 억장이 무너지지 안 무너져? 부모가 하릴없이 스님 바짓가랑이에 매달려 싹싹 빌었어.

"스님, 스님. 죽을 팔자가 있으면 살 팔자도 있지 않습니까? 어떡하면 우리 아들을 살릴 수 있는지, 제발 그 방도를 가르쳐 주십시오."

눈물을 흘리면서 빌었더니 스님이 한 가지 방도를 일러 줘.

"뒷산에 밤나무 천 그루를 심으십시오. 한 그루 넘치지도 않고 모자라지도 않게 딱 천 그루를 심어야 합니다. 밤나무 천 그루를 정성으로 잘 키우면, 그 공덕으로 아이를 살릴 수 있을 것입니다."

그러고 나서 스님은 훌쩍 가 버리고, 이제 그날부터 부모는 뒷산에 밤나무를 심었지. 그저 아들 목숨 살리겠다는 마음 하나로 온 정성을 다해 심었어. 한 그루 심고 빌고, 두 그루 심고 빌고, 그저 우리 아이 무사하게 해 달라고 빌면서 밤나무 천 그루를 다 심었어. 한 그루 넘치지도 않고 모자라지도 않게 딱 천 그루를 심었단 말이지.

이러구러 세월이 흘러 아들 나이 열다섯 살이 됐어. 하루는 갑자기 하늘에서 천둥치는 소리가 나더니 집채만 한 호랑이가 집 앞에 턱 나타나더래. '아이쿠, 인제 올 것이 왔구나' 하는데, 호랑이가 재주를 펄쩍 펄쩍 펄쩍, 세 번을 넘더니 늙은 중으로 변하는 거야. 그러고 나서 말을 하는데,

"어서 순순히 아들을 내놓아라."

이러거든. 이때 부모가 나섰지.

"뒷산에 밤나무 천 그루를 심어 놨으니, 우리 아들 목숨 대신 그 공덕을 가져가거라."

호랑이가 그 말끝에 흠칫 놀라더니,

"좋다. 그 대신 한 그루라도 모자라거나 넘치면 안 되니, 나와 함께 가서 세어 보자."

하겠지.

그래 곧바로 뒷산에 올라가서 밤나무를 세었어. 한 그루, 두 그루, 세 그루, 네 그루……, 세어 보니 아이쿠 이를 어째. 천 그루가 아니라 구백아흔아홉 그루일세. 딱 한 그루가 모자라는 거야. 정성껏 키운다고 키웠는데 한

그루가 말라 죽었던지 어쨌던지 없어. 안 보여. 세어 보고 또 세어 보고, 아무리 세어 봐도 구백아흔아홉 그루야.

"이것 봐라. 한 그루가 모자라지 않느냐? 이런 허술한 공덕으로는 네 아들 목숨을 살릴 수 없다."

이러면서 호랑이가 막 아들을 잡아가려고 하는데, 이때 어디선가 말소리가 들리지 뭐야?

"나도 밤나무다."

가만히 들어 보니 발치에서 그런 소리가 나.

"나도 밤나무다."

목을 빼고 요렇게 들여다보니, 아 글쎄 아직 키가 한 뼘도 안 되는 작은 밤나무가 고기에 서 있네. 하도 작아서 언뜻 보면 눈에 띄지도 않아. 그래서 셀 때 놓쳤던 모양이야. 그런 밤나무가 '나도 밤나무다' 하고 나선단 말이지. 그러면 이제 천 그루가 된 거잖아.

그걸 보고서 호랑이도 어쩔 수 없었던지 다시 펄쩍 펄쩍 펄쩍, 재주를 세 번 넘고 짐승 모습이 돼서 순순히 물러가더래. 그래서 아들 목숨을 살렸지.

그때 '나도 밤나무다' 하고 나선 밤나무가 여느 밤나무하고는 조금 달랐어. 밤나무 같기도 하고 다르기도 하고. 그래서 그 뒤로 그런 밤나무를 가리켜 다들 '나도밤나무'라고 했다는 거야.

화수분 대추나무

옛날 어느 마을에 가난한 농사꾼이 살았어. 그런데 이 사람은 아무리 부지런히 일을 해도 가난을 못 면해서 늘 배를 곯고 살아. 그래서 어떡하면 나도 밥이나 배불리 먹어 보고 살까, 자나깨나 그게 소원이었지.

하루는 이 사람이 농사일을 마치고 집에 돌아오니 어떤 스님이 동냥을 하러 왔더래. 집에 있는 곡식이라고는 죽이라도 쑤어 먹으려고 남겨 둔 보리 한 됫박뿐이었거든. 그걸 내주고 나면 당장 끼닛거리도 없는 판국이지. 그런데도 스님을 그냥 보내기 미안해서, 이 사람이 보리쌀 한 됫박을 몽땅 긁어다가 시주를 했어.

그랬더니 스님이 고맙다고 하면서 대추씨 하나를 주더래.

"이것을 심어 가꾸면 대추가 많이 열릴 텐데, 그러면 하루에 한 번씩 나무를 잡고 흔들어 보십시오. 꼭 하루에 한 번씩만 흔들어야 합니다."

이 사람이 대추씨를 받아서 곧바로 뒤뜰에 심었어. 그랬더니 금세 쑥쑥 자라서 이듬해에는 큰 나무가 됐지. 가을이 되니 온 가지에 대추가 주렁주렁 많이도 열렸어.

'스님이 이르기를 하루에 한 번씩 나무를 잡고 흔들어 보랬지.'

나무를 잡고 흔들었더니 대추나무에서 대추가 우수수 떨어지는데, 얼마나 많이 떨어지는지 땅바닥에 수북하게 쌓여. 그걸 다 주워서 되어 봤더니 닷 되나 되더래. 그런데 참 신기한 것은 말이야, 대추가 그렇게 많이 떨어졌는데도 대추나무에는 대추가 그대로 가득 달려 있는 거야. 아무리 떨어져도 열매가 줄지 않는 화수분 나무인 게지, 그게.

그 뒤부터 이 사람이 하루에 꼭 한 번씩 대추나무를 잡고 흔들었어. 그러면 대추가 우수수 떨어져서 땅바닥에 수북이 쌓이고, 그걸 주워서 되어 보면 닷 되나 되지. 대추나무에는 대추가 그대로 가득 달려 있고 말이야. 이렇게 날마다 대추 닷 되씩을 얻어서, 이걸 장에 내다 팔았어.

하루 이틀도 아니고 날마다 대추 닷 되씩을 파니까 벌이가 제법 짭짤하지. 그러니까 얼마 안 가서 살림이 제법 넉넉해졌어. 큰 부자는 아니라도 양식 떨어질 일은 없게 된 거야. 딴 건 몰라도 밥은 실컷 먹게 됐으니까 소원을 이룬 셈이지.

그런데 이웃 마을에 사는 욕심 많은 사람이 이 소문을 듣고는, 자기도 화수분 대추나무를 얻어 보겠다고 별렀어. 날마다 보리 한 됫박을 퍼다 놓고 스님 오기만을 기다렸지. 과연 이듬해 봄이 되니까 스님이 이 마을에 또 동냥을 왔어.

이 욕심쟁이가 억지로 스님을 제 집으로 끌고 가서 보리 한 됫박을 내주고 대추씨를 하나 얻었어. 그걸 뒤뜰에 심어서 큰 나무가 되도록 가꾸었지. 가을에 대추가 열리기를 기다려 대추나무를 흔들어 보니, 아니나 다를까 대추가 많이 떨어지거든. 한 닷 되 좋이 떨어져.

그런데 이 욕심쟁이가 그걸로는 성이 차지를 않네.

"에잇, 이게 뭐야. 겨우 하루에 한 번, 닷 되씩 떨어질 뿐이잖아. 아무리 떨어져도 줄지 않는 화수분 나무라면 한 번에 한 댓 섬 떨어지면 좀 좋아."

아, 이 사람이 그만 욕심이 나서 나무를 자꾸 흔들었어. 한 번, 두 번, 세 번……, 열 번, 스무 번, 서른 번……, 자꾸자꾸 흔들어 대니까 그만 나무

기둥이 뚝 부러지면서 대추나무가 '쿵' 하고 쓰러져 죽어 버렸어. 그러니 끝장이지. 죽은 나무에서 대추가 열릴 리 있나. 욕심을 부리다가 대추를 아예 못 얻게 된 거야.

그 뒤로 많은 사람들이 스님을 기다렸지만, 스님은 두 번 다시 그 마을에 나타나지 않더래. 어쩌면 내일쯤 우리 마을에 나타나려나.

이 박을 딸까요, 저 박을 딸까요?

　옛날 옛적에 어떤 색시가 시집을 갔어. 연지 찍고 곤지 찍고, 새 옷 입고 가마 타고 시집을 갔지. 떠억 가 보니 신랑이 아주 쪼그만 꼬마 신랑이야. 일곱 살짜리 어린애더란 말이지. 신부는 열아홉 살, 신랑은 일곱 살, 이러니 이게 참 볼 만하지 뭐야.
　신랑이 한다는 일이 자나깨나 그저 색시 조르는 게 일이야. 색시가 부엌에서 밥을 푸면 누룽지 긁어 달라고 조르고, 색시가 빨래하러 냇가에 가면 물고기 잡아 달라고 졸라. 다리 아프면 업어 달라고 조르고, 배고프면 먹여 달라고 졸라. 심심하면 놀아 달라고 조르고, 졸리면 재워 달라고 졸라.
　이렇게 철없이 구니까 색시가 그만 딱 질려 버렸어. 명색이 신랑이라는 게 허구한 날 졸라 대는 것밖에 모르니까 그렇지.
　그러다가 하루는 들에 일을 하러 갔네. 색시가 들에 나가 일하는 동안 신랑은 집에서 놀다가, 점심때가 돼서 밥 소쿠리를 가지고 갔어. 제 색시 점심 먹으라고 말이야. 그런데 그것 갖다 주러 가서도 지분지분 졸라 대는 거야.
　"색시야, 잠자리 잡아 줘."
　"색시야, 왕머루 따 줘."
　그 바람에 색시가 그만 화가 잔뜩 났어. 그래서 다짜고짜 신랑을 도랑에 떠밀어 버렸지. 그 바람에 신랑은 도랑 구석에 처박혀 온몸이 흙탕물투성이가 됐어. 집에 돌아오니 어머니가 묻거든.

"애야, 네 꼴이 그게 뭐냐?"

'색시가 떠밀어서 도랑에 빠졌어요' 하면 큰일날 것 아니야? 색시가 어머니한테 크게 혼날 게 뻔하잖아. 그래서,

"붕어 잡으려다 도랑에 빠졌어요"

했지. 제 색시 야단맞을까 봐 부러 그런 거야. 그러니까 어머니는,

"다음부턴 조심해라."

하고 말지.

며칠 뒤에 색시가 우물에서 물을 길어 오는데, 신랑이 마당 가에서 놀다가 또 찌드럭찌드럭 졸라 대네.

"색시야, 땅따먹기 하자."

"색시야, 제기차기 하자."

마침 일이 바빠서 정신이 없는 지경인데, 남의 속도 모르고 놀자고 졸라 대니 또 화가 났지. 그래서 다짜고짜 신랑을 외양간에 집어넣어 버렸어. 신랑은 얼떨결에 외양간에 갇힌 꼴이 됐지. 조금 뒤에 아버지가 밖에서 들어와 보니 아들이 외양간에 들어가 있거든.

"너 왜 외양간에 들어가 있니?"

이번에도 '색시가 집어넣었어요' 하면 난리날 것 아니야? 색시는 아버지한테 아주 경을 칠 테지. 그래서,

"외양간 치려고 들어왔어요"

했어. 제 색시 야단맞을까 봐 그렇게 둘러댄 거지. 그러니까 아버지는,

"넌 어려서 못 친다. 나중에 더 크면 쳐라."

하고 말지.

며칠 뒤에 색시가 마당에서 베를 매고 있는데, 신랑이 쪼르르 달려오더니

또 부득부득 졸라 대네.

"색시야, 나 좀 업어 줘."

"색시야, 나 좀 재워 줘."

하도 성가시게 졸라 대니 색시가 그만 화가 번쩍 나서, 다짜고짜 신랑을 달랑 들어다가 지붕 위에 올려놨어. 신랑은 지붕 위에서 오도 가도 못 하고 동그마니 앉아 있었지.

이때 어머니 아버지가 들일을 마치고 집에 들어오다가 그 꼴을 봤어. 보고 놀랐지. 아들이 난데없이 지붕 위에 올라가 있으니 놀라지 안 놀라?

"너 왜 지붕에 올라가 있니?"

이번에도 '색시가 올려놨어요' 하면 시끄러워질 것 아니야? 색시는 어른들 눈 밖에 날 거고, 어쩌면 쫓겨날지도 모르는 판국이란 말이야. 그래서,

"박 따려고 올라왔어요."

했어. 때마침 가을이라 지붕 위에 박이 많이 열려 있었거든. 여기저기 주렁주렁 열린 박을 가리키며,

"이 박을 딸까요, 저 박을 딸까요?"

했어. 제 색시 야단맞을까 봐 얼른 내놓은 궁량이지. 그러니까 어머니 아버지는,

"그래, 잘 익은 걸로 따라."

하고 말지.

세 번이나 그러니 탄복할 만하잖아. 신랑이 얼마나 속이 넓어? 나이가 어려서 그렇지 마음쓰는 건 어른 뺨칠 만하단 말이야. 색시가 아주 그만 감동을 해서, 그 뒤로는 두 번 다시 혼내지도 않고 싸우지도 않고, 사이좋게 오순도순 잘 살았더래.

아버지를 살린 불효자식

효자 이야기 하나 할까? 효자 이야기라고 하면 왠지 고리타분하고 재미없을 것 같지? 하지만 이 얘긴 안 그럴걸. 어디 한번 들어 볼래?

옛날 옛적 어느 곳에 늙은 아버지와 젊은 아들이 살았어. 아버지는 늙어서 힘이 없고 아들은 젊어서 팔팔했지. 아버지도 젊을 때는 기운이 세고 몸이 재빨랐지만, 이제 늙어서 기운이 빠지고 몸도 느려진 거야.

하루는 아버지와 아들이 산에 돌배를 따러 갔어. 돌배나무가 까마득하게 높은데, 한 사람은 나무 위에 올라가 돌배를 따고 한 사람은 나무 밑에서 떨어지는 돌배를 줍기로 했지. 그런데 글쎄 늙은 아버지가 자꾸 나무 위에 올라가겠다고 그러는 거야. 아들은 간곡하게 말렸어.

"아버지, 높은 데 올라가는 것은 위험하니 제가 하겠습니다."

"아니다. 내가 올라가마."

"제가 올라갈 테니 아버지께서는 나무 밑에서 이래라저래라 가르쳐만 주십시오."

"내가 올라갈 테니 너는 나무 밑에서 돌배나 주워라."

"아버지께서 일흔이 넘은 연세에 어찌 아찔하게 솟은 나무에 올라간다고 그러십니까? 제가 올라가겠습니다."

"어허, 내가 올라가겠다는데 무슨 잔말이 그리 많아?"

아버지가 기어이 고집을 피우니 어떻게 해? 할 수 없이 아들은 아버지가 하자는 대로 했어. 아버지가 나무에 올라가고, 아들은 나무 밑에서 조마조마하게 쳐다보고만 있었지. 아버지는 성큼성큼 나무를 타고 꼭대기까지 올라가서, 보란 듯이 돌배를 따다가 밑으로 던졌어. 아들은 나무 밑에서 돌배를 부지런히 주웠지.

이제 돌배를 다 땄어. 그러면 나무에서 내려와야 할 것 아니야? 아버지가 막 나무에서 내려오려고 하는데, 아뿔싸, 그만 정신이 아득해지면서 눈앞이 캄캄해지네. 그동안 기운을 너무 많이 써서 그런가 봐. 머리는 어질어질, 다리는 후들후들, 손에는 진땀이 바작바작 나고, 등에는 식은땀이 줄줄 흐르니 꼼짝을 할 수가 있나. 그냥 나무둥치를 부둥켜안고 벌벌 떨고만 있었어.

밑에서 쳐다보던 아들이 그 모습을 보고 깜짝 놀라 물었어.

"아버지, 왜 그러십니까? 어디 편찮으십니까?"

아버지는 대답도 못 해. 정신이 아득해서 눈도 입도 안 떨어지니까 그렇지.

"아버지, 아버지. 정신 차리세요. 제 말이 안 들리십니까?"

그래도 아버지는 대답을 못 해. 그냥 나무에 매달려 부들부들 떨고만 있지. 그러니까 갑자기 아들이 성을 버럭 내면서 고래고래 소리를 지르네.

"에잇, 바보 같은 영감탱이. 내가 올라가겠다고 해도 부득부득 제가 올라가더니 이게 무슨 꼴이람. 죽든지 살든지 난 모르겠으니 내려오든지 말든지 맘대로 해요!"

이렇게 험한 말을 마구 내뱉고 나서 돌배 자루를 어깨에 메고 주춤주춤 걸어간단 말이야. 그 바람에 나무 위에서 깜빡 정신을 잃었던 아버지가 그만 정신이 번쩍 들었어. 아니, 저렇게 괘씸한 놈이 세상천지에 어디 있느냔 말이야. 일껏 저를 생각해서 늙은 몸으로 나무에 올라가 돌배를 따 줬더니, 그 은혜를 모르고 아버지한테 저런 막말을 해 대다니……. 이건 뭐 분해서 참을 수가 없거든.

"네 이놈, 게 섰거라. 내가 죽더라도 너 같은 불효자식은 혼내 주고 죽을 테다."

울화가 머리끝까지 나서, 이를 악물고 정신을 바짝 차렸어. 그리고 한 발 한 발 조심조심 나무에서 내려왔지. 땅에 발이 딱 닿으니까 이제 살았단 말이야.

"이 불효막심한 놈, 어디에 있느냐?"

아들을 혼내 주려고 둘레둘레 살펴보니, 아니 어느새 아들이 발밑에 와서 넙죽 엎드려 있네.

"아이고 아버지, 얼마나 고생하셨습니까?"

"고생이나마나, 너 아까 나보고 뭐랬느냐?"

아버지가 눈을 굴리며 호통을 치니까 아들이 공손하게 하는 말이,

"아버지, 용서하십시오. 불러도 대답이 없으시기에, 아무래도 정신을 잃으실 것 같아서 일부러 분을 돋우어 드리려고 그랬습니다."

이러거든.

그제서야 아들의 뜻을 안 아버지가 아주 감탄했다는 이야기야. 아버지 살리려고 일부러 험한 말을 했다는 거지. 그게 효자 아니야?

신기한 돌절구

옛날 어느 곳에 형제가 살았어. 형제가 산다 하면 뻔하지 않나. 형은 못됐고 아우는 착할 테지.

이 형제한테는 홀어머니가 있었는데, 형은 어머니를 원두쟁이 쓴 외 보듯 구박만 했어. 아우는 안 그랬지. 가난한 살림에도 어머니를 정성껏 모시면서 살았어.

하루는 아우가 재 너머 잔칫집에 일을 해 주러 갔거든. 가서 하루 종일 힘들여 일을 해 주고 밥 한 그릇을 얻었어. 그런데 밥을 먹으려고 하니 목구멍에 넘어가야 말이지. 집에서 배를 곯으며 기다릴 어머니를 생각하니 밥알이 모래 같단 말이야. 그래서 밥을 안 먹고 나무 그릇에 담아 품에 넣고 집으로 돌아왔어.

집에 가려면 고개를 하나 넘어야 하는데, 막 고갯길을 올라가다 보니 저만치 등마루에 어머니가 서 있지 뭐야. 하루 종일 집에서 기다리다가 아들 마중을 나왔나 봐. 어찌나 반가운지,

"어머니!"

하고 부르면서 달려갔지. 달려가다가 아뿔싸, 돌부리에 걸려 넘어지면서 밥을 다 쏟아 버렸네. 나무 그릇이 떽떼굴 구르면서 밥알이 온 사방에 흩어져 버렸어.

"아이쿠, 이를 어째."

발을 동동 구르는데 아 참 이상한 게 보여. 옆에 절구 모양으로 움푹 파인 돌이 하나 있는데, 그 안에 하얀 밥이 하나 가득 들어 있는 거야. 가만히 생각해 보니 아까 밥이 쏟아지면서 밥알 하나가 튀어서 그 돌절구 안에 들어간 것 같거든.

아우는 그 돌절구를 짊어지고 어머니와 함께 집으로 돌아왔어. 당장 이웃집에서 쌀 한 쪽박을 꾸어다가 밥을 했지. 그리고 밥알 하나를 돌절구 안에 넣어 봤어. 그랬더니 아니나 다를까 절구 안에 밥이 가득 차지 뭐야.

"옳다구나, 이제 밥 걱정은 없이 살겠군."

아우는 돌절구 덕분에 정말 밥 걱정은 안 하고 살게 됐어. 언제든지 밥알 하나만 절구에 집어넣으면 밥이 가득 차니 얼마나 좋아? 무엇보다도 어머니가 배를 안 곯게 돼서 참 좋았지.

그런데 형이 이 소문을 듣고 찾아왔어.

"듣자니 네가 요상한 돌절구를 주웠다면서?"

"예, 형님. 그 덕분에 밥 걱정 없이 어머니를 모시게 됐습니다."

"이제부터 어머니는 내가 모실 테니 그 절구 나 다오."

"안 됩니다. 어머니는 내가 모실 겁니다."

"이놈, 내가 형이니 형 말을 들어야지."

"아무리 형님이라도 그건 안 됩니다."

이렇게 옥신각신하다가 결판이 안 나니까 내기를 하기로 했어. 어떤 내기인고 하니, 형제가 산 밑에 저마다 구덩이 하나씩을 파 놓고 등마루에서 돌절구를 굴려 내리는 거야. 그래서 만약에 이 절구가 형이 파 놓은 구덩이에 들어가면 형이 갖고, 아우가 파 놓은 구덩이에 들어가면 아우가 갖기로 한 거지.

그렇게 약속을 하고, 둘이서 산 밑에 구덩이 하나씩을 팠어. 돌절구가 잘 들어오라고 아주 큼지막하게들 팠지. 그래 놓고 등마루에 절구를 지고 올라가서 굴렸어. 그래서 어떻게 됐게? 아우 구덩이에 들어갔다고? 아니야, 그게 아니야.

돌절구가 떼굴떼굴 왈강달강 우르르 쿵덕 굴러 내려오다가 말이야, 미처 산 밑에까지 못 내려오고 중턱에서 그만 없어져 버렸어. 땅속에 파묻혔는지 하늘로 솟아올랐는지 감쪽같이 사라진 거야. 형제가 달려 올라가서 하루 종일 찾았지만 못 찾았어. 사흘 밤 사흘 낮을 찾아봐도 없어. 석 달 열흘 동안 찾아도 안 보여.

'본디 그 돌절구는 산에서 나왔으니 산의 것이지. 우리 형제가 서로 가지려고 다투는 걸 보고 산이 도로 삼켰나 보다.'

아우는 이렇게 생각하고, 그 뒤로 더 부지런히 일해서 어머니를 잘 모셨다고 해. 형도 아마 자기 잘못을 뉘우쳤을걸.

앙숙이 된 고양이와 쥐

옛날 옛적 호랑이 담배 피울 적에는 고양이와 쥐가 사이좋은 동무였대. 그러면 언제부터 이 둘 사이가 나빠졌을까? 거기에도 다 사연이 있다는 거거든.

하루는 쥐가 고양이 집을 찾아와서, 고양이가 쥐에게 맛난 음식을 많이 대접했어. 그러니까 쥐는 좋아라 하면서 음식을 실컷 먹고 나서 고양이한테 그러지.

"야, 참 잘 먹었다. 고양아, 내일은 우리 집에 오너라. 내가 맛난 음식을 많이 대접하마."

그 말을 믿고 고양이는 그 이튿날 쥐 집을 찾아갔어. 그런데 이게 웬일, 쥐는 고양이를 본체만체하고 딴 짓을 하고 있네. 팔짱을 턱 끼고 하늘만 쳐다보고 있는 거야.

"애, 쥐야. 나 왔다. 고양이가 왔어."

그래도 들은 척 만 척하고 하늘만 쳐다보고 있어. 무슨 말을 해도 눈도 끔쩍 않고 하늘만 멀뚱멀뚱 쳐다보고 있단 말이야. 그러니 뭐 어떻게 해 볼 수가 있나. 고양이는 하는 수 없이 그냥 돌아왔지.

이튿날 쥐가 또 고양이 집을 찾아왔어. 고양이는 어제 일도 있고 해서 좀 께름칙했지마는, 그렇다고 찾아온 손님을 허투루 대접할 수 있나. 또 쥐에게 맛난 음식을 많이 대접했지. 그러니까 쥐는 좋아라 하면서 음식을 실컷 먹고 나서 또 그러네.

"야, 참 잘 먹었다. 고양아, 내일은 우리 집에 오너라. 내가 맛난 음식을 많이 대접하마."

"어제도 너희 집에 오라고 해서 갔더니 하늘만 쳐다보고 있었잖아."

"미안해. 어제는 마침 하늘 보고 공부하는 날이라서 그랬지."

고양이는 그 이튿날 또 쥐 집을 찾아갔어. 아니나 달라, 이번에도 쥐는 고양이를 본체만체하고 딴 짓을 하고 있네. 그런데 이번에는 하늘을 쳐다보는 게 아니라 땅을 내려다보고 있는 거야.

"얘, 쥐야. 나 왔다. 고양이가 왔어."

그래도 들은 척 만 척하고 땅만 내려다보고 있어. 무슨 말을 해도 끔쩍 않고 땅만 뚫어져라 내려다보고 있단 말이야. 그러니 뭐 어떻게 해 볼 수가 있나. 하는 수 없이 그냥 돌아왔지.

이튿날 쥐가 또 고양이 집을 찾아왔어. 고양이는 그끄제 일도 있고 어제 일도 있고 해서 화가 많이 났지마는, 그렇다고 찾아온 손님을 허투루 대접할 수 있나. 또 쥐에게 맛난 음식을 많이 대접했지. 그러니까 쥐는 좋아라 하면서 음식을 실컷 먹고 나서 또 흰소리를 해.

"야, 참 잘 먹었다. 고양아, 내일은 우리 집에 오너라. 내가 맛난 음식을 많이 대접하마."

"어제도 오라고 해서 갔더니 땅만 내려다보고 있었잖아."

"미안해. 어제는 마침 땅 보고 공부하는 날이라서 그랬지."

고양이는 그 이튿날 또 쥐 집을 찾아갔어. 아니나 달라, 이번에도 쥐는 고양이를 본체만체하고 딴 짓을 하고 있네. 그런데 이번에는 하늘을 쳐다보는 것도 아니고 땅을 내려다보는 것도 아니고 먼 산을 바라보고 있는 거야.

"얘, 쥐야. 나 왔다. 고양이가 왔어."

그래도 들은 척 만 척하고 먼 산만 바라보고 있어. 무슨 말을 해도 눈도 끔쩍 않고 먼 산만 멍하니 바라보고 있단 말이야. 그러니 뭐 어떻게 해 볼 수가 있나. 고양이는 또 하는 수 없이 그냥 돌아왔지.

이튿날 또 쥐가 고양이 집을 찾아와서 뭐 먹을 것이 없나 하고 기웃거리기에, 이번에는 고양이가 버럭 화를 내면서 발톱을 세웠어.

"이 고약한 놈아, 또 네 꾀에 속아 넘어갈 것 같으냐? 어림도 없다."

이러면서 막 쫓아가니까 쥐는 걸음아 날 살려라 하고 도망을 갔지.

그때부터 쥐는 고양이만 보면 도망가고, 고양이는 쥐만 보면 쫓아가게 된 거란다.

가난한 선비와 벼이삭

옛날 옛적에 아주 가난한 선비가 살았어. 얼마나 가난했는고 하니, 아궁이엔 풀이 나고 굴뚝엔 거미줄을 칠 지경이야. 양식이 없으니 밥할 일이 없고, 밥할 일이 없으니 아궁이에 불 땔 일이 있어야지. 불 땔 일이 없으니 굴뚝에 연기 날 일이 있나, 어디.

그러니 식구들이 모두 쫄쫄 굶는 게 일이야. 다섯 식구가 사는데 다 쫄쫄 굶어. 늙으신 홀어머니도 굶고, 아내도 굶고, 아들도 굶고, 딸도 굶어. 굶다 굶다 못해 하루는 아내가 성화를 댔어.

"여보, 이러다가 우리 식구 다 굶어 죽겠소. 젊은 우리 내외 굶는 것 셋째 치고, 어린 아들딸 굶는 것 둘째 치고, 늙으신 어머니 굶는 것 차마 못 보겠소. 오늘 밤엔 들에 나가 남의 논에 서 있는 벼이삭이라도 두어 송이 잘라 오오."

때마침 가을이라 들에는 벼가 서 있거든. 벼가 누렇게 익어서 곧 거둘 때가 다 됐단 말이야. 선비네는 가난해서 논이고 밭이고 있을 턱이 없으니, 남의 논에 서 있는 벼이삭이라도 좀 잘라 오라는 거지. 그걸로 죽을 쒀서 허기라도 면해 보자고 말이야. 딴은, 그렇게라도 해서 사람이 살아야지 뭐 별수가 있나.

그래 그날 밤에 선비가 낫을 한 자루 들고 들에 나갔어. 나가서 인제 들판에서 벼가 가장 잘 익은 데를 찾았지. 벼가 아주 실하게 익어서 고개가 축 처진 데를 찾았단 말이야. 그러고는 논 한가운데에 턱 들어갔어. 낫으로 벼 이삭을 자르는가 했더니, 느닷없이 하늘을 보고 하소연을 해.

"하느님, 제 말 좀 들어 보십시오. 우리 집에 다섯 식구가 사는데, 며칠째 밥 한 술 못 먹고 온 식구가 쫄쫄 굶고 있습니다. 젊은 우리 내외 굶는 것 셋째 치고, 어린 아들딸 굶는 것 둘째 치고, 늙으신 어머니 굶는 것은 차마 볼 수 없습디다. 그래서 남의 논에 익은 벼이삭이나 두어 송이 잘라 가려고 왔습니다."

이렇게 하소연을 하고 나서, 이제는 낫으로 벼이삭을 자르려나 했더니 또 하늘에다 대고 물어봐.

"그러니 이 벼이삭을 잘라 갈까요, 말까요?"

그래 놓고 나서 저 혼자 한숨을 한번 쉬더니, 목소리를 싹 바꾸어서 크게 호령을 해.

"네 이놈, 안 되느니라. 남이 애써서 가꾼 곡식을 한 송인들 축내서 되겠느냐?"

혼자서 묻고 대답하고, 다 하는 거야. 자기가 묻고 자기가 대답하고, 그러고 나서는 도로 논에서 나와 빈손으로 털레털레 집에 돌아가. 하도 답답해서 남의 논에 오긴 왔지만, 차마 벼이삭을 자르지는 못하고 그냥 돌아가는 거지.

이튿날 밤에도 선비가 낫을 들고 들에 나왔어. 식구들 굶는 걸 보다 못해 남의 논에 벼이삭이라도 잘라 갈까 하고 나왔지. 그런데 또 덥석 자르지 못하고 혼잣소리만 했어.

"하느님, 오늘도 벼이삭 자르러 나왔습니다. 잘라 갈까요, 말까요?"

"네 이놈, 안 되느니라. 한번 안 된다고 했으면 그만둘 일이지 왜 또 나왔느냐?"

이렇게 혼자 묻고 대답하고, 그러고 나서 또 빈손으로 털레털레 집에 돌아갔지.

사흘째 되는 날 밤에 또 이 선비가 낫을 들고 들에 나왔어. 뭐 당장 끼닛거리가 없으니 별수 있어? 남의 논 한가운데 들어가서는, 또 덥석 자르지 못하고 혼잣소리만 하는 거야.

"하느님, 오늘도 나왔습니다. 잘라 갈까요, 말까요?"

"네 이놈, 안 된다고 하지 않았느냐? 어서 돌아가거라."

이때 논 임자가 논에 나왔다가 그 모습을 봤어. 가만히 숨어서 보니 실성한 사람처럼 혼자 묻고 대답하고, 그러고 나서 빈손으로 돌아가거든. 대강 사정을 눈치챘지.

'거참 마음이 곧은 사람이로구나. 온 식구가 굶어 죽게 됐는데도 남의 것이라고 손을 못 대다니, 저런 사람을 안 도와 줄 수 없다.'

하고서, 그날 밤에 몰래 쌀 한 가마니를 져다가 선비네 마당에 갖다 놨어. 논 임자야 크나큰 부자는 아니라도 제법 먹고살 만하거든. 그러니 쌀 한 가마니쯤 내다 줘도 살림이 뭐 그다지 축날 건 없단 말이야.

이튿날 아침에 선비가 일어나 보니, 마당에 웬 쌀가마니가 덩그렇게 놓여 있네. 어찌 된 일인지 대강 짐작은 했지마는, 짐짓 하늘을 올려다보고 또 혼잣소리를 했지.

"하느님, 참 고맙습니다. 우리 식구 굶어 죽지 말라고 곡식을 내려주셨군요. 내 이다음에 이자까지 붙여서 꼭 갚겠습니다."

이러고 나서, 또 목소리를 바꾸어 호령을 하는 거야.

"그것으로 우선 식구들 허기나 면케 하여라. 그리고 다음부터는 선비네 뭐네 하면서 방에 죽치고 앉아 글만 읽을 게 아니라 일을 해야 하느니라."

굳은일 험한 일 가리지 말고 부지런히 일해서 식구들 굶기지 말렷다."

또 목소리를 바꾸어 대답을 하지.

"여부가 있겠습니까."

그 쌀로 밥을 해서 온 식구가 배불리 먹고, 그다음부터는 참말로 굳은일 험한 일 안 가리고 부지런히 일을 했다네. 남의 땅 빌려 농사도 짓고 밑천 장만해서 장사도 하고. 그래서 이듬해에는 쌀 한 가마니에 이자까지 붙여 두 가마니를 논 임자네 집에 갖다 줬대. 아무렴 밤에 몰래 그 집 마당에 갖다 놨지.

선비네는 그 뒤로 점점 살림이 불어서, 나중에는 아주 큰 부자가 돼서 잘 살았더란다.

두 냥도 마저 내놓으시오

 옛날 옛적에 한 나무꾼이 살았어. 이 사람은 날마다 나무를 한 짐씩 해서 장에 내다 팔아 먹고살았지.
 하루는 장에 가서 나무를 팔아 가지고 돈을 두 냥 벌었어. 그 돈 두 냥을 가지고 집에 돌아오다 보니, 길에 웬 주머니가 하나 떨어져 있거든. 주머니를 주워서 열어 보니, 아 글쎄 그 안에 돈이 자그마치 스무 냥이나 들어 있지 뭐야.
 '아이쿠, 큰돈이군. 이 돈을 잃어버린 사람은 얼마나 애가 탈까.'
 나무꾼은 돈 임자가 틀림없이 주머니를 찾으러 다시 올 것이라 생각하고 그 자리에 서서 기다리고 있었어. 기다리는 동안에 나무 팔아 번 제 돈 두 냥도 그 주머니에 같이 넣어 놨어. 그러니까 주머니에는 모두 스물두 냥이 들어 있는 셈이지. 주운 돈 스무 냥과 제 돈 두 냥, 이렇게 해서 말이야.
 아니나 다를까, 조금 뒤에 웬 젊은이가 헐레벌떡 달려오더니 두리번두리번하면서 뭘 찾더래. 그래서 물어봤지.
 "여보시오, 젊은이. 무얼 그리 찾소?"
 "여기서 돈주머니를 잃어버렸다오."
 "혹시 이 주머니가 아니오?"
 나무꾼은 제가 주운 주머니를 보여 줬지. 그랬더니 젊은이는 반색을 하면서 제 것이라고 그러더래. 나무꾼은 주머니 안에서 제 돈 두 냥을 꺼내고 스무 냥을 돌려 줬지. 그래야 할 것 아니야?

아, 그런데 돈 임자 하는 짓 좀 보게. 돈을 찾아 줘서 고맙다 하기는커녕 오히려 돈이 모자란다고 생떼를 쓰네.

"내가 아까 잃어버린 돈은 스물두 냥인데, 왜 이 주머니 안에는 돈이 스무 냥밖에 없는 거요?"

나무꾼이 들어 보니 참 기가 막히거든. 이건 물에 빠진 사람 건져 줬더니 보따리 내놓으라는 것보다 더하지 뭐야. 주머니 안에는 틀림없이 돈이 스무 냥만 들어 있었다고 아무리 하소연을 해도 막무가내야.

"어서 그 돈 두 냥도 마저 내놓으시오."

"이건 나무 팔아 번 내 돈이오. 아무리 욕심이 나기로서니 남의 돈을 탐내는 법이 어디 있소?"

이렇게 옥신각신하다가 원님에게 가서 재판을 받기로 했어. 그 고을 원님은 전부터 재판을 잘 하기로 소문이 난 사람이거든.

원님한테 가서 앞뒤 이야기를 다 하고 판결을 해 달라고 했더니, 원님이 양쪽 이야기를 다 들어 보고 나서 돈 임자에게 다시 묻더래.

"자네가 잃어버린 주머니에는 돈이 몇 냥 들어 있었다고?"

"스물두 냥입니다."

"틀림없이 스물두 냥이 든 주머니를 잃어버렸단 말이지?"

"예, 그렇습니다."

또 나무꾼보고도 다시 묻더래.

"그대가 주운 주머니에는 돈이 몇 냥 들어 있었다고?"

"스무 냥 들어 있었습니다."

"틀림없이 스무 냥이 든 주머니를 주웠군?"

"예, 그렇습니다."

그제서야 원님이 무릎을 탁 치면서 판결을 하는데, 그게 이렇더래. 먼저 돈 임자보고,

"그렇다면 저 사람이 주운 주머니는 자네 것이 아닌가 보군. 돈이 스무 냥밖에 안 들어 있었으니까 말이야. 자네는 딴 데 가서 자네 주머니를 찾아 보게나."

하고 나서, 이번에는 나무꾼보고,

"그대가 주운 주머니는 임자가 없는 것 같으니, 가져가서 살림에 보태 쓰도록 하라."

하더래.

거 참 멋진 판결이지 뭐야.

피리 부는 눈 먼 아이

 옛날 옛적 어느 곳에 한 집이 있었는데, 이 집에는 세 식구가 살았어. 아버지, 어머니, 아들, 이렇게 세 식구야. 아버지는 나라에 높은 벼슬하고, 어머니는 집안 잘 다스리고, 아들은 글공부 잘 해서 남의 칭찬이 짜했어. 살림도 그럭저럭 넉넉해서 남부러울 것 하나 없었지.
 그런데 좋은 일에는 마가 낀다고, 어머니가 갑자기 시름시름 앓다가 그만 덜컥 세상을 떠나 버렸네. 그래서 계모가 새로 들어왔어.
 계모는 의붓아들을 눈엣가시로 여겨 틈만 나면 쫓아낼 궁리만 했지. 그런데 참 일이 꼬이려고 그러는지 탈이 나려고 그러는지, 아버지가 그만 무슨 일로 나라에 죄를 짓고 먼 데 귀양을 가게 됐어.
 아버지가 없으니까 계모는 이제 제 세상이지 뭐. 의붓아들을 구박하다 못해 집에서 내쫓았어. 그런데 아들은 쫓겨나도 갈 데가 없으니까 동네를 빙빙 돌다가 도로 집으로 들어갔어. 계모는 화가 나서 또 쫓아냈지. 그런데 아들은 또 동네를 빙빙 돌다가 집으로 들어갔어. 쫓아내면 빙빙 돌다가 들어가고, 쫓아내면 빙빙 돌다가 들어가고, 이러니 계모는 그만 화가 머리끝까지 났지. 저걸 어떻게 없애 버릴꼬 궁리하다가, 하루는 거짓말을 꾸며서 의붓아들을 슬슬 꾀었어.
 "얘야, 너희 아버지한테서 편지가 왔는데, 귀양살이가 힘들어서 큰 병이 났단다. 그 병에는 다른 약이 없고 너만 한 아이 눈을 먹어야 낫는다니 이를 어쩌면 좋으냐?"

아들은 이 말을 곧이듣고, 그 자리에서 제 왼쪽 눈을 빼 계모를 줬어.

"어서 이 눈을 아버지한테 보내세요."

계모는 그 눈을 받아서 무명 헝겊에 싸 가지고, 어디론가 보내는 척하고서는 슬그머니 상자 안에 넣어 놨어.

며칠 있다가 계모는 또 의붓아들한테 거짓말을 슬슬 늘어놨지.

"얘야, 너희 아버지한테서 편지가 왔는데, 눈 하나를 먹고 병이 많이 나았단다. 하나를 더 먹으면 말끔히 낫겠다 하니 이를 어쩌면 좋으냐?"

이번에도 아들은 이 말을 곧이듣고, 당장 남은 오른쪽 눈마저 빼 가지고 계모를 줬어.

"어서 이 눈을 아버지한테 보내세요."

계모는 그 눈도 받아서 무명 헝겊에 싸 가지고, 어디론가 보내는 척하고서는 슬그머니 상자 안에 넣어 놨지.

그러고 나서 계모는 눈 먼 의붓아들을 데리고 강가로 가서, 물속에 아들을 밀어넣어 버렸어. 아들은 속절없이 물에 빠졌지. 물에 빠져 허우적거리다가 간신히 나뭇가지 하나를 붙잡았어. 그런데 뭐 대관절 앞이 보여야 밖으로 나가든지 하지, 아무것도 안 보이니까 그냥 물에 휩쓸려 떠내려가는 판이야.

얼마만큼 떠내려갔을까, 나뭇가지가 강가 바위턱에 걸리는 바람에 어찌어찌 용을 써서 땅으로 기어 올라갔어. 마침 그곳이 대나무 숲이었거든. 댓잎이 볕도 가리고 비도 막아 주고 하니까, 아이가 딴 데 안 가고 며칠 동안 거기서 살았어. 살면서 대나무 대롱으로 피리를 만들어 불었지. 삘릴리삘릴리 불어 보니, 그동안 쌓인 설움이 한꺼번에 복받쳐 오르거든. 그걸 다 피리 소리에 실어 불었어. 그러니 그 소리가 얼마나 구슬프겠어? 지나가는 사람이 듣고 다 눈물을 흘릴 만큼이었지.

이게 소문이 났어. 어느 곳에 가면 눈 먼 아이가 피리를 잘 분다는 소문이 짜하게 퍼진 거지. 그래서 날이면 날마다 사람들이 구름처럼 대나무 숲으로 모여들었어. 피리 소리를 들으려고 말이야. 피리 소리를 듣고서는 저마다 밥도 주고 옷도 주고, 이렇게 해서 아이는 굶어 죽지도 않고 얼어 죽지도 않고 용케 살아남았어.

그런데 마침 이 아이 아버지가 귀양살이를 마치고 집으로 돌아가는 길에 이 소문을 들었어. 대체 어떤 아이가 얼마나 피리를 잘 불기에 그러나 하고 대숲을 찾아갔지. 가서 딱 보니까, 그게 다른 사람이 아니라 바로 자기 아들이란 말이야.

"아니, 네가 아무개 아니냐?"

아들도 목소리를 듣고 바로 아버지인 줄 알았지. 둘이 얼싸안고 이런 이야기 저런 이야기 해 보니, 이게 다 계모가 꾸며 낸 거짓말 때문에 생긴 일이거든. 당장 집으로 돌아가서, 아이는 문밖에 서 있고 아버지 혼자 안에 들어갔어.

아버지가 계모한테 물었지.

"아이는 왜 집에 없소?"

"아이고, 말 마시오. 나 보기 싫다고 집을 나갔소."

"제 발로 나갔단 말이오?"

"그래요. 찾아서 데려다 놓으면 또 나가고, 찾아서 데려다 놓으면 또 나가고, 이러지 뭐요? 이제는 힘이 빠져 더 찾지도 못하겠소."

아버지가 어이가 없어 한숨만 쉬다가 방구석을 보니 못 보던 나무 상자가 하나 있거든.

"저 상자에는 뭐가 들었소?"

"아이가 들어오면 달여 먹이려고 산삼 녹용 넣어 놨지요."

달려들어 덜컥 열어 보니 눈 두 개가 무명 헝겊에 싸여 있는 거야. 그런데 눈이 하나도 상하지도 않고 변하지도 않고 그대로 있더래. 아들을 불러 하나씩 눈 있던 자리에 넣었더니, 두 눈이 다 제자리에 들어가 옛날처럼 환하게 잘 보이더래.

아버지는 계모를 멀리멀리 귀양 보냈는데, 어디로 보냈는고 하니 삼천 리 떨어진 남해 바다 섬에 보냈어. 그 섬에는 말이야, 사람은 아무도 안 살고 구렁이만 산대.

그러고 나서 아버지와 아들은 오래오래 병도 없고 탈도 없이 잘 살았더래.

돌미륵과 장기 두고 장가간 노총각

 옛날에 갓날에 한 총각이 살았어. 가난해서 나이가 마흔이 넘도록 장가도 못 가고, 날마다 산에 가서 나무나 해다 팔아서 먹고살았지.
 하루는 이 총각이 나무를 하러 산에 갔는데, 어느 곳에 가니까 수풀이 자욱하게 우거진 곳에 돌미륵이 하나 있더래. 워낙 깊은 산중이어서 찾는 사람도 없었나 봐. 그냥 돌미륵에 이끼가 잔뜩 끼고, 풀이 여기저기 나고, 떨어진 나뭇잎이 수북하게 쌓여 있는 거야.
 '아이쿠, 미륵님이 이렇게 험하게 계셔서야 쓰나.'
하고, 이 총각이 정성들여 청소를 했어. 이끼도 다 씻어 내고 풀도 뽑고 나뭇잎도 쓸어 내서 아주 말끔하게 해 놨단 말이지. 그래 놓고, 그다음부터는 나무를 하러 산에 가면 장기판을 하나 들고 갔어. 가서 돌미륵 앞에다 장기를 떡 하니 벌여 놓고,
 "미륵님, 심심하실 텐데 저하고 장기나 한 판 두시지요."
하고서 장기를 두는 거야. 저 혼자서 둘이 두는 것처럼, 한 번은 제 것을 두고 한 번은 미륵님 것을 두고, 이렇게 하는 거지. 그러다 보면 제가 이길 때도 있고, 미륵님이 이길 때도 있고, 이랬어.
 하루는 이 총각이 미륵님 앞에 장기를 벌여 놓고서,
 "미륵님, 오늘은 그냥 둘 것이 아니라 내기를 하십시다. 만약에 미륵님이

이기시면 제가 떡을 한 말 해다가 제를 올려 드릴 터이니, 만약에 제가 이기거든 저를 장가 좀 보내 주십시오."

하고는, 장기를 뒀어. 뭐 자기 차례라고 더 잘 두는 법도 없이, 미륵님 차례에도 공을 들여서 아주 정직하게 뒀지. 그렇게 두다 보니까, 공평하게 됐는데도 끝에 가서는 자기가 덜컥 이겨 버렸단 말씀이야.

"미륵님, 이 판은 제가 이겼으니 저를 장가보내 주시는 걸로 알고 그만 가겠습니다."

하고 집에 갔지. 가서 그날 밤에 잠을 자는데, 아 꿈속에 미륵님이 떡 나타나네. 미륵님 하는 말이,

"내가 장기를 둬서 졌으니 약속대로 너를 장가보내 주겠다. 지금 당장 일어나서 동쪽 길로 가거라. 가다 보면 너를 기다리는 색시가 있을 테니 장가를 들도록 해라."

이러거든. 탁 깨 보니 꿈이야.

총각은 당장 일어나서 동쪽 길로 갔지. 한참 가다 보니 길가 나무 밑에 웬 색시가 보따리를 안고 서 있지 뭐야.

"웬 색시가 이 밤중에 여기 서 있소?"

물으니까,

"꿈속에 미륵님이 나타나서 이리로 가 보라고 해서 왔습니다."

이런단 말이야.

"아, 나도 꿈속에 미륵님이 나타나서 이리로 가 보라고 해서 왔소이다."

하고서, 뭐 더 재고 자시고 할 게 있나? 그 자리에서 그냥 찬물 한 그릇 떠다 놓고 혼인을 했지. 그래서 참 재미나게 잘 살았어.

그런데 그 뒤로 이게 소문이 나 가지고 아주 난리가 났어. 무슨 난리냐고? 아, 장가 못 간 노총각들이 떼거리로 몰려와서 돌미륵하고 장기를 두자고

줄을 섰으니 난리는 난리지.

  그 노총각들이 다 장가를 갔느냐고? 아니, 못 갔어. 왜냐고? 장기 둘 때 제 차례에는 잘 두고 미륵님 차례에는 대강 두고, 이러니까 미륵님이 괘씸해서 장가를 안 보내 줬대.

흰소리 잘하는 젖머슴

옛날 어느 마을 부잣집에 머슴이 있었어. 머슴이라야 나이 여남은 살 먹은 아이인데, 옛날에는 그런 머슴을 젖머슴이라고 했거든. 일 잘 하고 힘 잘 쓰고 나이깨나 먹은 머슴은 큰머슴, 땔나무나 하고 꼴이나 베는 머슴은 꼴머슴, 바쁠 때 한 달 두 달 잠깐 와서 일 거드는 머슴은 달머슴, 일은 잘 못하면서 설레발만 치고 도는 머슴은 선머슴, 이렇게 머슴도 가지가지였지.

이 머슴 아이가 나이는 어려도 주변 좋고 넉살 좋아 의뭉스럽기로 말하면 어른 뺨칠 만했어. 동네 사람들이 이 애만 만나면 저 의뭉쟁이 봐라, 저 아이 난봉꾼 봐라 하고 아주 호들갑이 늘어졌지.

하루는 주인 영감이 집 안을 어슬렁거리다가 마당 쓰는 머슴 아이하고 딱 마주쳤어. 안 그래도 심심하던 차에 아이 얼굴을 보니 장난기가 돌아서 슬슬 수작을 걸었지.

"얘, 너 거짓말 한마디 해 보아라."

"아이, 나 거짓말할 줄 몰라요."

"왜 몰라. 너 흰소리 잘한다고 소문이 났던걸."

"그거 헛소문이에요. 나 거짓말 못 해요."

"네 이놈, 상전이 하라면 할 것이지 뭔 말이 그리 많아?"

"아이참, 지금 바쁜데 왜 이러세요?"

"쪼그만 녀석이 바쁘긴 뭐가 바빠?"

"아, 얼른 마당 다 쓸어 놓고 뒷산에 꿀 뜨러 가야 한단 말이에요."

주인 영감이 가만히 들어 보니 귀가 솔깃해진단 말이야. 뒷산에 꿀 뜨러 간다니, 산꿀이 그게 좀 좋아.

"뒷산에 꿀 뜨러 간다고? 얘, 그 꿀 뜨러 나도 가면 안 되겠니?"

"그러세요. 나 마당 다 쓸 동안에 꿀 담을 항아리나 찾아 두세요."

"오냐, 그러마."

이렇게 해서 둘이 뒷산에 꿀을 뜨러 가게 됐어. 머슴이 앞서고 주인이 뒤따라가는데, 멀쩡한 길을 두고 험한 데로만 가네. 벼랑도 타고 바위도 기어 오르고, 이러니 따라갈 수가 있나. 기를 쓰고 산꼭대기에 올라 보니 그새 머슴이 온데간데없어. 아, 이놈이 저 혼자 꿀 뜨러 갔나 하고 이리저리 찾아다녔지.

그런데 그새 머슴은 잽싸게 산을 내려와 집으로 갔어. 가서는 방아 찧는 주인 할멈을 보고 다짜고짜 고함을 질러 댔지.

"안방마님, 안방마님. 큰일났어요."

"왜 그러느냐?"

"아 글쎄, 영감마님이 뒷산에 꿀 뜨러 갔다가 벌에 쏘여서 지금 숨이 오락가락하고 있어요."

"뭐라고? 이것 큰일났구나. 어서 가 보자."

온 식구를 불러모아 뒷산으로 줄레줄레 올라간다. 이때 머슴은 얼른 지름길로 올라가 주인 영감을 찾았지.

"영감님, 영감님. 큰일났어요."

"네 이놈, 어디 갔다가 이제 나타나느냐? 설마 너 혼자 맛있는 꿀을 다 떠 간 건 아니겠지?"

"그게 아니라, 아까 꿀 뜨러 가다가 보니 마을에서 '불이야, 불이야!' 하지 뭐예요? 얼른 내려가 봤더니, 바로 영감마님 댁에 불이 나서 지금 기둥만 남고 다 타 버렸어요."

"뭐라고? 이것 큰일났구나. 어서 가 보자."

주인 영감은 허겁지겁 산에서 내려가고, 주인 할멈과 식구들은 허둥지둥 산으로 올라가고, 그러다가 중간에서 딱 마주쳤지.

"아 영감, 벌에 쏘여 숨이 오락가락한다더니 이게 어찌 된 일이오?"

"아 할멈, 집에 불이 나서 기둥만 남고 다 타 버렸다더니 그게 참말이오?"

가만히 보니 이게 다 머슴 아이 장난이지 뭐야. 그런데 이걸 뭐 야단치려니 야단을 칠 수 있어, 혼내려니 혼을 내 줄 수 있어? 자기 입으로 거짓말 한 번 해 보라고 그렇게 성화를 대 놓고 이제 와서 무슨 말을 해? 그냥 허허 웃고 말았지.

도깨비 임금이 된 나무꾼

옛날 어느 곳에 가난한 나무꾼이 살았는데, 하루는 나무를 한 짐 해서 짊어지고 장에 팔러 갔지. 그런데 그날따라 흥정이 안 돼서 나무 한 단도 못 팔고 날이 저물어 그냥 집으로 돌아오게 됐어.

터덜터덜 가다가 산모퉁이를 딱 도니까, 뭐 시커먼 것이 나타나서 앞을 턱 가로막더래. 이키, 이게 뭔가 하고 보니 키가 서 발 장대만 한 것이 우뚝하게 버티고 서 있거든.

"너는 무엇인데 남이 가는 길을 막고 섰느냐?"

했더니, 그 시커먼 것이 대꾸하기를,

"나는 김서방이다. 씨름 한 판 하려고 그런다."

이런단 말이야. 뭔가 했더니 그게 도깨비야. 도깨비라고 하는 것이 본디 저더러 누구냐고 물으면 김서방이라고 하고, 사람을 만나면 씨름하자고 그런다거든. 그때 씨름을 안 하고 도망가면 끝까지 쫓아와서 귀찮게 한다지.

에라 모르겠다 하고 이 사람이 도깨비하고 씨름을 했어. 그런데 뭐 해 볼 것도 없이 금방 져 버렸네. 한 판 더 하자 해서 했는데, 이번에도 금방 져 버렸어. 또 한 판 더 해서 또 져 버렸지. 이렇게 내리 세 판을 지고 보니 은근히 오기가 생긴단 말이야.

"딱 한 판만 더 하자."

하고, 씨름 한 판을 더 했어. 그런데 이 사람이 이번에는 오른편이 아니라 왼편으로 힘을 써 봤네. 왼쪽으로 당기면서 왼다리를 탁 걸었지. 그랬더니 도깨비가 썩은 나뭇등걸 쓰러지듯이 털썩 쓰러지지 뭐야. 본디 도깨비하고 씨름할 때는 왼다리를 걸면 이긴다는 말이 있거든.

 이렇게 해서 도깨비를 이겨 놓으니까, 아 이놈이 넙죽 엎드려 절을 해. 그러더니 품속에서 두툼한 책 한 권을 꺼내어 바치는 거야.

 그 책을 받아서 첫 장을 턱 넘기니까,

 "예 예, 왔습니다."

하면서 어디선가 도깨비 한 놈이 썩 나타나서 넙죽 절을 하네.

 둘째 장을 턱 넘기니까,

 "예 예, 왔습니다."

하면서 또 도깨비 한 놈이 썩 나타났어. 셋째 장을 넘기니까,

 "예 예, 왔습니다."

하면서 또 도깨비 한 놈이 썩 나타나서 넙죽 절을 해. 이렇게 해서 마지막 장을 넘길 때까지 도깨비가 셀 수도 없이 많이 나왔어. 뭐 길바닥에 온통 새까맣게 널렸지.

 그중 한 놈이 번쩍번쩍하는 금 모자를 들고 와서 이 사람 머리에 턱 씌워 주더니,

 "임금님, 오늘은 서울 구경 갑시다."

하고는, 여럿이 달려들어 나무꾼을 그냥 떠메고 가는 거야.

 그런데 땅으로 걸어가는 것이 아니라 공중으로 올라가서 둥둥 떠 날아가네. 나무꾼은 영문도 모르고 도깨비들한테 떠메여서 서울로 갔어. 하늘로 둥둥 떠서 눈 깜짝할 새에 서울까지 갔지.

 가서 여기저기 구경을 잘 했어. 구경을 다 하고 나니까 도로 떠메고 와서

처음 자리에 데려다 주더라네.

　다음 날에도 나무꾼이 장에 나무를 팔러 갔다가, 다 팔고 집으로 돌아오는 길에 또 도깨비를 만났어. 산모퉁이를 딱 도니까 도깨비가 나타나서 씨름을 하자 그러네. 또 왼다리를 걸어서 이겼지. 그랬더니 책을 주고, 책장을 넘기니까 도깨비들이 떼거리로 몰려나와, 번쩍번쩍하는 금 모자를 머리에 턱 씌워 주고는,

　"임금님, 오늘은 평양 구경 갑시다."

하고 달려들어 떠메고 가는 거야. 공중으로 훨훨 날아서 평양에 데려다 줘. 그래서 구경 잘 했지.

　그다음 날에도 도깨비를 만나서 씨름을 했어. 왼다리를 걸어서 이기니까 책을 주고, 책장을 넘기니까 도깨비들이 떼거리로 몰려나와서,

　"임금님, 오늘은 금강산 구경 갑시다."

하고 달려들어 떠메고 가는 거야. 공중으로 훨훨 날아서 금강산에 데려다 줘. 그래서 구경 잘 했지.

　나무꾼은 팔자에 없는 도깨비 임금이 돼서, 날마다 도깨비들한테 떠메여 이곳저곳 구경 다니면서 지냈단다. 백두산 구경, 한라산 구경, 동해 바다 서해 바다 구경에다가 조선 팔도 장 구경까지 안 해 본 구경이 없었더래. 죽을 때까지 그렇게 구경 다니면서 지냈다네.

　이게 다 참말이냐고? 글쎄, 나도 모르겠는걸.

세 가지 보물

 옛날 옛적 갓날 갓적 닥나무에 닭 열리고 밤나무에 밥 열릴 적에, 어떤 아버지가 아들 형제를 두고 죽었더란다. 그러니까 형제가 아버지 재산을 나누게 되었는데, 형은 욕심이 많아서 이것도 내 것 저것도 내 것 하고 좋은 건 자기가 다 차지해 버렸지. 아우는 겨우 형이 차지하고 남은 것만 갖게 됐어. 그런데 아우는 마음씨가 착해서 조금 가진 것마저 불쌍한 사람들한테 다 나누어 주고 한 푼도 없는 빈털터리가 돼 버렸네.
 그렇게 되니까 형이 아우를 보고,
 "너는 아버지가 물려준 재산도 못 지키고 그게 무슨 꼴이냐? 남 보기 부끄러우니 당장 나가거라."
하고 마을에서 내쫓아 버렸어. 아우는 빈손으로 쫓겨나 그저 발길 닿는 대로 돌아다녔지.
 그렇게 돌아다니다가 하루는 길에서 웬 스님을 만났어. 늙은 스님이 누덕누덕 기운 옷을 입고 무거운 바랑을 끙끙거리며 메고 가는데, 그걸 보니 참 안됐거든.
 "스님, 스님. 그 바랑을 벗어 주시면 제가 메고 가겠습니다."
 아우는 바랑을 자기가 대신 짊어지고 스님을 따라갔어. 가다가 보니 깊은 산골에 다 쓰러져 가는 절이 하나 있는데, 스님이 그리로 들어가더래. 아우도 따라 들어갔지.

아우는 그날부터 아예 절에 눌러살면서 스님 뒷바라지를 했어. 밥도 하고 빨래도 하고 나무도 하고 심부름도 하면서 스님을 잘 모셨지. 그렇게 한 삼 년이 지나니까, 하루는 스님이 아우를 불러 놓고 물건 세 가지를 주더래.

"그동안 애 많이 썼다. 내 그 보답으로 선물을 줄 테니 가지고 가거라."

선물이 뭔고 하니 방석하고 보자기하고 젓가락이야. 아우는 세 가지 물건을 받아들고 절을 나와 고향 마을로 돌아갔어.

몇 날 며칠을 걸어서 고향 마을에 다 왔어. 그런데 오랫동안 걸어서 다리가 몹시 아프거든. 아우는 잠깐 앉아서 쉬려고 스님이 준 방석을 길가에 턱 폈어. 그랬더니 아니 이게 웬일이야? 방석이 스르르 변하더니 고래등 같은 기와집이 되지 뭐야?

'이것 참 신기하구나.'

그래 이번에는 보자기를 펴서 슬슬 흔들어 봤어. 그랬더니 보자기에서 갖가지 고운 옷이 꾸역꾸역 나오는 거야.

이번에는 젓가락을 쥐고 탁탁 두드려 봤지. 그랬더니 온갖 맛있는 음식이 줄줄이 나와서 떡 하니 상이 차려지더래.

이 세 가지 보물 덕분에 아우는 금방 부자로 잘 살게 됐어. 고래등 같은 기와집이 있겠다, 보자기만 펴고 흔들면 언제든지 고운 옷이 쏟아져 나오겠다, 젓가락만 쥐고 두드리면 언제든지 맛있는 음식이 가득 차려지니 무슨 걱정이야?

그런데 형이 이걸 보고 샘이 많이 났어. 빈털터리로 쫓겨난 아우가 돌아와서 저보다 훨씬 더 큰 부자로 살고 있으니 배가 아픈 거지. 그래서 저도 아우 흉내를 내느라고, 재산을 모두 팔아치우고 집을 나섰어. 그런데 욕심이 많아서 재산 판 돈을 불쌍한 사람들한테 나눠 주지는 않고 그걸 항아리에 넣어서 땅속에 묻어 놓고 나갔지.

　형은 몇 날 며칠이 걸려 아우가 스님과 함께 살았다는 산골 절을 찾아갔어. 그런데 가 보니 절은 쑥대밭이 되어 있고 스님은 간 곳이 없더래.

　할 수 없이 고향 마을로 돌아와 보니, 그새 땅에 묻어 놓은 돈을 도둑이 몽땅 훔쳐 가 버렸더라나. 이래서 형은 거지 꼴이 돼 버렸어. 다행히 아우네가 부자로 잘사는 덕분에 거기에 얹혀서 밥은 안 굶고 살았다지.

근심 걱정 없는 노인

옛날 옛적 어느 곳에 한 노인이 살았는데, 이 사람은 한평생 아무 근심도 걱정도 없이 살았어. 어려서는 좋은 부모 밑에서 반듯하게 잘 자랐고, 어른이 되어서는 아들딸 여럿 낳아 모두 병 없고 탈 없이 잘 키웠고, 늙어서는 효성 지극한 아들 며느리 거느리고 천석꾼 부자로 사니까 근심 걱정이 있을 게 뭐야? 그래서 이 노인은 입만 열었다 하면,

"나는 아무 근심 걱정 없는 사람이야. 나처럼 복 많은 사람은 이 세상에 없을걸."

하며 자랑하고 다녔어. 그래서 다른 사람들도 모두 이 노인을 가리켜 '근심 걱정 없는 사람'이라고 했지. '근심 걱정 없는 사람'이 아주 이름이 돼 버린 거야.

이때 대궐에 사는 임금이 그 소문을 들었어.

"아니, 근심 걱정 없는 사람이 있단 말이지? 한 나라의 임금이라는 나도 근심 걱정에 싸여 지내는데, 세상에 근심 걱정 없이 사는 사람이 있다니 신기하군. 내가 한번 만나 봐야겠다."

당장 신하들을 보내 그 노인을 대궐로 불러들였지. 노인은 영문도 모르고 임금 앞에 불려 갔어.

"듣자니 그대는 아무 근심 걱정 없이 산다는데 그게 정말인가?"

"예, 그러합니다."

"어째서 그럴 수 있는 거지?"

"작은 근심 걱정이 아주 없었던 것은 아니나, 금방 풀어지고 풀어지고 해서 하루를 넘긴 적이 없습니다."

임금이 가만히 생각해 보니, 정말 그렇다면 참 복 많은 사람이겠거든. 정말로 그런가 어디 한번 시험을 해 봐야겠다, 이런 생각이 들었어. 궁리 끝에 노인에게 구슬을 하나 주고 나서 단단히 일렀지.

"이 구슬은 세상에 둘도 없는 진귀한 구슬일세. 이것을 줄 터이니 간수를 잘 해야 할 게야. 언제든지 내가 부르면 도로 가져와야 할 테니 말일세. 만일 잃어버리는 날에는 큰 벌을 받을 것이야."

그래 놓고, 노인이 떠난 뒤에 신하 한 사람을 불러서 은근히 일렀어.

"너는 당장 저 노인 뒤를 몰래 따라가거라. 가다가 틈을 봐서 구슬을 훔쳐내어 물속에 던져 버려라."

그런 다음에 구슬을 가져오라고 할 참이야. 구슬을 잃어버리면 틀림없이 근심 걱정에 싸일 거고, 도로 찾지 못한 다음에야 근심 걱정이 사라질 리도 없잖아. 그렇게 한번 시험을 해 보자는 속셈이었어.

신하가 임금의 명을 받고 몰래 노인 뒤를 따라갔지. 노인이 배를 타고 강을 건너기에 신하도 같은 배에 탔어. 그리고 배가 강 한복판에 이르렀을 때 노인 몰래 구슬을 훔쳐 내서 강물 속에 던져 버렸지. 그러고는 배가 나루에 닿자마자 날쌔게 도망가 버렸어.

노인은 아무것도 모른 채 집으로 돌아왔지. 돌아와 있으니 금세 임금한테서 기별이 오는 거야. 사흘 뒤에 구슬을 가지고 대궐로 오라는 거지. 노인은 부랴부랴 구슬을 찾았어. 그런데 이미 훔쳐서 강물에 던져 버린 구슬이 있을 리 있나. 아무리 찾아도 없거든.

'아이쿠, 인제는 큰일났다.'

이제는 정말 근심 걱정을 피할 수 없게 된 거야. 만일 구슬을 잃어버리는 날에는 큰 벌을 받을 거라고 했는데, 진짜로 잃어버렸으니 걱정이 안 될 수 있어? 하릴없이 이불을 뒤집어쓰고 누워서 끙끙 앓았지.

아들이 그걸 보고는 저 혼자 이렇게 생각을 했어.

'우리 아버지가 늙어서 기운이 다 빠지셨나 보다. 저렇게 누워서 끙끙 앓는 걸 보니.'

어떻게 해 드리면 될까 궁리하다가 좋은 생각이 났어.

'옳지, 잉어를 잡아다가 고아 드리면 아버지가 드시고 기운을 차릴지도 몰라.'

이렇게 생각하고 잉어를 잡으러 강에 갔어. 그리고 낚시질을 해서 마침 커다란 잉어 한 마리를 잡았지. 옳다구나 하고 잉어를 집에 가지고 와서 배를 갈랐더니, 아 글쎄 잉어 뱃속에서 구슬이 하나 나오지 뭐야. 구슬이 웬 구슬이냐고? 아버지가 잃어버린 바로 그 구슬이지. 아마 강물에 던진 구슬을 그 잉어가 삼켰던가 봐.

"아버지, 잉어 뱃속에서 구슬이 하나 나왔어요."

"아이쿠 애야, 그게 바로 내가 잃어버린 구슬이다."

이렇게 해서 잃었던 구슬을 되찾으니 걱정도 말끔히 사라졌지. 노인은 잠깐 동안 근심 걱정에 싸였지만, 하루가 못 가서 다 풀어진 셈이잖아. 다시 '근심 걱정 없는 사람'이 된 셈이지.

사흘 뒤에 노인은 임금 앞에 불려 갔어. 임금이 생각하기를, 노인이 구슬을 잃어버리고 틀림없이 근심 걱정에 싸여 나타나겠지 했단 말이야.

그런데 웬걸, 싱글벙글 웃으면서 나타나 구슬을 턱 내놓거든. 임금이 깜짝 놀라 어찌 된 영문인지 물어봤어. 그리고 앞뒤 사정을 다 들어 보고는 무릎을 치며 탄복을 했지.

"과연 그대는 근심 걱정 없는 사람이로군. 정말로 복 많은 사람이야."

그 뒤로도 이 노인은 아무런 근심 걱정 없이 오래오래 편안하게 잘 살았더란다.

단 방귀와 단 똥

옛날 옛적 어느 곳에 형과 아우가 살았어. 그래, 짐작한 대로 형은 욕심쟁이이고 아우는 착했지.

하루는 형이 아우한테 나무를 해 오라고 시켜서, 아우는 지게를 지고 산에 갔어. 산에 가서 한창 나무를 하다가 보니, 저만치 바위틈에 뭔가 졸졸 흘러내리는 게 보이더래. 뭔가 하고 가까이 가 봤지. 가 보니 노랗고 끈적끈적한 것이 졸졸 흘러내리는데, 손가락에 딱 찍어서 맛을 보니 아주 달아. 그게 죄다 꿀이야. 아우는 마침 배도 고프던 참이라 꿀을 맛나게 먹었지. 아주 실컷 먹었어.

그러고 나서 방귀를 뀌니까 아주 단 냄새가 솔솔 나거든. 단 꿀을 많이 먹어서 그런 모양이야. 아우는 아주 신이 났어.

'야, 이거 아주 수가 났다.'

하고, 그길로 산을 내려와서 동네방네 다니면서 소리쳤어.

"단 방귀 사시오. 단 방귀 사시오."

이러면서 돌아다녔지. 돌아다니다가 고을 원님이 있는 동헌 앞에까지 갔어. 거기서 또 소리를 질렀지.

"단 방귀 사시오. 단 방귀 사시오."

원님이 들어 보니 누가 단 방귀를 사라고 그런단 말이야. 당장 사령들한테 방귀장수를 불러오라고 일렀어. 그래서 아우는 원님 앞에 불려 갔지.

"네가 단 방귀를 판다는 것이 참말이냐?"

"예, 그렇습니다."

"어디 한번 뀌어 보아라."

아우가 방귀를 한 방 뀌니까 단 냄새가 솔솔 나거든. 원님이 냄새를 맡아 보니 아주 좋단 말이야.

"한 번 더 뀌어 보아라."

아우가 방귀를 또 한 방 뀌니까 또 단 냄새가 솔솔 나지. 원님은 재미가 나서 자꾸자꾸 뀌어 보라고 하고, 아우는 신이 나서 자꾸자꾸 뀌었어. 그러다 보니 온 동헌 마루가 단 냄새로 꽉 찼지. 원님은 좋아라 하며 아우에게 단 방귓값으로 돈을 많이 줬어. 그걸 받아 가지고 아우는 부자가 됐어.

형이 그 소문을 듣고 아우를 찾아왔어. 그다음에 어떻게 되는지 다 안다고? 응, 그래도 들어 봐. 형이 와서 어쩌다 부자가 됐느냐고 물어서, 아우는 사실대로 다 말해 줬지. 산에 가면 바위틈에서 꿀이 많이 나오는데, 그걸 먹으면 단 방귀가 나온다고 말이야.

형은 그길로 당장 산에 올라가 꿀이 흘러내리는 바위를 찾았어. 그리고 꿀을 실컷 먹었지. 아주 배가 터지도록 먹었어. 그러고는 이 욕심쟁이가 자기 밑구멍을 돌로 꽉 틀어막았어. 방귀를 참았다가 한꺼번에 많이 뀌어서 돈을 많이 벌려고 말이야.

그렇게 해 가지고 형은 원님이 있는 동헌 앞에 가서 소리쳤어.

"단 방귀 사려. 단 방귀 사려."

원님이 그 소리를 듣고 형을 동헌에 불러들였지.

"너도 단 방귀를 판단 말이지?"

"예, 그렇습니다."

"어디 한번 뀌어 보아라."

형은 돈을 많이 벌려는 욕심으로, 그동안 참았던 방귀를 한꺼번에 내놨어. 그랬더니 글쎄 어떻게 됐는지 알아? 밑구멍을 막았던 돌이 쑥 빠지면서, 단 방귀가 안 나오고 딴 게 나오더래. 뭐가 나왔는지 알지? 그래, 단 똥이 나왔어. 궁둥이에서 단 똥이 한도 끝도 없이 쏟아져 나와서, 그만 자기가 자기 똥 속에 푹 파묻혀 버렸어. 하하하.

아직도 어푸어푸하고 있대.

가짜 웃음으로 도둑 잡은 농사꾼

옛날에 한 농사꾼이 살았는데, 암소를 한 마리 길렀어. 그런데 이 암소가 송아지를 낳았네. 그래서 그 송아지를 잘 키워 가지고 장에 팔러 갔어. 옛날에는 소가 아주 귀한 살림 밑천이었으니까, 송아지도 제법 값이 나갔거든.

장에 가서 어찌어찌 흥정을 잘해 가지고 좋은 값에 송아지를 팔았어. 큰돈이 생겼단 말이지. 그 돈을 가지고 집으로 돌아오는데, 어쩌다 보니 도중에 그만 날이 저물었어. 그래서 캄캄한 밤중에 길을 가게 됐지. 집으로 가자면 큰 고개를 하나 넘어야 하는데, 막 고갯마루에 올라서니까 뭐 시커먼 것들이 앞을 턱 가로막더래. 가만히 보니까 그게 도둑 떼야.

"잔말 말고 가진 것을 다 내놓아라!"

험상궂은 도둑들 여럿이서 시퍼런 칼을 뽑아 들고 을러대는데 당할 수 있어? 속절없이 갖고 있던 돈을 다 빼앗겼지. 그런데 이놈의 도둑들이 돈을 빼앗았으면 곱게 사라질 일이지 사람까지 끌고 가네그려.

"보아하니 힘깨나 쓰게 생겼구나. 너를 우리 소굴에 데려다가 종으로 부려먹으면 딱 좋겠다."

이러면서 꽁꽁 묶어 끌고 간단 말이야. 이 사람이 끌려가면서 가만히 생각해 보니 참 억울하거든. 아, 돈을 빼앗긴 것만 해도 원통한데 이제는 도둑들한테 끌려가 팔자에 없는 종노릇까지 하게 생겼으니 이런 억울한 일이 또 어디 있느냐 말이야.

그런데 하늘이 무너져도 솟아날 구멍이 있더라고, 이때 번개같이 좋은 생각이 딱 떠오르더래.

'옳지, 그렇게 한번 해 보자.'

이 사람이 끌려가다 말고 갑자기 "하하하 껄껄껄" 하고 큰 소리로 웃음을 내뱄어. 아주 즐거워 못살겠다는 듯이 막 웃어 댄 거야. 그러니까 도둑들이 다 어리둥절할 것 아니야?

"아니, 이놈이 갑자기 실성을 했나. 웃기는 왜 웃어?"

"내가 달리 웃는 게 아니라, 이제는 살았다 싶어서 웃소이다."

도둑들이 들어 보니 점점 더 아리송해지거든.

"뭐라고? 그게 무슨 말이냐?"

"들어 보시오. 내가 나라에 큰 죄를 짓고 쫓겨다닌 지 오래요. 누구든지 나를 잡아 관가에 바치면 큰 상을 받게 되지요. 그동안 쫓겨다니느라고 살아도 산 목숨이 아니었는데, 이제야 댁들을 만나 살 길이 열렸으니 어찌 마음이 안 놓이겠소?"

도둑들이 가만히 들어 보니, 그렇다면 이 사람을 데려다가 종으로 부려먹을 일이 아니거든. 그보다는 관가에 데려다 바치는 게 더 나을 테니 말이야. 아, 그렇게만 하면 큰 상을 받게 된다니 좀 좋아. 저희들끼리 수군수군 의논을 하기를,

"저놈을 종으로 부려 먹으면 이익이 적고, 관가에 데려다 바치면 이익이 큰데 어떻게 할까?"

"음, 그렇다면 저놈을 관가에 데려가자."

하고, 그길로 도둑들이 이 사람을 데리고 관가로 갔어.

그래서 어찌 됐느냐고? 그야 두말하면 잔소리지. 관가에 가자마자 사실

대로 다 말했어. 일이 이만저만하게 돼서 도둑을 잡으려고 꾀를 썼노라 하고 말이야. 그러니까 뭐 일이 틀릴 리 있어? 도둑들은 꼼짝없이 잡히고 이 사람은 풀려났지, 뭐. 빼앗겼던 돈도 고스란히 되찾고 말이야.

  그래서 잘 살았더란다.

도깨비 도포

옛날 옛날 한 옛날, 어떤 사람이 길을 가다가 도깨비를 만났어.
"어이쿠, 도깨비로구나."
그런데 도깨비 하나만 만난 게 아니라 자그마치 셋을 한꺼번에 만났네.
"어이쿠, 셋이로구나."
그런데 이놈의 도깨비 셋이 얌전하게 가만히 있는 게 아니라 마구 뒤엉켜서 들입다 싸움질을 하네.
"내 거야, 내 거야."
"아니야, 내 거야."
"놔라, 놔. 내 거야."
이러고 싸움질을 해 대니 시끌벅적 옥신각신 야단법석이 났을 것 아니야? 싸움은 말리고 흥정은 붙이랬는데, 이런 걸 보고 가만히 있으면 안 되지. 점잖게 한마디 참견을 했어.
"너희들 대체 무슨 일로 그러니?"
"옳다, 사람이 왔다. 사람한테 재판을 해 달래자."
도깨비 셋이 이 사람을 둘러싸고 서로 제가 옳다고 우기는데, 가만히 들어 보니 애들이 다 형제야. 아버지 도깨비가 죽어서 유산을 남겼는데, 그걸 서로 차지하려고 싸움박질이 났다거든.

"유산이라는 게 대체 어떤 물건인데 그러니?"

그랬더니 도깨비들이 물건 하나씩을 내놓는데,

"이건 머리에 쓰면 머리가 안 보이고."

하면서 허름한 감투를 하나 내놓고,

"이건 입으면 몸통이 안 보이지."

하면서 꾀죄죄한 도포를 하나 내놓고,

"이건 신으면 발이 안 보이지."

하면서 해진 짚신을 하나 내놓고,

"이건 짚으면 손이 안 보이지."

하면서 낡은 지팡이를 하나 내놓거든.

"어디 보자, 내가 한번 시험해 볼까나."

이 사람이 도깨비들한테 물건을 받아 가지고 하나씩 하나씩 몸에 걸쳐 봤지.

머리에 감투를 쏙 쓰니까 머리가 쓩 사라지고, 몸에 도포를 턱 걸치니까 몸통이 쓩 사라지고, 발에 짚신을 척 신으니까 발이 쓩 사라지고, 손에 지팡이를 딱 짚으니까 손이 쓩 사라져서 아무것도 안 보이게 됐어. 그러니까 도깨비들이 사람 찾는다고 난리가 났지.

"어라? 사람이 어디 갔지?"

"방금까지도 있었는데 어딜 갔나?"

하고 이리 왔다 저리 갔다 여기 두리번 저기 두리번 헤매고만 있는 거야.

'옳지, 이때다.'

이 사람이 그길로 그냥 걸음아 날 살려라 하고 도망을 가 버렸어. 감투 쓰고 도포 입고 짚신 신고 지팡이 짚고 그냥 내뺀 거지.

천리만리 내빼서, 이 사람이 어디로 갔는고 하니 임금 사는 대궐로 갔어.

임금 사는 대궐에는 좋은 옷도 많고 맛난 음식도 많고 신기한 구경거리도 많을 거라 여기고 말이야. 좋은 옷도 훔쳐 입고 맛난 음식도 훔쳐 먹고 신기한 구경거리 실컷 구경하면 좀 좋아?

이래서 대궐에 턱 들어갔는데, 마침 그날 임금 신하 할 것 없이 여러 사람들이 한데 모여서 잔치를 하는 날이었어. 그 잔치판에 뛰어들어가서 음식을 마구 집어먹었네. 잔치하던 사람들이 가만히 보니까 참 귀신이 곡할 노릇이거든. 상에 차려 놓은 음식이 쑥 쑥 공중으로 날아가서 휙 휙 사라지니 말이야.

이상하게 여긴 신하 한 사람이 음식 날아가는 데를 견주어 주먹으로 탕 쳤어. 그러니까 지팡이가 툭 떨어지면서 손이 쏙 나타나지 뭐야.

"에구머니, 저게 뭐야?"

바닥을 턱 밟으니까 짚신이 쑥 벗겨지면서 발이 쏙 나타나고,

"이키키, 이건 또 뭐냐?"

지팡이로 허공을 씽 휘두르니까 감투가 덜렁 벗겨지면서 머리가 툭 튀어나오고,

"어이쿠, 이게 귀신이냐 사람이냐?"

여럿이 달려들어 가운데를 잡아당기니까 도포가 쭉쭉 찢어지면서 몸통이 스르르 드러나거든.

"아이고, 저 도둑놈 잡아라!"

잔치판에 놀던 사람들이 모두 우르르 달려들어 잡으려고 하니 어떻게 해. 그만 혼이 다 빠져서 걸음아 날 살려라고 도망을 갔어. 아직도 정신없이 도망가고 있대.

흰소리로 돈 천 냥 번 총각

옛날에 한 총각이 살았는데 참 가난했어. 식구도 없이 혼자 사는데, 부쳐 먹을 땅도 없으니까 남의 집 일이나 거들어 주고 밥술이나 얻어먹고 살았지.

그런데 이 총각 사는 이웃 마을에 아주 돈 많은 부자 영감이 살았어. 이 부자 영감한테 딸이 하나 있어서 사윗감을 고르는데, 거짓말 잘하는 사람을 사위 삼는다 이러거든. 누구든지 저한테 와서 거짓말을 세 마디 하되, 영감 입으로 '그건 거짓말이다'라고 할 만한 걸 해야 된다는 거지.

이 소문을 듣고 곳곳에서 거짓말깨나 한다는 총각들이 구름같이 모여들었어. 그런데 그 많은 총각들이 다 퇴짜를 맡고 돌아가. 아, 제아무리 얼토당토않은 말을 주워섬겨도 영감이 '응, 그건 거짓말이 아니다' 해 버리니 무슨 일이 돼? 웬만한 도깨비소리로는 어림없지.

이때 이 가난한 총각이 부자 영감을 찾아갔어.

"저도 거짓말 한번 해 보려고 왔습니다."

"그래, 어떤 거짓말을 할 텐가?"

"잘 들으십시오. 예전에 우리 집은 세상에서 제일 가는 부잣집이어서 울안이 엄청나게 넓었습니다. 얼마나 넓었는고 하니, 처녀가 앞문으로 들어가서 집 안을 가로질러 뒷문으로 나오면 할머니가 돼 있었지요."

이게 얼마나 말도 안 되는 거짓말이야? 하도 얼토당토않은 헛소리여서 영감이 듣다 말고 그만 버럭 소리를 질렀어.

"예끼, 이놈아. 삼남에서 제일 간다는 우리 집도 앞문 뒷문 사이가 두 마장이 못 되는데, 네놈 집이 그렇게 넓었다고? 그게 말이 되느냐?"

"예, 그럼 제가 거짓말 한 마디 했습니다."

부자 영감은 제 입으로 말이 안 된다고 했으니 뭐 할 말이 있어? "끙" 하고 앓는 소리 한 번 내고는 쓰다 달다 말이 없지. 총각이 이번에는 두 번째 거짓말을 내놨어.

"또, 그때 우리 집에는 이 세상에서 제일 큰 소가 있었습지요. 얼마나 큰 소였는지, 한쪽 뿔 위에 앉아서 피리를 불면 다른 쪽 뿔 위에 있는 사람이 춤을 췄는데, 서로 자리를 바꾸려면 한나절이 걸렸지요."

이게 뭐 말이나 되는 소리야? 하도 터무니없는 흰소리여서 영감이 듣다 말고 또 소리를 냅다 질렀지.

"예끼, 이놈아. 우리 마을 끝에서 끝까지 가도 반나절이 안 걸리는데, 네놈의 소가 그래 우리 마을보다 더 컸단 말이냐? 그따위 새빨간 거짓말이 어디 있어?"

"예, 그럼 제가 거짓말 두 마디 했습니다."

부자 영감이 그제서야 '이크, 뜨거라!' 하고 정신이 번쩍 들었어. 이제 거짓말 한 마디만 더 들어주면 가난뱅이 총각을 사위 삼아야 할 판이니 정신이 들지 안 들어? 그러나저러나 총각은 비위도 좋게 세 번째 거짓말을 내놓는구나.

"우리 집이 그렇게 큰 부자였으니 사람들이 돈을 많이 꾸어 갔지요. 그때 영감님께서도 형편이 어렵다 하시며 우리 돈 천 냥을 꾸어 가시지 않았습니까? 이제 그 돈을 돌려주십시오."

아, 부자 영감이 그 말을 듣고 보니 퍽 난처하거든. 안 꾸었다고 하면 거짓말 세 마디를 다 들어준 셈이니, 꼼짝없이 가난뱅이를 사위 삼아야 할 판이잖아. 그것보다는 돈 천 냥 내주는 게 낫겠다 생각하고,

"그때 틀림없이 돈 천 냥을 꾼 적이 있었지. 이제 돌려주겠네."

하고 돈을 내줬다는 거야.

이렇게 해서 가난한 총각이 거짓말 세 마디로 돈 천 냥을 벌어서 잘 살았다는 얘기.

먹보 다람쥐의 도토리 재판

옛날에 다람쥐 세 마리가 길을 가다가 먹음직스러운 도토리를 하나 주웠어.

첫째 다람쥐는 도토리를 제일 먼저 봤어.

둘째 다람쥐는 그걸 보고 "도토리다!" 하고 말을 했어.

셋째 다람쥐는 그걸 잽싸게 주웠어.

그래서 서로 자기 것이라고 우기기 시작했지.

"내가 제일 먼저 봤으니까 내 것이다."

"내가 먼저 말을 했으니까 내 것이다."

"내가 먼저 주웠으니까 내 것이다."

이렇게 셋이서 서로 자기 것이라고 옥신각신 다퉜단 말이지. 셋 다 고집을 피우니까 아무리 말다툼을 해도 결판이 안 나거든. 그래서 하릴없이 다른 짐승한테 가서 재판을 받기로 했어. 먼저 눈 밝은 부엉이한테 가서 물어봤지.

"부엉아, 부엉아. 하나는 제일 먼저 봤고, 하나는 먼저 말을 했고, 하나는 먼저 주웠으면 누가 임자냐?"

"뭐니뭐니해도 눈 밝은 게 제일이다. 먼저 본 놈이 임자다."

그래도 미심쩍어서 한 번 더 재판을 받아 보기로 했어. 이번에는 말 잘하는 앵무새를 찾아갔지.

"앵무새야, 앵무새야. 하나는 제일 먼저 봤고, 하나는 먼저 말을 했고, 하나는 먼저 주웠으면 누가 임자냐?"

"뭐니뭐니해도 말 잘하는 게 제일이다. 먼저 말한 놈이 임자다."

그래도 미심쩍어서 한 번 더 재판을 받아 보기로 했어. 이번에는 재빠른 토끼를 찾아가서 물어봤지.

"토끼야, 토끼야. 하나는 제일 먼저 봤고, 하나는 먼저 말을 했고, 하나는 먼저 주웠으면 누가 임자냐?"

"뭐니뭐니해도 재빠른 게 제일이다. 먼저 주운 놈이 임자다."

세 번 재판을 받아도 결판이 안 나서, 셋이서 머리를 싸매고 궁리하다가 좋은 수를 냈어. 무슨 수를 냈는고 하니, 다른 짐승한테 물어볼 것이 아니라 같은 다람쥐한테 물어보기로 했어. 그래서 이웃 동네 먹보 다람쥐를 찾아갔지.

"먹보 다람쥐야, 먹보 다람쥐야. 하나는 제일 먼저 봤고, 하나는 먼저 말을 했고, 하나는 먼저 주웠으면 누가 임자냐?"

그랬더니 먹보 다람쥐가 뭘 주웠는지 보여 달라고 하더래. 도토리를 보여 줬더니, 냉큼 빼앗아서 자기 입에 쏙 집어넣고 오물오물 씹어서 꿀떡 삼켜 버리지 뭐야.

세 다람쥐는 어이가 없어서 입만 딱 벌리고 있다가 따졌지.

"재판을 해 달랬더니 네가 먹어 버리는 건 무슨 심보냐?"

그랬더니 먹보 다람쥐가 하는 말이,

"제일 먼저 봐도 소용 없고, 먼저 말을 해도 소용 없고, 먼저 주워도 소용 없다. 먼저 먹는 놈이 임자다."

그러더라나.

멍멍 멍 서방과 응애응애 응애 곡

예나 이제나 사람이 바깥으로 돌아야 세상 물정을 알지, 너무 집 안에만 처박혀 지내면 숙맥이 되는 법이거든. 오늘은 그런 숙맥 얘기를 하나 하지.

옛날 옛적 어느 곳에 한 선비가 살았는데, 밤이나 낮이나 글만 읽는다고 아예 바깥출입을 안 했어. 허구한 날 그저 방 안에 틀어박혀 책만 들여다보고 살았지. 그러다 보니 세상 물정을 하나도 몰라. 얼마나 어수룩한지 콩 보리를 못 가리고 마소를 구별 못 하니 말 다 했지 뭐.

그렇게 사는데, 하루는 건넛마을에서 부고가 왔어. 친척이 죽었다고 기별이 왔단 말이야. 그래서 문상을 가야 할 텐데, 당최 뭘 어떻게 하는지 알아야 말이지. 걱정이 된 아내가 남편을 붙잡고 하나하나 가르쳤어.

"여보, 건넛마을에 가거든 먼저 강 서방네를 찾으세요. 혹시 잊어버리거든 이 종이를 펴 보세요."

하고, 종이에다가 강아지 한 마리를 그려 줬어. 강아지를 보고 강 서방을 떠올리라고 말이야.

"그리고 초상집에 들어가거든 어이곡을 하세요. 혹시 잊어버리거든 이 종이를 펴 보세요."

하고, 종이에다가 어린아이를 그려 줬어. 어린아이를 보고 어이곡을 떠올리라고 말이야. 초상집에 가서 '어이어이' 하고 우는 것이 어이곡이거든.

그렇게 단단히 일러 주고서 말을 태워 보냈어. 남편은 말을 타고 꺼떡꺼떡거리면서 건넛마을로 갔지. 그런데 아뿔싸, 개울을 건너다가 신 한 짝을 잃어버렸네. 그래 신을 찾는다고 말에서 내려 개울을 샅샅이 뒤졌어. 찾아도 찾아도 없으니까 개울물을 따라 자꾸자꾸 갔지. 가다가 가다가 못 찾고 하릴없이 돌아와 보니, 아이고 이걸 어째. 그새 말이 저 혼자서 어디론가 가 버렸네.

하는 수 없이 털레털레 걸어서 건넛마을로 갔어. 가긴 갔는데 초상집이 무슨 서방넨지 도통 생각이 안 나. 그새 잊어버린 거야. 아무리 생각해도 모르겠어서 아내가 준 종이를 펴 봤지. 펴 보니 종이에 강아지 한 마리가 그려져 있거든.

'옳지. 강아지는 멍멍 우니까 멍 서방네로군.'

이렇게 생각하고서, 지나가는 사람을 붙잡고 물었어.

"여보, 이 동네 멍 서방네 집이 어디요?"

"예끼 여보슈, 세상에 멍 서방이 어디 있어?"

그러면 또 다른 사람을 붙잡고 묻고 또 묻고, 그러는 거지. 그러다가 어찌어찌 운 좋게 강 서방네 집을 찾았어. 찾아서 들어갔지.

들어가긴 했는데, 아이 참 무슨 곡을 하라는지 또 잊어버렸네. 말짱 잊어버렸어. 도무지 생각이 안 나니 어떻게 해. 하릴없이 또 아내가 준 종이를 펴 봤지. 펴 보니 종이에 어린아이가 떡 하니 그려져 있거든.

'옳거니, 어린아이는 응애응애 우니까 응애 곡을 하라는 거로군.'

이렇게 생각하고, 이 사람이 상주 앞에 다리를 뻗치고 앉아 응애응애 울었어. 다 큰 어른이 갓난아기처럼 응애응애 우니까 얼마나 우스워? 그 꼴을 보고 상주가 웃음을 못 참고 쿡쿡 웃었어.

그랬더니 이 선비가 어쨌는 줄 알아? 대뜸 팔을 걷어붙이고 상주한테 달

려들면서 하는 말이,

"네 이놈, 그렇게 웃는 걸 보니 네가 내 신과 말을 훔쳐 갔나 보구나. 어서 내놔라."

하더라네. 하하하.

호랑이 똥 때문에 대머리가 된 힘장사

오늘은 무섭고 더럽고 시원한 이야기를 하나 할까? 그런 이야기가 어디 있느냐고? 여기 있지.

무서운 건 뭐게? 호랑이지.

더러운 건 뭐게? 똥이지.

시원한 건 뭐게? 대머리지.

호랑이 똥 때문에 대머리 된 이야기라면 어때? 무섭고 더럽고 시원하겠지? 그런 이야기야.

옛날 옛적에 힘장사가 살았어.

이 사람은 힘이 세도 뭐 보통으로 센 게 아니야. 아름드리나무도 한 손으로 쑥쑥 뽑고, 집채만 한 바위도 한 손으로 덜렁 들어. 게다가 성질이 악착같아서, 손아귀에 뭐든 한번 쥐었다 하면 어쨌든 일을 내야지 그냥 실없이 놔주는 법이 없어.

이 사람이 하루는 길을 가는데, 길가 어떤 집에서 울음소리가 들리거든. 웬일인가 하고 담 너머로 들여다봤지. 들여다보니 부부가 마당에 주저앉아서 실성한 것처럼 우는데, 어찌나 슬피 우는지 간장이 다 녹을 지경이야.

까닭을 물어보니 아들이 호랑이한테 물려 갔대, 글쎄. 아들 하나 낳아서 애지중지 키웠는데, 세 살 먹은 것을 방에 재워 두고 부부가 일하러 나갔다 돌아와 보니 없더라는 거야. 그런데 가만히 살펴보니 마루고 방이고 온통 호랑이 발자국이더래. 그러니 뭐 더 볼 게 있나? 호랑이가 물어 간 거지. 옛날에는 더러 호랑이가 마을로 내려와서 사람을 물어 가는 일도 있었거든.

힘장사가 그 말을 듣고 그만 분이 번쩍 났어.

"이놈의 호랑이가 남의 집 귀한 외동아들을 물어 가다니 참 염치도 없는 놈이군. 당장 가서 혼내 주겠소."

힘장사는 한달음에 뒷산으로 올라갔어. 여기저기 들쑤시고 다니다 보니, 마침 커다란 바위 사이에 굴이 하나 있더래. 굴 앞에 호랑이 발자국이 어지러운 걸 보니 틀림없이 호랑이 굴이더란 말이야.

"옳거니, 이놈이 여기 숨어 있으렷다."

굴 안에 쓱 들어가 보니, 아니나 다를까 한 아이가 으앙으앙 울면서 누워 있겠지. 호랑이는 없고 아이만 있어. 호랑이는 그새 또 사냥을 하러 갔는지, 다른 호랑이 부르러 갔는지 몰라.

"에잇, 이놈의 호랑이. 혼내 주려고 왔더니 어딜 도망갔담."

막 아이를 안고 나오려고 하는데, 이때 호랑이가 굴로 들어오네. 그런데 머리부터 들어오는 게 아니라 꽁무니부터 들어와. 호랑이란 놈이 본래 의심이 많거든. 그래서 제 굴에 들어갈 때도 바깥에 누가 있는지 살피느라고 꽁무니부터 들이밀지. 참말인지 빈말인지 모르지만 그런 말이 있어.

아, 힘장사가 굴에서 막 나가려는 참에 호랑이 꽁무니가 슬금슬금 들어오니 뭐 볼 것이 있나. 에잇 이놈 잘 만났다고, 꼬리를 꽉 거머쥐고 냅다 잡아당겼어.

그 바람에 호랑이가 혼이 다 빠졌지. 제 집에 들어가는데 갑자기 안에서 무엇이 꼬리를 잡고 당기니 당최 뭐 보이기를 하나, 영문을 아나. 뭐가 뭔지도 모르고 놀라서 달아나려고 몸을 뺐지. 그런데 힘장사 힘이 좀 센가. 게다가 성질머리도 악착같아서 한번 잡은 건 놓는 법이 없으니 일 났지.

호랑이는 달아나려고 용을 쓰고, 힘장사는 안 놓으려고 악을 쓰고, 둘이 서로 버티는데 젖 먹은 힘까지 다 쓰는 거야.

"어흥, 어흥!"

이건 호랑이가 '내 꼬리 놔라, 내 꼬리 놔라' 하는 소리고,

"우어, 우어!"

이건 힘장사가 '어림없다, 어림없어' 하는 소리지.

잔뜩 버티다가 둘이 한꺼번에 용을 쓰니, 그만 호랑이 꼬리가 쑥 빠졌어. 그러면서 힘장사는 호랑이 똥을 한 바가지 뒤집어썼어. 꼬리가 빠지면서 호랑이가 똥을 한바탕 싸고 내뺐거든. 그 바람에 힘장사 머리가 온통 호랑이 똥으로 칠갑을 했지.

그런데 그놈의 호랑이 똥이 어찌나 뜨겁던지 아주 불덩이야. 하도 뜨거워서 힘장사 머리털이 그만 홀라당 벗겨졌어. 그래서 대머리가 됐지.

그런데 힘장사만 대머리가 된 게 아니고 아이까지 대머리가 됐어. 안겨 있던 아이도 똥 부스러기를 머리에 맞은 게야.

이게 호랑이 똥 때문에 대머리 된 이야기란다.

어때? 무섭고 더럽고 시원했어?

아니라고? 그래도 괜찮아. 이야기는 이야기니까. 재미있어도 이야기고 시시해도 이야기고…….

별난 과거

옛날에는 말이야, 임금이 일부러 허름하게 차려입고 밤중에 몰래 대궐을 빠져나와 여기저기 돌아다니는 일이 있었다고 해. 백성들이 어떻게 사는지 살펴보려고 그런 거지. 오늘은 그런 이야기들 가운데 하나를 할 테니 어디 들어 봐.

어느 임금이 하루는 허름한 차림으로 신하 한 사람만 데리고 대궐을 빠져나가 성 밖 시골 마을까지 갔지. 가서 이 집 저 집 살피는데, 어떤 집에 갔더니 안에서 참 이상한 소리가 들리더래. 노랫소리도 나고 울음소리도 나는 거야. 노래는 즐거울 때 부르는 거고 울음은 슬플 때 내놓는 건데, 이게 한 집에서 한꺼번에 나니까 참 이상하거든.

대체 무슨 일인가 하고 문틈으로 살짝 들여다봤어. 들여다보니 방 안에 세 사람이 있는데, 글쎄 세 사람이 저마다 다른 일을 하고 있지 뭐야. 하나는 젊은 상주인데, 이 사람은 윗목에 앉아서 방바닥을 두드리며 노래를 불러. 또 한 사람은 머리 깎은 젊은 여자 스님인데, 이 사람은 방 한가운데에 서서 덩실덩실 춤을 춰. 나머지 한 사람은 늙은 할아버지인데, 이 사람은 아랫목에 앉아서 음식상을 앞에 놓고 훌쩍훌쩍 울고 있어. 이게 대체 무슨 일일까?

임금이 그 모습을 보고 나니 궁금해서 견딜 수가 있어야지. 상주는 노래하고 스님은 춤추고 할아버지는 울고 있으니, 이거야 원 암만 생각해도 까닭을 알 수가 있나. 들어가서 물어보는 수밖에 없다, 이렇게 생각하고 임금이 헛기침을 하면서 집 안에 들어갔어. 들어가서 물었지.

"내가 밖에서 지나가다가 들으니 노랫소리도 나고 울음소리도 나기에 이상해서 염치도 없이 잠깐 들여다봤습니다. 그런데 상주는 노래하고 스님은 춤추고 할아버지는 울고 있으니 이게 대체 무슨 일입니까? 하도 궁금해서 묻습니다. 대체 세 사람은 어떤 사이며, 무슨 까닭으로 이러는 것입니까?"

그랬더니 할아버지가 대답을 하는데, 그 사연이 이렇더래.

"노래하는 상주는 우리 아들이요, 춤추는 스님은 며느리입니다. 우리가 본래 가난하게 살았는데, 얼마 전에 아내가 죽어서 장례를 치르느라고 더 가난해졌습니다. 아들이 상주가 된 건 제 어머니 상복을 입었기 때문이지요. 그런데 마침 오늘이 내 생일이라, 며느리가 머리카락을 잘라 팔아서 이렇게 생일상을 차려 줬습니다. 며느리가 스님처럼 보인 것은 머리칼을 잘랐기 때문이지요. 아들과 며느리는 나를 기쁘게 해 주려고 저렇게 노래를 부르고 춤을 추는 것입니다. 아들 며느리가 나 때문에 저렇게 고생하는 것을 보니 하도 마음이 아파서 울고 있습니다."

임금이 사연을 다 들어 보니 참 딱하단 말이야. 얼마나 가난했으면 며느리가 머리카락을 잘라 팔아서 시아버지 생일상을 차려 줬을까. 또 얼마나 효성이 깊으면 상주 된 몸으로 노래를 부르고 춤을 출까. 할 수만 있다면 이 사람들을 좀 도와주고 싶거든. 임금이 궁리 끝에 한 가지 꾀를 내고, 넌지시 귀띔을 해 줬어.

"며칠 뒤에 대궐에서 과거가 있다고 하니, 아드님은 꼭 과거를 보도록 하십시오."

그래 놓고 대궐로 돌아와, 이튿날 날이 밝자마자 며칠 뒤에 과거를 베풀겠노라 했어. 곧 방을 붙여 널리 알리고 신하들에게는 과거 준비를 하라고 일렀지.

며칠 뒤 과거 보는 날이 되니까 온 나라 선비들이 많이 모였는데, 글 제목을 뭐라고 붙였는고 하니 '노래하는 상주와 춤추는 중과 우는 노인'이라고 턱 붙여 놨거든. 그러니까 많은 선비들이 아무도 글을 못 써. 도대체 무슨 뜻인지 알아야 쓰지. 그런데 단 한 사람, 그 가난한 집 아들만은 무슨 뜻인지 알고 글을 써냈다는 거야. 바로 저희 식구들 이야기니까 어려울 게 뭐 있어. 그래서 그 집 아들 혼자 장원급제를 했다는 이야기야.

옛날 임금 중에는 더러 이런 멋진 임금도 있었던 모양이지.

가짜 사주팔자

 옛날 옛적 어느 곳에 한 사람이 살았는데, 이 사람한테는 아들이 하나 있었어. 아들이고 딸이고 간에 자식이라고는 이 아이 하나뿐이었지. 그러니 얼마나 귀해? 그저 놓으면 깨질세라 불면 꺼질세라 고이고이 키웠지.

 아들이 일곱 살 먹었을 때, 하루는 이 사람이 점쟁이한테 가서 점을 쳐 봤어. 앞으로 아들이 잘사는지 못사는지 알아보려고 말이야. 점쟁이가 아들 사주팔자를 딱 뽑아 보더니, 아 글쎄 평생을 빌어먹을 신세라고 그러지 뭐야. 사주팔자라고 하는 것은 타고나는 것이고 사람의 힘으로 못 고치는 거라는데, 하나밖에 없는 아들 사주팔자가 평생을 빌어먹는다고 나오니 기가 막히지.

 그래서 집에 돌아와 밥도 안 먹고 드러누워 끙끙 앓았어. 그걸 보고 아들이 무슨 일로 그러느냐고 묻지.

 "글쎄, 점을 쳐 보니 네 사주팔자가 평생 빌어먹을 신세라고 하지 뭐냐? 그러니 밥이 어찌 목구멍으로 넘어가겠니?"

 "그러면 제가 이 길로 집을 나가서 팔자땜을 하고 돌아오겠습니다."

 "안 된다. 이제껏 너 하나 보고 살아왔는데, 네가 없으면 무슨 낙으로 산단 말이냐?"

 "평생 빌어먹을 신세라고 날마다 걱정하면서 사시는 것보다야 낫지 않겠습니까?"

아들이 부득부득 졸라 대니 어떻게 해. 딴은 옳은 말이기도 하고 말이야. 그래서 나갔다 오라고 허락을 했어.

아들은 집을 나가자마자 바로 점쟁이를 찾아가서 부탁을 했지.

"지금 팔자땜을 하러 가는 길이니, 제게 가짜 사주팔자를 하나 써 주십시오. 반드시 큰 벼슬하고 부자 되어 잘살 팔자라고 써 주셔야 합니다."

점쟁이가 가짜 사주팔자를 한 장 써 주니, 아들은 그것을 옷섶에 넣고 실로 단단히 꿰맸어. 그렇게 해서 길을 떠났지.

집 떠난 아들은 여기저기 떠돌아다니다가 어느 마을 글방에까지 가게 됐어. 거기서 마당도 쓸고 부엌일도 하면서 동냥글을 얻어 배웠지. 이 아이가 워낙 부지런히 일하고 곰살궂게 구니까, 글방 훈장도 내쫓지 않고 그냥 눌러살게 놔뒀어. 보통 때는 머슴이나 종처럼 부려먹으면서, 다른 아이들이 글을 배울 때는 어깨 너머로 배우게 해 줬단 말이지.

그런데 글방 훈장이 가만히 보니 애가 밤낮 옷섶을 꼭 쥐고 애지중지하거든. 그 안에 무엇인지는 몰라도 아주 귀한 게 들어 있는 것 같단 말이야. 궁금해서 물어봐도 그냥 웃기만 하고 아무 말도 안 하는 거야. 그러니 점점 더 궁금해지네. 그래서 훈장이 하루는 애가 잠자는 사이에 몰래 옷섶을 살짝 뜯어 봤어. 뜯어 보니까 거기서 종이 한 장이 나오는데, 가만히 들여다보니 사주팔자 써 놓은 종이거든. 그런데 그 사주팔자가 참 기가 막히게 좋단 말이지. 큰 벼슬을 하고 부자 되어 잘산다고 씌어 있으니 얼마나 좋아?

'이 아이가 이렇게 좋은 팔자를 타고났단 말인가? 이제부터 이 아이를 다시 봐야겠구나.'

이렇게 생각하고, 훈장이 그다음부터는 대접을 참 잘해 줘. 머슴이나 종처럼 함부로 부려먹지도 않고, 글공부도 아주 제대로 가르쳐 주는 거지. 가르칠 때도 맨 앞자리에 앉혀 놓고 가르치고, 밤에는 남몰래 한번 더 가르쳐 주고, 이렇게 아주 잘해 주거든. 그러니 잘 됐지 뭐야. 험한 일은 전보다 덜 하고 글은 전보다 더 잘 배우게 됐으니 말이야. 그래서 얼마 뒤에는 훈장이 보기에 더 가르칠 것이 없을 만큼 됐어.

그러다가 과거 보는 때가 됐거든. 훈장은 말에다가 이 아이를 태워서 경마잡이를 딸리고 노자까지 두둑하게 줘 가지고 서울에 과거 보러 보냈어.

"네가 비록 어깨 너머로 글을 배웠지만 남보다 못하지 않으니 꼭 급제해서 돌아오너라."

사주팔자에 큰 벼슬을 한다고 돼 있으니 과거 급제는 따 놓은 당상 같거든. 아무튼 훈장 덕분에 아이는 서울로 과거를 보러 가게 됐어. 가서 과거를 봤는데, 본래 똑똑한 데다가 글공부도 부지런히 했으니 볼 게 뭐 있나. 보기 좋게 급제를 했지.

과거에 급제를 해서 벼슬까지 얻어 돌아오니 글방에서는 아주 경사가 났어. 훈장은 그제야 아이한테 실토를 했지.

"내가 네 옷섶에 들어 있는 사주팔자를 몰래 뜯어 봤느니라. 그때 이미 네가 크게 될 줄 알았다."

아이는 웃으면서 훈장에게 앞뒤 사정을 다 일러 줬어. 사주팔자가 나쁘다 해서 가짜 사주팔자를 품고 집을 떠난 일을 세세하게 다 말해 줬지. 훈장은 가짜 사주팔자에 속은 꼴이 됐지마는, 어쨌거나 과거에 급제까지 했으니 탓을 할 리 있나. 도리어 용기 있다고 칭찬을 해 주지.

곧 말을 타고 풍악을 울리며 집에 돌아가니, 집에서는 더 큰 경사가 났어. 아들이 몸 성히 돌아온 것만 해도 고마운데 과거에 급제까지 하고 벼슬까지 얻어 가지고 왔으니 더 바랄 게 뭐야. 온 동네 사람들 다 불러모아 큰 잔치를 벌였지.

아들은 그 뒤로 벼슬이 점점 높아져서 나중에는 정말로 큰 벼슬하고 부자 되어 잘 살았대. 그러니 과연 가짜 사주팔자대로 됐지 뭐야. 가짜 사주팔자가 진짜 사주팔자가 된 셈이지.

이걸 보면 사주팔자라고 하는 것은 타고난다고 하지마는, 사람의 힘으로 얼마든지 고칠 수 있나 보네.

두벌 나락을 거둔 농사꾼

가을에 벼를 베고 나면, 베고 난 그루터기에서 또 싹이 올라오는 수가 있어. 이것을 '두벌 나락'이라고 하거든. 보통은 두벌 나락이 채 자라기도 전에 날씨가 추워지고 서리가 내리고 해서 죽고 말지. 그래서 아무도 거들떠보지도 않는 게 두벌 나락이야.

그런데 옛날 어느 곳에 참 고지식한 농사꾼이 있었어. 한 해는 좀 일찍 벼를 벴더니 그루터기에서 두벌 나락이 파릇파릇 올라오거든.

'아이고, 옥황상제님이 나더러 벼를 한 번 더 가꾸라고 저렇게 싹을 틔워 주시는구나.'

이렇게 생각하고 또 논에 물을 댔어. 물을 대고 정성껏 가꾸었지. 논을 맨다 거름을 준다, 이러고 바쁘게 일을 했단 말이야.

아 멀쩡한 가을에, 남들은 다 벼 베고 거두고 하는 판인데 새삼스럽게 벼를 가꾸고 있으니 참 우스울 것 아니야?

"아, 자네는 철도 모르나? 가을에 논매는 농사도 있나?"

"하하하, 가을 다음에 겨울 오는 것도 모르는 모양이지."

동네 사람들이 다 손가락질하면서 웃었어. 그래도 이 사람은 꾸역꾸역 농사를 지었지.

이때 하늘나라 옥황상제가 가만히 땅을 내려다보니, 아 웬 사람이 가을에 벼 벤 자리에 또 논을 매고 있거든. 뭐 저런 사람이 다 있나 싶어서, 옆에 있는 선녀더러 땅에 내려가 까닭을 물어보라 그랬어. 선녀가 내려와 논에서 일하는 사람한테 물었지.

"무슨 일로 가을에 벼를 베고 나서 또 새로 농사를 시작하시오?"

"벼를 베고 나니 그 자리에 두벌 나락이 올라옵디다. 옥황상제님이 나더러 벼를 한 번 더 가꾸라고 싹을 틔워 주시는 걸 어찌 그냥 보고만 있겠습니까? 되든 안 되든 가꾸어야지요."

선녀가 이 말을 듣고 하늘로 올라가 그대로 아뢰었어. 옥황상제가 듣고 나더니,

"그 사람은 타고난 농사꾼이로구나. 정성이 저리도 갸륵하니 나도 가만히 보고 있을 수는 없다. 여봐라, 오늘부터 그 논에 볕을 한여름처럼 많이 내려주어라."

해서, 곧바로 볕을 많이 내려줬지. 가을인데도 하늘에서 뙤약볕이 쨍쨍, 한여름처럼 뜨겁게 내리쬐니 벼가 얼마나 잘 돼? 며칠 사이에 쑥쑥 자라서 겨울이 오기 전에 다 익었어. 그래서 한 번 더 벼를 벴단 말이야. 그러니 수가 났지. 남들은 한 해에 한 번 심어 한 번 거두는 벼를 이 사람은 한 번 심어 두 번 거뒀으니 수가 나지 안 나?

그러고 나서 이듬해가 됐어. 그런데 이번에는 가을에 벼를 다 베고 나도 두벌 나락이 안 올라와. 그러니 농사도 못 짓는 게지.

그래서 고지식한 농사꾼은 벼만 거두고 그냥 가만히 있었어.

그런데 동네 사람들은 안 그래. 지난해 철도 모른다고 웃었던 사람들 말이야, 새로 논에 물을 대고 김을 맨다고 부산하게 돌아가는 거야. 하늘나라 옥황상제가 그걸 보고 또 선녀를 내려보냈지. 그래 선녀가 내려와서 동네 사람들한테 물었어.

"당신들은 무슨 일로 가을에 벼를 베고 나서 또 농사를 시작하시오?"

"그야 벼를 한 번 더 거두어 먹으려고 그러지요. 지난해에 보니 그렇게 하는 사람이 있어서 말이지요."

선녀가 하늘로 올라가 들은 대로 아뢰었어. 옥황상제가 이 말을 듣더니 그래.

"그 사람들은 그저 남의 흉내만 낼 뿐이로구나. 농사꾼이 철을 몰라서는 안 되니, 오늘 당장 추위를 내리고 서리를 잔뜩 뿌려 줘라."

농사짓던 동네 사람들이 보니, 갑자기 찬바람이 불고 서리가 하얗게 내리는 거야. 논에는 살얼음이 끼고 벼 그루터기는 얼어 죽고, 이 모양이 됐지. 그러니 뭐 어떻게 해 볼 도리가 있나. 다들 농사고 뭐고 그만두고 겨울날 채비나 하더라는 얘기야.

아직도 굴러가네 아직도 굴러가

옛이야기 좋아하는 사람, 자꾸자꾸 들어도 또 듣고 싶은 사람, 몽당비처럼 짧은 것 말고 바지랑대처럼 기다란 이야기 좋아하는 사람은 오늘 아주 수가 났네. 이제부터 끝없이 긴 이야기가 나올 테니.

옛날에 옛날에 어떤 사람이 호박을 사러 먼 데로 갔지. 산을 넘고 물을 건너고 또 산을 넘고 물을 건너고 자꾸자꾸 갔지. 가다가 가다가 어찌나 멀던지 가는 동안에 호박 살 돈을 다 써 버렸네.

'이크, 이거 안 되겠다'고 그때부터 여기저기 돌아다니면서 돈을 벌었지. 남의 집 머슴도 살고 날품도 팔고 등짐장사도 하고, 이렇게 한 푼 두 푼 모아서 여러 해 동안 큰돈을 벌었다네.

그 돈을 가지고 또 호박을 사러 갔지. 산을 넘고 물을 건너고 또 산을 넘고 물을 건너고 자꾸자꾸 갔지. 가다가 가다가 보니 높은 산이 나오더래. 산을 올라가고 또 올라가고 자꾸자꾸 올라갔지.

구름보다 더 높이 올라가니까 호박 파는 곳이 있더래. 거기에는 이 세상 호박을 다 모아 놓은 것처럼 호박이 많더라나. 가진 돈을 다 주고 그중에서 제일 큰 호박을 샀지.

호박을 사긴 샀는데, 아 그것이 어찌나 큰지 이고 갈 수도 없고 지고 갈 수도 없어서 하는 수 없이 굴려서 가기로 했대. 그런데 호박이 어찌나 큰지 혼자서는 아무리 용을 써도 굴릴 수가 없네. 마침 지나가던 사람이 그걸 보고 자기도 도와주겠다고 해서, 둘이서 힘을 합쳐 굴렸지.

그런데 호박이 어찌나 큰지 둘이서 굴려도 옴짝달싹을 않네. 마침 지나가던 사람이 그걸 보고 자기도 도와주겠다고 해서, 셋이서 힘을 합쳐 굴렸지.

그런데 호박이 어찌나 큰지 셋이서 굴려도 옴짝달싹을 않네. 마침 지나가던 사람이 그걸 보고 자기도 도와주겠다고 해서, 넷이서 힘을 합쳐 굴렸지.

그런데 호박이 어찌나 큰지 넷이서 굴려도 옴짝달싹을 않네. 마침 지나가던 사람이 그걸 보고 자기도 도와주겠다고 해서, 다섯이서 힘을 합쳐 굴렸지.

그런데 호박이 어찌나 큰지 다섯이서 굴려도 옴짝달싹을 않네. 마침 지나가던 사람이 그걸 보고 자기도 도와주겠다고 해서, 여섯이서 힘을 합쳐 굴렸지.

그런데 호박이 어찌나 큰지 여섯이서 굴려도 옴짝달싹을 않네. 마침 지나가던 사람이 그걸 보고 자기도 도와주겠다고 해서, 일곱이서 힘을 합쳐 굴렸지.

그런데 호박이 어찌나 큰지 일곱이서 굴려도 옴짝달싹을 않네. 마침 지나가던 사람이 그걸 보고 자기도 도와주겠다고 해서, 여덟이서 힘을 합쳐 굴렸지.

그런데 호박이 어찌나 큰지 여덟이서 굴려도 옴짝달싹을 않네. 마침 지나가던 사람이……, 뭐? 알았다고? 지나가던 사람이 그걸 보고 자기도 도와주겠다고 해서 함께 굴린 거 다 안다고? 어서 다음 이야기를 하란 말이지? 그러지 뭐.

그래서 사람이 개미처럼 많이 달라붙어서 힘껏 미니까, 그제야 호박이 슬슬 굴러가더래. 한번 굴러가기 시작하니까 잘도 굴러가네.

데굴데굴 구르고 데굴데굴 구르고, 또 데굴데굴 구르고 데굴데굴 구르고,

또 데굴데굴 구르고 데굴데굴 구르고, 또 데굴데굴 구르고 데굴데굴 구르고…….

산이 어찌나 높은지 데굴데굴데굴데굴 데굴데굴데굴데굴 자꾸자꾸 굴러가네. 데굴데굴데굴데굴 데굴데굴데굴데굴 아직도 굴러가네.

그때 굴러가던 호박이 아직도 굴러가네. 아직도 굴러가.

아직도 굴러가.

●─ 이야기를 들려주고 나서

　〈도토리 신랑〉은 작은 사람 이야기입니다. 작은 사람 이야기는 어느 나라에나 있고, 또 그 수도 많습니다. 신랑이 도토리만 하다니 어찌 그럴 수 있느냐고 생각할지 모르지만 이쯤은 약과입니다. 옛이야기에는 벼룩만한 사람도 있고 담배씨만한 사람도 얼마든지 나옵니다. 그런데 자세히 보면 이런 이야기에도 두 가지가 있습니다. 작은 사람이 주인공으로 나와 그이 눈길로 펼쳐지는 이야기가 있는가 하면 보통 사람이 작은 사람을 바라보는 이야기도 있지요. 이 이야기는 뒤엣것에 들어가며, 아마도 그 옛날 어린 신랑을 데리고 살았던 색시의 눈길이 스며든 것으로 보입니다.
　〈쌀 한 말로 석 달 나기〉는 두름성 있는 막내며느리 이야기입니다. 이와 비슷한 이야기로 세 며느리가 좁쌀 한 알을 받았는데 막내며느리만 그것을 밑천 삼아 살림을 불려 나간다는 이야기도 있습니다. 다 두름성 있는 사람을 추어주는 이야기이지요. 그런데 어떤 이야기는 이와 반대로 뭐든지 곧이곧대로 하는 사람이 복 받는다고 합니다. 도대체 어느 말이 옳을까요? 내 생각엔 둘 다 옳은 것 같습니다. 마음을 바로 쓰기만 하면 어디로 가든 길은 있는 법이지요.
　〈화수분 대추나무〉는 흔한 화수분 이야기 가운데 하나입니다. 무엇이든 끝없이 나오는 화수분은 모든 사람의 꿈인가 봅니다. 여느 이야기와 마찬가지로 이 이야기에서도 욕심쟁이는 너무 욕심을 부린 나머지 일을 그르치지요. 욕심이 지나치면 화가 된다는 이야기는 식상할 만큼 흔하지만, 들을 때마다 옷깃을 여미고 귀 기울여 들어도 그 값어치가 줄어들지는 않을 것입니다.

〈신기한 돌절구〉는 여느 형제 이야기와 조금 다릅니다. 여느 이야기라면 착한 아우는 복을 받고 욕심쟁이 형은 벌을 받아야 할 텐데, 여기서는 아예 돌절구를 잃어버리니까요. 왜 그럴까요? 혹시 아우가 돌절구를 끝까지 형에게 양보하지 않았기 때문일까요? 그렇다고 해서 욕심쟁이가 달라는 대로 다 줘야만 하는 걸까요? 참 어려운 물음입니다.

〈두 냥도 마저 내놓으시오〉는 슬기로운 재판 이야기입니다. 재판에 얽힌 이야기는 많지만 이 이야기만큼 새겨볼수록 감칠맛 있는 이야기도 드물 것입니다. 돈주머니 주인은 끝내 자기 돈마저 잃게 됐지만, 애당초 경위 없는 욕심을 부린 탓이니 제 무덤 제가 판 꼴이지 뭡니까. 아무튼 이런 멋진 원님이 요새도 있었으면 좋겠네요.

〈피리 부는 눈먼 아이〉에는 끔찍해 보이는 장면이 나옵니다. 계모한테 속은 의붓아들이 제 눈을 뺀다는 이야기니 그럴 만도 하지요. 그런데 옛이야기에는 이런 대목이 예사로 나온답니다. 신체 일부가 떨어졌다 붙었다 하는 것은 옛이야기 세계에서 그리 놀랄 일이 못 되지요. 실제로 아이들은 이런 대목을 그다지 끔찍하게 받아들이지 않습니다. 자세하게 묘사하지만 않는다면 말이지요.

〈도깨비 임금이 된 나무꾼〉은 별난 도깨비 이야기입니다. 우리 옛이야기에 나오는 도깨비는 인정이 많아서 사람과 쉽게 친해지지요. 또 어수룩해서 사람에게 쉽게 속아 넘어가기도 합니다. 이 이야기에 나오는 도깨비는 씨름에서 이긴 사람을 임금님으로 모시고 온 세상 구경을 다 시켜 주니 놀랍고도 재미있습니다. 이런 도깨비라면 한번 만나보고 싶지 않습니까?

〈두벌 나락을 거둔 농사꾼〉에는 생각해볼 만한 대목이 있습니다. 고지식한 농사꾼도 두벌 나락을 가꾸었고 동네사람들도 두벌 나락을 가꾸었는데 옥황상제는 왜 한쪽에만 상을 내렸을까요? 나락 싹이 저절로 올라와서 농사를 지은 것하고 싹이 안 올라오는데도 억지로 가꾸려 드는 것하고 어떤 차이가 있기에 그리했을까요? 옥황상제가 말한 '타고난 농사꾼'은 어떤 사람일까요? 많은 생각거리가 도사리고 있는 이야기입니다.

겨울

긴긴 겨울밤 화롯가에서
들려주는 이야기

겨울철에 일어난 이야기나 겨울철에 있을 법한 이야기도 있고, 꼭 그렇지 않더라도 재미있는 이야기가 많습니다. 하지만 옛이야기에 철이 따로 있는 건 아니니, 사시사철 즐긴대서 안 될 일은 없겠지요. 식구들이나 동무들과 오붓하게 둘러앉아 이야기판을 벌이다 보면 긴긴 겨울밤이 언제 지나가는지 모를걸요.

황소와 호랑이

옛날 옛적 어느 산속에 호랑이 한 마리가 살았어. 이 호랑이는 몸집도 크고 힘도 아주 세어서 산속에서 당할 짐승이 없었지. 곰이고 멧돼지고 늑대고 살쾡이고, 제 딴엔 힘깨나 쓴다는 짐승들도 이 호랑이를 만나면 끽소리 못 하고 그냥 슬금슬금 도망가기 바빠. 그러니까 이 호랑이는 아주 기가 오를 대로 올라서, 세상에 저보다 힘센 짐승은 없다고 잔뜩 뻐기게 됐지.

하루는 이 호랑이가 어슬렁어슬렁 돌아다니다가 사람 사는 마을로 내려갔어. 마침 추운 겨울날인데, 저 멀리서 황소 한 마리가 나무 실은 발구를 끌고 터벅터벅 걸어오거든. 옆에는 농부가 고삐를 잡고 걸어오고 말이야. 그런데 발구에 나무를 어찌나 많이 실었던지, 멀리서 보니 그게 아주 산더미만 해. 그걸 보고 호랑이가 깜짝 놀랐어.

'아니 저렇게 큰 짐을 끌고 다니다니, 저 황소는 보통 힘센 놈이 아니로구나.'

그렇지만 아직까지 저보다 힘센 짐승은 본 적이 없는지라 짐짓 큰소리를 쳤어.

'흥, 그렇지만 나한테야 어림없지. 나는 저것보다 더 무거운 짐도 거뜬히 끌 수 있어. 암, 그렇고말고.'

이때 소를 끌고 가던 농부가 소를 세우고는,

"짐이 너무 무거워서 소가 힘들겠다. 발구를 여기 세워 놨다가 내일 와서 가져가야지."

하고는, 그 자리에 발구를 세워 놓고 황소만 끌고 가는 거야.

'옳지. 이따가 어두워지면 다시 와서 내가 저걸 한번 끌어 봐야지.'

호랑이는 황소가 끄는 것을 제가 못 끌 리 없다고 생각하고, 밤이 되어 아무도 보는 사람이 없을 때 혼자서 발구 세워 놓은 데로 갔어. 가서 발구를 힘껏 끌어당겨 봤지.

아니, 그런데 이게 웬일이야? 발구가 옴짝달싹을 안 하네. 낑낑거리며 아무리 용을 써도 한 뼘도 안 움직여. 왜 그럴까? 응, 눈치 빠른 사람은 벌써 알아차렸네. 날씨가 추워서 발구가 땅에 얼어붙었으니까 그렇지.

그것도 모르고 호랑이는 밤새도록 낑낑거리며 헛고생을 하다가, 새벽녘이 돼서야 남이 볼까 겁나서 그냥 산속으로 도망쳤어. 그러고 나서도 도무지 믿어지지를 않는 거야.

'아니, 그 미련스럽게 생긴 황소가 나보다 더 힘이 세다니! 그럴 리가 있나. 어제는 내가 뭘 잘못 본 거야. 내가 못 끄는 걸 그따위 황소가 끌 리 없지. 오늘은 정말 똑똑히 지켜볼 테다.'

이렇게 생각하고, 그날 날이 밝자 숲속에 숨어서 가만히 지켜봤어. 해가 뜨고 한참을 지나 언 땅이 녹을 때쯤 되니까, 어제 그 황소가 농부에게 고삐를 잡힌 채 터벅터벅 걸어오거든.

'흥, 내가 못 끌었으니 저도 못 끌 테지.'

숨을 죽이고 지켜봤지. 그런데 황소는 농부가 발구를 턱 지워 주자마자 그냥 바로 끌고 가는 거야. 뭐, 용도 한 번 안 쓰고 힘도 별로 안 들이고 술술 끌고 간단 말이야.

그걸 보고 호랑이가 그만 기가 팍 죽었어.

'아이고, 세상에서 내가 제일 힘센 줄 알았더니 그게 아니로군. 저 황소가 나보다 힘이 더 세구나.'

 이렇게 생각하고는, 꼬리를 내리고 슬금슬금 산속으로 도망을 쳤지. 그다음부터는 끽소리도 안 하고 아주 얌전하게 살더래.

하늘을 나는 조끼

옛날 옛날 한 옛날, 어떤 마을 부잣집에 머슴 사는 총각이 있었어. 이 총각은 어려서 어머니 아버지를 다 잃고, 형제도 없이 혼자서 남의 집 머슴살이를 하며 살았지. 그런데 마음씨가 너무 고와서 불쌍한 사람을 보면 그냥 있지를 못해. 뭐든지 가진 것을 다 나눠 주는 거야.

끼니때 밥을 한 그릇 받아도 바닥을 못 봐. 밥을 먹다가도 밖에 거지가 지나가면 얼른 갖다 줘서 그래. 겨울에 솜옷을 한 벌 얻어 입어도 사흘을 못 가. 길을 가다가도 추위에 떠는 사람을 보면 냉큼 벗어 줘서 그래. 그러느라고 자기는 늘 헐벗고 굶주리면서 살지.

그런데 이 총각이 머슴 사는 집 주인 영감은 아주 인색한 노랑이야. 제 것 아흔아홉 개를 부둥켜안고도 남의 것 하나를 탐내는 사람이거든.

이 주인 영감한테는 딸이 셋 있었는데, 첫째와 둘째는 심술궂고 막내는 착했어. 머슴이 허구한 날 자기 밥을 거지한테 갖다 주고 저는 쫄쫄 굶으니까 첫째와 둘째는 그걸 보고,

"에잇 바보 같으니. 저런 바보는 굶어도 싸다."

하면서 침을 퉤퉤 뱉어. 그런데 막내는 그걸 보고,

"참 마음씨도 곱지. 얼마나 시장할까?"

하면서 언니들 몰래 부엌에 들어가서 눌은밥을 퍼다 줘.

하루는 머슴이 나무를 하러 산에 갔어. 나무 한 짐 실하게 해서 집으로 돌아오는데, 길을 잘못 들었는지 꽤 깊은 산속으로 들어가게 됐지. 난생 처음 와 보는 곳이야. 그런데 거기서 토끼 두 마리를 만났어. 토끼 두 마리가 뭘 가운데 두고 서로 옥신각신하며 싸우는 거야.

"내가 주웠으니까 내 것이다."

"내가 먼저 봤으니까 내 것이다."

이러면서 싸우는데, 가만히 보니 낡아빠진 조끼 하나를 가지고 그러거든. 머슴이 다가가서 싸우지 말고 사이좋게 지내라고 잘 달래 줬어. 그랬더니 토끼들이,

"이게 있으면 또 싸움 날 테니 우리는 이것 안 가질래요."

하면서 조끼를 머슴한테 줘. 그러고 나서 하는 말이,

"그걸 입고 단추를 채우면 몸이 하늘로 올라가고 단추를 풀면 다시 내려와요."

이러거든.

머슴은 얼른 조끼를 입고 단추를 하나하나 채워 봤어. 그랬더니 아니 이게 웬일이야? 몸이 하늘로 둥둥 떠오르네. 머슴은 나뭇짐을 진 채 하늘에 둥둥 떠서 집으로 돌아왔어. 단추를 하나하나 푸니까 몸이 슬슬 내려와서 마당에 발이 턱 닿았지. 주인집 식구들이 그걸 보고 다 깜짝 놀랐어. 그런데 주인 영감이 그만 덜컥 욕심이 나서,

"야 이놈아, 그런 건 너 같은 바보가 입으면 동티난다. 이리 다오."

하고 조끼를 탁 빼앗아 가지고 자기가 입었어. 그러고 나서 단추를 채우니까 몸이 하늘로 둥둥 떠올랐지. 높이높이 떠올라서 까만 점이 됐어.

그런데 아뿔싸, 내려오는 법을 모르네. 아무리 용을 써도 못 내려와. 단추를 풀어야 내려올 텐데 그걸 모르니 말이야. 그래서 땅에 못 내려오고 하늘

만 날아다니게 됐어. 그러다가 그만 솔개가 됐대. 솔개가 돼서 아직도 날아다닌대.

머슴은 막내딸과 결혼해서 오래오래 행복하게 잘 살았더란다.

공짜로 나무 사기

오늘은 봉이 김선달 이야기 하나 할까. 대동강 물 팔아먹은 봉이 김선달 말이야.

김선달이 한번은 돈 한 푼 없이 겨울을 나게 됐어. 춥기는 춥고 나무는 사때야 하겠는데 돈은 없고, 이런 형편이란 말이지. 그래서 하루는 어슬렁어슬렁 장터엘 갔어.

장터에 가니까 나무장수들이 많이 와 있거든. 저마다 나무를 한 짐씩 지고 와서 파는데, 나무가 참 좋아. 미끈한 졸가리에 굵직한 장작개비, 바싹 마른 삭정이에 오래 묵은 등걸까지 없는 게 없어. 김선달이 그걸 보고 나무장수마다 수작을 거는 거야.

"그 나무 참 좋소. 팔 거요?"

"팔다마다요."

"얼마요?"

"서 푼만 받지요."

"싸군. 내 그 나무 살 테니 우리 집에 갑시다."

이렇게 나무장수마다 흥정을 해서 모조리 집에 데려가는 거야. 나무장수 한 열댓이 지게를 지고 줄래줄래 김선달 뒤를 따라가는 거지. 그렇게 데려가서는, 집 밖에 세워 놓고 안에는 못 들어가게 하네.

"내 말 못할 사정이 있어 문을 못 열겠소. 모두들 여기서 나무를 담 너머로 던져 넣으시오."

말 못할 사정이 있기야 하지. 나뭇값 치를 돈이 한 푼도 없으니 그게 말 못할 사정이 아니고 뭐야.

나무장수들이야 나무를 져다 넣으나 던져 넣으나 팔긴 매한가지니 뭐 마다할 리 있어? 시키는 대로 그냥 덥석덥석 던져 넣는 거지. 졸가리, 장작개비, 삭정이, 등걸, 온갖 나무가 담 너머로 쿵덕쿵덕 넘어가서 마구 쌓였어.

그런데 땔나무라는 것이 쇠붙이도 아니고 다 마른 나무인데 그렇게 쿵덕쿵덕 넘어가서 무사할 리 있나. 먼저 넘어간 것 나중 넘어온 것 마구 뒤섞여서 얹히고 깔리고 부서지고 꺾어지고, 뭐 난리가 났지. 나무장수야 나무가 부서지건 꺾어지건 상관이 없으니까, 돈만 받으면 그만이니까 마구 던져 넣는 거지.

이렇게 해서 마당에 나무가 수북이 쌓이니까 김선달 하는 말이,

"내가 지금은 돈이 없으니 이따가 해질 무렵에 다시 오시오."

이러거든. 나무는 이미 다 던져 넣어 놨고, 팔기는 팔아야겠고, 어떻게 해?

"그럼 그러지요."

하고, 나무장수들이 다 돌아갔어. 갔다가 해질 무렵에 꾸역꾸역 다시 모여들었지.

나뭇값 받으려고 다 모여들었는데, 이때 김선달이 와서 하는 말이,

"아이고, 이것 참 미안하게 됐소이다. 돈이 마련이 안 돼서 어쩔 수가 없으니 나무를 도로 찾아가시오."

이러네. 그러면서 문을 활짝 열어 주는 거야.

나무장수들은 기가 막히지마는 어쩔 도리가 없거든. 나뭇값을 떼어먹겠다는 것도 아니고, 돈이 없어 못 사니 도로 가져가라는 데야 뭐라고 해? 하

릴없이 집 안으로 들어가서 제각각 자기 나무를 찾아가는 거야.

그런데 마구 뒤죽박죽 쌓인 나무를 찾아가기가 어디 쉽나?

"이건 내 나무다."

"이건 내 나무다."

하고 이리 당기고 저리 밀고 하다 보니 뭐 난리가 났지. 이리 부딪쳐 부서지고 저리 부딪쳐 꺾어지고, 부스러기만 자꾸자꾸 생기는 거지.

나무장수들이 얼추 나무를 찾아가고 난 뒤에 보니 마당에는 부스러기가 아주 수북하게 쌓였어. 던져 넣고 찾아가고 하는 북새통에 부서지고 꺾어진 게 죄다 남은 거야.

그래서 어떻게 했느냐고? 어떻게 하긴. 다 땔감으로 썼지. 그 덕분에 김선달이 돈 한 푼 안 들이고 나무를 잔뜩 장만해서 군불을 잘 땠다잖아. 그 덕분에 겨울도 잘 나고 말이야. 하하하.

딸랑새

옛날 옛적에 어떤 소금장수가 당나귀에 소금을 싣고 소금을 팔러 다녔어. 하루는 당나귀를 몰고 산길을 가다가 날이 저물었네. 그래서 여기저기 묵을 곳을 찾다 보니, 마침 불빛이 빤하게 보이는 외딴집이 있더래. 가서 하룻밤 자고 가기를 청했지.

그 집에는 머리가 허연 노인이 혼자 사는데, 이 노인이 아무래도 수상해. 입을 벌리면 입 속이 뻘겋고, 말을 하면 천둥이 치는 것 같고, 웃으면 눈꼬리가 쑥 올라가는 거야. 이상해서 가만히 봤더니 바짓가랑이 사이로 얼룩얼룩한 꼬리가 삐죽 나와 있거든.

'아이쿠, 내가 호랑이굴에 들어왔구나.'

옛날에는 호랑이가 사람으로 둔갑을 해 가지고 산길에서 기다리고 있다가 사람을 잡아먹고, 그러기도 했다나. 소금장수가 속으로는 겁이 났지마는 겉으로는 시치미를 뚝 떼고 당나귀 목에 걸린 방울을 떼 방 안으로 들어갔어. 그 바람에 방울이 딸랑딸랑하니까, 호랑이가 이상해서 묻는 거야.

"그 소리나는 것은 뭐요?"

소금장수가 속으로 옳다구나 하고 얼른 둘러댔지.

"아, 이거요? 이놈은 딸랑새라고 하는 건데, 호랑이고기만 먹고 살지요. 배만 고프면 이놈이 나와서 호랑이 창자를 뽑아 먹는다오."

호랑이가 들어 보니 겁나거든. 오늘 밤에 자칫하다간 딸랑새한테 죽게 생겼으니 말이야.

호랑이는 호랑이대로 소금장수 잠들기만 기다리고, 소금장수는 소금장수대로 호랑이 잠들기를 기다리고, 이러다가 호랑이가 먼저 깜빡 잠이 들었어. 소금장수가 이때다 하고 얼른 방울을 호랑이 허리에 묶었지. 그래 놓고 호랑이를 흔들어 깨웠어.

"큰일났어요. 딸랑새가 나왔어요."

호랑이가 깜짝 놀라 벌떡 일어나 보니 제 허리께에서 딸랑딸랑하는 소리가 나거든.

'이크, 딸랑새가 나한테 붙었구나.'

호랑이가 기겁을 하고 그만 내빼기 시작했어. 딸랑새가 허리에 붙어서 창자를 뽑아 먹으려고 하는데 안 내빼고 어쩔 거야? 걸음아 날 살려라 하고 마구 도망갔지. 그런데 아무리 달려도 이놈의 딸랑새는 떨어질 줄 모르네. 빨리 달리면 달릴수록 더 요란하게 딸랑딸랑 소리를 내니 어떻게 해? 딸랑새 떨어지라고 허리를 잽싸게 흔들어 가면서 더 빨리 달렸지.

밤새도록 달리다가 새벽녘이 돼서야 방울이 가시덤불에 걸려 떨어졌어. 그러니까 이제 소리가 안 나지.

'휴, 이제 살았다. 참 끈질긴 딸랑새로구나.'

호랑이가 한숨 돌리는데, 마침 이때 토끼가 지나다가 호랑이 꼴을 봤어. 보니까 뭐 참 후줄근한 것이 말도 아니거든.

"호랑이 아저씨, 왜 그러고 계세요?"

"말도 마라. 딸랑새란 놈이 허리에 붙어서 내 창자를 뽑아 먹으려고 하는 통에 밤새 도망 다니느라 이 꼴이 됐다."

"세상에 딸랑새가 어디 있다고 그래요? 어디 나하고 같이 한번 가 봐요."

호랑이가 토끼한테 이끌려 오던 길을 되짚어갔어. 가시덤불을 지나다 보니, 아까 떨어뜨렸던 방울이 발길에 채어 딸랑딸랑하거든. 그 소리를 듣고 호랑이가 그만 기겁을 해서 걸음아 날 살려라고 또 내빼기 시작했어. 그 바람에 토끼도 덩달아 달리다가, 그만 나뭇등걸에 걸려 넘어지면서 이마를 '쿵' 박고 기절을 해 버렸지.

호랑이가 그걸 보고,

"아이고 불쌍한 토끼, 기어이 딸랑새한테 당했구나."

하고, 아주 잔뜩 겁이 나서 멀리멀리 도망가더라는 이야기야.

겨울 수박

요새는 비닐집에서 별의별 걸 다 가꾸니까 과일이고 채소고 철이 따로 없지. 제철이 어디 있나? 한겨울에 수박도 나고 참외도 나고, 뭐 안 나는 게 없잖아. 그런데 옛날에는 안 그랬어. 수박, 참외 같은 건 여름에나 났지, 다른 철엔 구경도 못 했거든.

옛날 옛적 어떤 두메 산골에 한 사람이 살았어. 농사지을 땅도 변변히 없어서 참 어렵게 살았지. 날마다 나무나 해다 팔고 짚신이나 삼아 팔아서 겨우겨우 먹고살았단 말이야. 가난한 집에 식구는 많아서 입에 풀칠하기도 어려웠지만, 온 식구 다 마음씨는 고왔어.

하루는 추운 겨울날인데 이 사람이 산에 나무를 하러 갔네. 아무리 날씨가 추워도 일은 해야 먹고살 테니 어째? 가야지. 턱 올라가 보니 산이란 산이 온통 눈에 덮여 있어서 나무할 만한 자리가 없어. 여기저기 헤매다 보니 날은 춥고 다리는 아프고 손은 시리고, 아주 죽을 지경이지. 그런데 저만치 한군데를 보니 덤불 밑에 웬 연기 같은 게 뭉게뭉게 피어오르거든.

'이 산속에 웬 연기인가?'

가까이 가 봤지. 가 보니 거기 글쎄 커다란 수박이 하나 있어. 둥글둥글한 진짜 수박이야. 이 추운 겨울날 눈 속에 웬 수박인가 하고 놀랐지만, 아무튼 봤으니 따 가지고 가야지. 나무 대신에 수박 하나 지게에 얹어 가지고 집에 갔어.

집에 가서 식구들과 같이 수박을 쪼개 먹으려니까 아내가 말려.

"이 귀한 걸 그냥 먹어 없애기보다 장에 갖다 팔아 봅시다."

그도 그럴듯한 말이거든. 장에 내다 팔면 돈이 생길 테고, 그 돈으로 곡식 됫박이나 사면 온 식구 몇 끼는 먹을 테니 좀 좋아? 당장 그러자 하고 수박을 짊어지고 장에 갔지.

장에 가서 수박을 내놓고 앉아 있으니 사람들이 몰려와서 구경들을 해. 그런데 다들 이 한겨울에 웬 수박이냐고 신기해하기만 하지 살 생각을 안 하네.

이러구러 해가 저물었는데, 이때 마침 비단옷을 잘 차려입은 사람이 지나가다가 값을 묻네. 그걸 뭐 얼마를 달라 할 거야?

"아이, 그저 처분대로 주십시오."

좁쌀 한 됫박 값이나 쳐주면 고마울 테니까 말이야. 그랬더니 그 손님 하는 말 좀 들어 보게.

"천 냥이면 되겠소?"

아, 천 냥이면 논도 사고 밭도 살 만큼 큰돈인데.

"에이, 사람 놀리지 마시오."

놀리는 게 아니고서야 그런 많은 값을 부를 리 없거든.

"그럼 이천 냥."

"에이 참, 왜 자꾸 놀리시오?"

"그럼 삼천 냥."

"에이 참."

"그럼 사천 냥."

"……"

"그럼 오천 냥 내리다. 옛소, 받으시오."

이렇게 해서 얼떨결에 수박 하나를 오천 냥에 팔았어.

그 돈으로 논도 사고 밭도 사고 해서 잘 살았지. 아주 부자가 돼서 잘 살았어. 겨울 수박 하나 때문에 아주 팔자가 펴진 거야.

그나저나 수박 사 간 사람은 누굴까?

도술 부리는 스님

 옛날 옛적, 우리 나라하고 이웃 나라하고 사이가 좋지 않을 때 이야기야. 이웃 나라에서 해마다 우리 나라 처녀 총각 삼백 사람씩을 잡아갔대. 왜 잡아갔느냐고? 글쎄, 일꾼으로 부려 먹으려고 그랬겠지. 어쨌든 해마다 사람 잡는 사신이 왔다고 하면 온 나라가 그냥 초상집이 됐어. 집집마다 멀쩡한 아들딸을 빼앗기고 땅을 치며 우는데, 그게 초상집이 아니면 뭐가 초상집이야?

 이래서 온 나라가 근심에 잠겨 있는데, 이때 금강산에서 도 닦는 스님 하나가 나섰어.

 "잡혀간 사람들을 내가 가서 데려오겠소."

 스님이 혼자서 조그마한 배를 타고 바다를 건너 이웃 나라로 갔어. 가니까, 그 나라 사람들이 이 스님을 시험하려고, 배에서 막 내리는 스님한테 화살을 마구 쏘아 대는 거야. 그런데 스님은 비 오듯이 쏟아지는 화살을 손으로 다 받아서 하나씩 뚝뚝 분질러 버렸어. 그걸 보고 그 나라 사람들이 다 놀랐지.

 그다음에 스님이 뭍에 오르니까, 또 시험을 하려고 쇠못을 불에 벌겋게 달구어 가지고 길바닥에 거꾸로 잔뜩 꽂아 놓는 거야. 그런데 스님은 태연하게 맨발로 못 위를 걸어갔어. 그래도 발에 흠집 하나 안 생기고 피 한 방울 안 나. 이걸 보고 그 나라 사람들이 더 놀랐지.

"참으로 대단한 스님이로구나. 저런 사람을 살려 뒀다가는 큰일나겠다."

이웃 나라 사람들이 숙덕숙덕 의논을 한 끝에 스님을 죽이기로 하고, 그날 밤에 스님을 모시는 척하면서 쇠로 만든 방에 가뒀어. 그래 놓고 아궁이에다가 마구 장작불을 땠어. 밤새도록 불을 때니까 쇠가 빨갛게 달아오를 것 아니야? 방바닥이고 바람벽이고 천장이고 온통 시뻘겋게 달아오르는 거지. 그렇게 사흘 밤낮 동안 불을 땠어.

'이제는 불에 타 죽었겠지.'

이렇게 생각하고, 사흘째 되는 날 사람들이 방문을 열어 봤어. 그랬더니 글쎄 어쨌는지 알아? 스님이 아랫목에 책상다리를 하고 앉아 있는데, 온몸에 성에가 하얗게 끼고 옷고름에 고드름이 주렁주렁 매달려 있더래.

"어 춥다. 애들아, 불 좀 더 때라."

하면서 말이야. 그걸 보고 사람들이 다 그만 놀라자빠졌지.

그다음 날에는 스님을 얼음집에다 가뒀어. 그래 놓고 밤새도록 찬물을 끼얹었어. 얼음이 꽁꽁 얼어붙으라고 말이지. 사흘 밤낮 동안 그렇게 얼음을 얼렸어.

'이제는 얼어 죽었겠지.'

이렇게 생각하고, 사흘째 되는 날 사람들이 방문을 열어 봤어. 그랬더니 글쎄 어쨌는지 알아? 스님이 윗목에 앉아 땀을 뻘뻘 흘리면서 연신 부채질을 하고 있지 뭐야.

"아이고 더워라. 애들아, 찬물 좀 더 끼얹어라."

하면서 말이야. 그걸 보고 사람들이 다 그만 놀라자빠졌지.

이래도 안 되고 저래도 안 되고, 암만 해도 안 되니까 이웃 나라 임금이 그만 항복을 했어. 그리고 스님에게 제발 돌아가 달라고 애걸복걸했지.

"너희들이 잡아간 우리 나라 사람들을 다 풀어 주면 돌아가겠다."
하니까 말을 들어야지 뭐 별 수 있어? 다 풀어 줬지.

　이렇게 해서 스님이 우리 나라 처녀 총각을 다 구해 가지고 돌아왔대. 그 뒤로는 이웃 나라에서 우리를 함부로 하지 못했다는 거야.

호랑이가 준 귀이개

옛날 옛날에 한 총각이 살았는데, 너무 가난해서 나이 마흔이 넘도록 장가를 못 갔어. 그래서 색시를 얻으려고 집을 나섰지.

정처 없이 자꾸 가다가 산속에서 호랑이를 만났어. 집채만 한 호랑이가 눈앞에 떡 버티고 서서 "어흥!" 하는데, 뭐 어떻게 할 도리가 있어야지. 그냥 가만히 서서 죽기만을 기다리고 있었어.

그런데 아 이 호랑이가 이상한 짓을 하네. 등을 돌려 대고 꼬리를 설레설레 흔들지 뭐야. 등에 올라타라는 소린가 싶어서 슬며시 올라타 봤어. 그랬더니 호랑이가 자기를 태우고 번개같이 달려가. 바람같이 쌩쌩 달려서 어느 동굴 안으로 쑥 들어가네. 안에 들어가 보니 새끼호랑이 한 마리가 누워서 끙끙 앓고 있어.

어미호랑이가 새끼호랑이 입을 딱 벌리는데, 가만히 들여다보니 목구멍에 커다란 뼈가 하나 딱 걸려 있는 거야.

'옳지, 저 뼈를 좀 빼내 달라는 말인가 보군.'

이렇게 짐작하고, 새끼호랑이 입안에 손을 넣어서 뼈를 쏙 빼내 줬어.

그랬더니 아니나 다를까 어미호랑이가 고맙다고 절을 꾸벅꾸벅해. 그러고는 뭔가 조그마한 물건을 하나 물어 가지고 와서 총각 앞에 턱 던져 줘. 주워들고 보니, 아 이게 뭐 참 보잘 것도 없는 거야. 귀 간지러울 때 귀지 파는 귀이개 있잖아. 그저 달랑 한 개더란 말이지.

아무려나 그걸 주머니에 넣어 가지고 굴을 나왔어.

가다가 심심해서 귀이개를 꺼내 가지고 귀를 한번 후벼 봤겠다. 어, 그랬더니 이게 웬일이야? 귀가 시원하게 뻥 뚫리면서 온갖 새 말하는 소리가 다 들리네. 새 소리가 그냥 '짹재글 짹재글' 이렇게 들리는 게 아니라 말소리로 들리는 거야.

"얘들아, 얘들아. 나는 아까 별난 일도 다 봤다. 웬 총각이 호랑이를 타고 가더라."

"나는 그 총각이 새끼호랑이 목에 걸린 뼈를 빼 주는 것도 봤다."

"그것만 봤니? 나는 그 총각이 호랑이한테서 귀이개 얻는 것도 봤는걸."

이렇게 저희들끼리 막 떠들어 대거든. 그것참 신통하기도 하지.

귀이개를 주머니에 잘 넣어 가지고 길을 갔어. 가다가 날이 저물어서 어느 마을 큰 기와집에 들어갔지. 하룻밤 재워 달라고 하니 재워는 주는데, 온 집안 식구들 얼굴에 근심이 가득해. 왜 그러느냐고 물어봤더니 주인이 하는 말이,

"우리 외동딸이 며칠 전부터 시름시름 앓아서, 온갖 용하다는 의원한테 다 보이고 온갖 좋다는 약을 다 써 봤지만 차도가 없더니, 오늘 저녁에는 죽으려고 그러는지 숨이 오락가락하고 있소."

이러거든.

총각이 얼른 귀이개를 꺼내 가지고 귀를 한 번 후볐어. 그랬더니 귀가 뻥 뚫리면서 나무 위에서 까치들이 말하는 소리가 다 들리는 거야.

"아이고, 저 집 외동딸은 천 년 묵은 지네 독을 쐬어서 다 죽게 되었으니 딱도 하지."

"그러게 말이야. 지붕 용마루 기와를 들어 내고 쇠젓가락으로 지네를 잡

아 항아리에 넣은 다음 담배 연기를 쐬면 지네는 죽고 딸은 살 텐데, 그걸 모르니 더 딱하지."

총각이 그 말을 듣고, 당장 주인에게 청해서 사다리하고 쇠젓가락, 항아리와 담배를 얻었어. 먼저 사다리를 타고 지붕에 올라가서 용마루 기와를 들어 냈지. 그러고 나서 안을 들여다보니 아니나 다를까, 홍두깨만 한 지네 한 마리가 척 들어앉아 있는 거야. 얼른 쇠젓가락으로 집어내어 항아리에 넣고 담배 연기를 쐬었어. 그랬더니 지네는 금방 죽더래.

지네가 죽고 나니 외동딸은 언제 아팠냐는 듯이 깨끗하게 나아서 일어나지. 주인집에서는 딸 목숨을 살려 준 은인이라고 이 총각을 사위 삼자고 해.

이렇게 해서 총각은 소원대로 색시를 얻어 장가를 갔어. 그리고 오래오래 잘 살아서 어저께까지 살았더래.

슬기로운 아이

옛날에 우리 나라가 이웃에 있는 큰 나라한테 쥐여살 때 이야기야. 한번은 이웃 나라에서 얼토당토않은 걸 가져오라 했는데, 그게 뭐고 하니 기다란 바람막이 병풍하고 커다란 항아리를 만들어 가지고 오라고 그러거든. 병풍은 저희 나라 땅을 뺑뺑 돌아가며 다 둘러치면 딱 맞을 만큼 기다랗게 만들고, 항아리는 두만강 물을 다 퍼담으면 꽉 찰 만큼 커다랗게 만들어 가지고 오라는 거야. 세상에, 그런 엄청난 걸 어떻게 만들어?

이 때문에 나라에서는 난리가 났어. 임금과 신하들이 모여서 궁리를 하느라고 야단법석이 난 거야. 그런데 아무리 머리를 짜내 봐도 뾰족한 수가 나야 말이지. 글공부를 많이 해서 똑똑하다고 소문난 사람들이 다 모여서 밤낮으로 의논을 해 봐도 도무지 어떻게 해 볼 도리가 없거든.

이래서 참 걱정이 늘어졌는데, 이때 성 밖에 부모도 없이 남의 집 머슴 사는 아이가 하나 있었어. 이 아이가 소문을 듣고서는 임금 사는 대궐을 떡 하니 찾아갔네.

"임금님, 그 일이라면 아무 염려 마시고 저한테 맡겨 주십시오."

"네게 무슨 방도가 있느냐?"

"예, 있다뿐이겠습니까?"

"그럼 그 병풍이랑 항아리를 얼마나 크게 만들어 주랴?"

"그런 것 다 필요 없으니 자 한 개하고 사발 한 개만 주십시오."

임금이 자하고 사발을 구해 주니까, 이 아이가 그걸 들고 이웃 나라로 갔어. 그 나라 임금이 가만히 보니까 뭐 조그마한 아이가 꾀죄죄하게 차려입고 왔는데, 손에 들고 왔다는 것이 기껏 자 한 개하고 사발 하나거든. 그러니 단박에 얕잡아 보고 마구 야단을 치는 거야.

"우리 나라 땅을 둘러칠 바람막이 병풍하고 두만강 물을 퍼담을 항아리를 만들어 가지고 오랬더니, 조그만 아이놈이 겁도 없이 그따위 것을 들고 왔느냐?"

그래도 이 아이는 눈썹 하나 까딱 안 하고 태연하게 받아넘겼어.

"병풍이랑 항아리를 만들려면 먼저 해 주셔야 할 일이 있습니다."

"그게 뭐냐?"

자하고 사발을 떡 내놓으면서,

"이 자로 이 나라 땅 둘레가 몇 자나 되는지 재어 주십시오. 그래야 그만한 병풍을 만들 것 아닙니까? 또 이 사발로 두만강 물을 퍼서 몇 사발이나 되는지 알아봐 주십시오. 그래야 그만한 항아리를 만들 것 아닙니까?"

이랬지. 그러니까 뭐 더 할 말이 있나? 이치에 딱 맞는 말인데 뭘. 그런데 저희 나라 그 큰 땅덩어리를 어찌 자로 다 재고, 두만강 그 많은 물을 어찌 다 사발로 푸겠어? 도저히 못 하겠으니까 그만 나가떨어졌지.

"아이고, 됐다. 병풍이고 항아리고 다 필요 없으니 그냥 돌아가거라."

이렇게 해서 이 아이가 그 어려운 일을 보기 좋게 풀어 내고 무사히 돌아왔다는 거야.

돌아와서는 어떻게 됐느냐고? 그야 잘 살았지. 병도 없고 탈도 없이 오래오래 잘 살았더란다.

도깨비 수수께끼

 옛날 옛적 갓날 갓적 호랑이 담배 피울 적, 어떤 산골에 나무꾼이 살았어. 하루는 산속에 들어가서 나무를 한 짐 해 가지고 왔지. 그런데 집에 떡 돌아와 보니까 도끼가 없네. 도끼를 산속에 그냥 두고 와 버렸단 말이야.
 '아이고, 이거 큰일났다.'
 나무꾼한테 도끼가 없으면 무슨 수로 나무를 해? 하릴없이 도끼를 찾으러 다시 산속으로 들어갔어. 날은 벌써 어둑어둑해졌는데, 겨우겨우 나무하던 곳을 찾아가 보니 도끼는 없고 도깨비들이 우글우글하더래. 할아버지 도깨비, 아버지 도깨비, 삼촌 도깨비에다가 형 도깨비, 동생 도깨비까지 그냥 산속이 온통 도깨비 천지야. 아주 도깨비 장이 섰어.
 그걸 보고 나무꾼이 기겁을 했지마는, 도끼 찾으러 예까지 힘들여 왔는데 그냥 물러설 수 있나. 마음을 딱 가다듬고 도깨비들 앞에 턱 나섰지.
 "여봐라, 너희들 여기서 내 도끼 못 봤느냐?"
 본래 도깨비들한테는 늙으나 젊으나 말을 탁탁 낮추는 법이거든. 그래야 도깨비들이 사람을 옳게 대접해 준다나. 참말인지 빈말인지 그런 말이 있어. 아무튼 그렇게 물었더니 도깨비들이 천연덕스럽게 대꾸를 하더래.
 "아, 그 도끼 말씀입니까? 그건 우리가 주워서 잘 간수해 놨지요."
 "그럼 어서 다오."

"글쎄 그걸 그냥 드릴 수는 없고, 수수께끼 내기를 해서 우리를 이기면 드리지요."

도깨비들이 워낙 장난을 좋아하거든. 그중에서도 씨름이나 수수께끼 같은 걸 좋아해서 아무나 보면 그렇게 장난을 건다는 거야. 마다할 수 있나. 그러자 했지.

먼저 도깨비들이 수수께끼를 내는데, 어떤 걸 내는고 하니,

"하늘이 동쪽 끝에서 서쪽 끝까지 몇 리나 되겠습니까?"

이러거든. 아, 하늘이 몇 리나 되는지 그걸 누가 재 봤어? 어렵지. 그런데 나무꾼은 망설이지도 않고 곧바로 대답을 내놨어.

"그거야 딱 한 뼘이지."

"어째서 그렇습니까?"

"아, 너희들도 눈 위에 손을 펴서 재 봐. 그럼 알 거야."

도깨비들이 눈 위에 손을 펴서 재 보니까 딱 한 뼘이거든. 뭐 할 말이 있나? 이겼지.

도깨비들이 수수께끼 하나를 더 내는데, 이번에는 어떤 걸 내는고 하니,

"남해 바다 물을 다 푸면 몇 동이나 되겠습니까?"

이러거든. 이것도 누가 물을 퍼내 봤어야 말이지. 그런데 나무꾼은 이번에도 시원스럽게 대답을 했어.

"그거야 딱 한 동이지."

"어째서 그렇습니까?"

"아, 꼭 남해 바다만 한 동이로 푸면 딱 한 동이지 뭐 더 될 게 있어?"

그렇잖아. 딱 이치에 맞는 말이지.

이렇게 해서 도깨비들이 낸 수수께끼를 다 맞혔어.

이번에는 나무꾼이 수수께끼를 낼 차례야. 들고 있던 지겟작대기를 똑바

로 세워 놓고,

"이 지겟작대기가 왼쪽으로 자빠지겠니, 오른쪽으로 자빠지겠니?"

했지. 왼쪽으로 자빠지겠다 하면 오른쪽으로 자빠뜨릴 거고, 오른쪽으로 자빠지겠다 하면 왼쪽으로 자빠뜨릴 테니 알아맞히긴 다 틀렸지.

"아이고, 우리가 졌습니다. 도끼 가져가십시오."

이렇게 해서 도끼를 찾아 가지고 왔다는 이야기.

효녀와 호랑이

옛날 옛날 어느 가난한 집에 어머니하고 딸이 살았어. 다른 식구는 없고 모녀만 단둘이 살았지. 딸은 나이 열댓 살 먹었고 어머니는 머리가 하얗게 늙었어. 그런데 어머니가 그만 덜컥 병이 들었네. 초가을부터 앓기 시작해서 한겨울이 될 때까지 앓아 누워 있는 거야. 좋다는 약도 써 보고 용하다는 의원을 불러도 봤지만 차도가 없어.

하루는 어머니가 딸한테 그러지.

"애야, 어디 달고 말랑한 홍시가 없겠느냐? 그것 두어 개만 먹으면 병이 나을 것 같은데……."

그날부터 딸은 홍시를 구하러 다녔어. 온 동네를 돌아다니면서 물어봤지만 홍시 있다는 집은 없네. 홍시라는 게 가을에 나는 건데, 이 추운 겨울까지 남아 있을 리 없거든. 게다가 말랑한 게 곧잘 터지는지라, 웬만큼 정성을 안 들이고서는 갈무리도 안 된단 말이야. 이웃 마을 건넛마을까지 돌아다녀 봤지마는 헛수고만 했어.

딸은 하릴없이 정화수 떠다 놓고 신령님께 빌었지.

"영험하신 신령님께 비나이다. 우리 어머니 병 고치게 달고 말랑한 홍시 좀 내려주옵소서."

새벽마다 빌고 저녁마다 빌고, 날이면 날마다 빌었어. 그렇게 스무아흐레 동안 빌고 나서, 이제 한 달째가 되는 날이야. 그날도 저녁에 물 떠 놓고 빌고 나서 막 방에 들어가려는데, 삽짝 언저리에 시커먼 것이 어른어른하더니 집채만 한 호랑이 한 마리가 썩 들어오네.

"어흥!"

하고 마당 안으로 들어서는 걸 보니 틀림없는 호랑이야. 그런데 호랑이는 달려들지도 않고 날뛰지도 않고 그냥 가만히 서 있어. 사람을 해코지하려고 온 게 아닌가 봐. 딸은 얼른 호랑이한테 절을 하고 물었지.

"신령님, 제 소원을 들어주려고 오셨나요?"

옛날부터 호랑이는 산신령이라고, 그런 말이 있거든. 산신령이 사람 앞에 나타날 때는 꼭 호랑이 모습으로 나타난다는 거야.

호랑이는 딸이 하는 말을 듣더니 고개를 끄덕끄덕해. 그러고는 등을 돌려 대고 꼬리를 설레설레 흔들어.

"저더러 등에 올라타라는 말인가요?"

하니까 또 고개를 끄덕끄덕해. 그래서 올라탔지. 딱 올라타니까 그만 뭐 냅다 달리는데, 어디가 어딘지도 몰라. 그냥 뭐 바람같이 달리는 거야. 딸은 호랑이 등에 올라타서 목덜미를 꼭 끌어안고 가는 대로 갔지.

산을 넘고 들을 지나고 내를 건너고, 한참을 달려가더니 한 곳에 딱 서는데 보니까 큰 기와집 앞이야. 고래등 같은 기와집 앞에 딱 멈춰 서서는, 호랑이가 대문을 막 머리로 들이받는 거야. 그 바람에 대문이 '쿵쾅쿵쾅' 소리를 내니까 안에서 사람이 나올 것 아니야?

주인이 나오니까 호랑이는 어느새 멀찌감치 숨어 버렸어.

"이 밤중에 누구요?"

"아무 마을에 사는 아무개입니다. 신령님이 이끌어 주셔서 여기까지 왔습니다."

"그래, 무슨 일이오?"

"우리 어머니가 앓아 누우신 지 몇 달이 지났는데, 홍시를 드시면 낫겠다고 하는데 아직 못 구했습니다. 혹 이 댁에 홍시가 있나요?"

"우리 아버지가 홍시를 즐기셔서 잘 갈무리해 둔 것이 있소만, 이제 다 드시고 딱 두 개가 남아 있소."

아, 이 집에 홍시가 있다네. 호랑이가 여기 홍시 있는 걸 알고 데려왔나 봐. 그래, 그 집에서 홍시 두 개를 얻어 가지고, 다시 호랑이 등을 타고 돌아왔지. 주인집에서는 어린 처녀가 밤길을 어떻게 가느냐고, 자고 아침에 가라고 그러는 걸 괜찮다고 하고 그냥 왔지. 뭐, 호랑이 타고 오는데 겁날 게 뭐야.

호랑이는 집 마당까지 딸을 데려다 주고 나서 어디론가 가 버리더래.

딸은 얻어 온 홍시를 어머니한테 드렸지. 어머니는 그걸 받아먹고 나서 곧장 병이 나았어. 몇 달 동안 앓던 병이 아주 깨끗하게, 씻은 듯이 낫더래.

모녀는 그 뒤로 병 없고 탈 없이 오래오래 잘 살더란다.

팔꿈치 살이 따로 노는 까닭

팔꿈치 한번 만져 보렴. 거기에 살이 야무지게 딱 안 붙어 있고 흔들흔들 잘 놀지? 그게 왜 그렇게 됐는지 얘기할 테니 잘 들어 봐.

옛날 옛날 어느 마을에 형과 아우가 살았는데, 이 둘은 마음씨가 아주 딴판이었어. 아우는 착해서 남을 잘 도와주는데, 형은 욕심이 많아서 허구한 날 심술만 부린단 말이야. 그러니까 마을 사람들이 입만 열면 아우를 칭찬하고 형을 나무라거든. 형은 그 소리가 듣기 싫어서 아우를 먼 데 갖다 버릴 작정을 했어.

하루는 형이 아우를 꾀어서 둘이 배를 타고 바다에 나갔지. 먼 데까지 가서 조그마한 바위섬에 닿았어. 둘이 섬에 올라가서 놀다가, 아우가 한눈을 파는 사이에 형은 저 혼자서 배를 타고 돌아와 버렸네.

혼자 섬에 남게 된 아우는 바다에서 물고기를 잡아먹으면서 겨우겨우 목숨을 잇고 살았어. 그런데 집도 절도 없이 고생스럽게 살다 보니 날이 갈수록 몸이 점점 야위어서, 나중에는 뼈와 가죽만 남아 있는 지경이 됐어.

죽을 날만 기다리고 있는데, 하루는 하늘에서 두루미 한 마리가 훨훨 날아오더니,

"내가 너를 뭍에까지 태워다 줄 터이니 물고기 일곱 마리만 잡아 다오."

이러더래. 그래서 아우가 밤낮으로 애를 써서 물고기 일곱 마리를 잡아 줬

어. 두루미는 그중에 한 마리는 먹고 나머지 여섯 마리를 아우에게 주면서,

"이걸 가지고 내 등에 올라타라. 내가 날아가다가 힘이 빠지면 '후유' 하고 한숨을 쉴 터이니, 그때마다 내 입에 물고기를 한 마리씩 넣어 다오. 만약 한숨을 쉬는데도 물고기를 안 넣어 주면 더 날지 못할 것이다."

이런단 말이야. 아우는 이 말을 잘 새겨듣고 두루미 등에 올라탔지.

두루미는 아우를 등에 태우고 훨훨 날아갔어. 한참 가다가 날갯짓이 점점 느려지면서 "후유" 하고 한숨을 쉬기에 얼른 물고기 한 마리를 입에 넣어 줬지. 그랬더니 과연 두루미가 다시 힘을 내서 잘 날아가. 한참 가다가 또 "후유" 하고 한숨을 쉬기에 물고기 한 마리를 입에 넣어 주고, 한참 가다가 한숨을 쉬기에 또 한 마리를 줬지. 이렇게 물고기 다섯 마리를 두루미 입에다 넣어 주고 딱 한 마리가 남았어. 이제 조금만 더 가면 뭍에 닿는 거야.

이때 두루미가 또 힘이 빠졌는지 "후유" 하고 한숨을 쉬네. 그래서 물고기를 먹여 주려고 딱 집어 들다가 아뿔싸, 미끄덩하면서 그만 손에서 놓쳐 버렸어. 그러니 어찌 되겠어? 물고기가 아래로 씽 날아가서 바다에 풍덩 빠져 버렸지.

'아이고, 큰일났다.'

물고기를 안 먹여 주니까 두루미는 날갯짓이 점점 느려지는 거야. 힘이 빠져서 그렇지. 푸드덕푸드덕하면서 자꾸자꾸 아래로 내려가. 이러다가는 둘 다 물에 빠져 죽을 것 같거든. 아우는 급한 나머지 얼른 자기 팔뚝을 두루미 입속에 쑥 집어넣었어. 그랬더니 두루미는 팔뚝을 뚝 잘라 먹고 다시 힘을 내어 날개를 퍼덕거리며 날기 시작하더래.

이렇게 해서 둘은 무사히 뭍에 닿았어. 뭍에 닿은 뒤에 두루미가 아우 팔이 잘린 걸 보더니, "캑캑!" 하고 팔뚝을 다시 토해 내는 거야. 그리고 그걸 아우 팔꿈치에 턱 붙여 주더래. 그러니까 감쪽같이 붙었어.

아우는 두루미 덕분에 무사히 집에 돌아와, 그 뒤로는 아무 탈 없이 잘 살았더래.

그런데 그 팔꿈치 살이 말이야. 아무래도 떼었다가 도로 붙인 곳이니까 야무지게 딱 붙어 있진 못하지. 그때부터 팔꿈치 살이 흔들흔들 잘 놀게 된 거란다.

다시 태어난 두 사람

옛날에 어떤 스님이 상좌를 데리고 동냥을 하러 다녔어. 이 마을 저 마을 돌아다니면서 집집마다 들러 쌀도 얻고 밥도 얻고 하는데, 이 스님이 참 도사야. 앞날을 훤하게 다 알고 사람 팔자도 다 알아.

하루는 어느 마을 부잣집에 들어가서 동냥을 청했지. 고래등 같은 기와집에다가 곳간에는 곡식을 넘치게 쌓아 놓고 사는 집인데, 그 집에서는 동냥을 안 줘. 잘 차려입은 안주인이 나오더니 욕만 퍼부어 대는 거야.

"우리 먹을 것도 없는데 동냥은 무슨 동냥? 거지 중한테 줄 것이 어디 있어? 당장 나가거라."

이러면서 마구 삿대질을 하더란 말이지. 그러니까 스님이 안주인한테 공손하게 절을 하면서 축원을 하는 거야.

"부인께서는 백 년 동안 오래오래 사옵소서."

장난으로 그러는 게 아니라 진실로, 정성껏 그렇게 빌어.

그 집에서 나와 또 다른 곳으로 가는데, 가다 보니 어떤 거지 아낙이 길가에 쭈그리고 앉아서 막 쪽박밥을 먹으려 하고 있어. 스님이 그걸 보고 그 거지한테 동냥을 청하네.

"길 가는 중들이 배가 고파 그러니 그 밥 한술 주시겠소?"

그러니까 거지가 자기 먹으려던 밥을 선뜻 내밀면서 먹으라고 해. 스님은 쪽박을 받아 상좌와 함께 맛있게 밥을 나누어 먹었지. 그러고 나서 또 공손하게 절을 하는데, 이번에는 말이 달라.

"부인께서는 지체 말고 세상을 뜨옵소서."

이번에도 장난이 아니라 진심으로 그러는 거야. 상좌가 들어 보니 참 이상하거든. 이상하다 못해 기가 막힐 지경이지. 욕을 하고 삿대질하면서 내쫓은 사람한테는 오래 살라고 축원을 하고, 저 먹을 밥까지 선뜻 건네준 사람한테는 빨리 죽으라고 막말을 하니, 이게 대체 무슨 일이야? 제정신으로 하는 짓 같지가 않거든.

"스님, 이게 대체 무슨 짓입니까? 나쁜 사람한테는 복을 주고 착한 사람한테는 벌을 주니, 이게 어찌 도를 닦은 스님이 할 짓입니까?"

그래도 스님은 그저 빙긋 웃기만 하고 아무 말도 않더래.

이러구러 세월이 많이 흘렀어. 한 스무 해나 지났는지 몰라. 하루는 또 스님이 상좌를 데리고 여기저기 동냥을 하러 다녔지.

한군데를 가니까 어떤 거지 할머니가 이 집 저 집 다니면서 밥을 빌어먹고 있더래. 추운 겨울날인데 홑옷을 입고 덜덜 떨면서 구걸을 하더란 말이지. 그걸 보고 스님이 상좌한테 물어.

"저 거지 할머니가 누구인지 알겠느냐?"

"글쎄요, 본 적이 없는 것 같습니다."

"본 적이 있을 게다. 오래전에 큰 부잣집에서 자기 먹을 것도 없는데 동냥은 무슨 동냥이냐고 욕을 하며 우리를 쫓아내던 안주인이 있었지 않느냐?"

"예, 그러고 보니 생각납니다."

"그 안주인이 바로 저 사람이니라. 내가 그때 오래오래 살라고 축원을 해 준 덕분에, 그 많던 재산 다 잃고 비렁뱅이가 돼서도 아직까지 고생스럽게 살고 있지 않느냐."

그러고 나서 또 한참 가다 보니, 이번에는 어느 귀한 집 부인이 가마를 타고 가더래. 고운 비단옷을 따뜻이 차려입은 부인이 사람들을 여럿 거느리고 가더란 말이지. 그걸 보고 또 스님이 상좌한테 물어.

"저 귀한 부인이 누구인지 알겠느냐?"

"글쎄요, 본 적이 없는 것 같습니다."

"본 적이 있을 게다. 오래 전에 길가에서 자기 먹으려던 쪽박밥을 우리에게 선뜻 내준 거지 아낙이 있었지 않느냐?"

"예, 그러고 보니 생각납니다."

"그 거지 아낙이 바로 저 사람이니라. 내가 그때 지체 말고 세상을 뜨라고 축원을 한 덕분에, 고달픈 세상 빨리 하직하고 귀한 몸으로 다시 태어나 저렇게 호강하며 살고 있지 않느냐."

그제야 상좌가 스님 뜻을 알아차리고 고개를 끄덕이더라는 이야기.

생쥐 신랑

 옛날 옛적 어느 산골 마을 가난한 집에 딸 셋이 살았더란다. 딸 셋이 다 나이가 차서 시집갈 때가 됐는데, 집안이 가난해서 그런지 도무지 혼삿말이 들어오질 않네. 하루는 어머니 아버지가 딸들을 불러 놓고 일렀지.
 "얘들아, 너희들은 오늘로 집을 나가 제각각 마음에 드는 신랑을 얻어 오너라."
 그래서 세 딸은 집을 나갔어. 맏딸은 동쪽으로 가고, 둘째 딸은 북쪽으로 가고, 막내딸은 서쪽으로 갔어.
 동쪽으로 간 맏딸은 여기저기 다니다가 아주아주 힘센 신랑을 얻어 가지고 돌아왔어.
 북쪽으로 간 둘째 딸은 여기저기 다니다가 아주아주 잘생긴 신랑을 얻어 가지고 돌아왔어.
 서쪽 길로 간 막내딸은 자꾸만 걸어갔어. 산을 넘고 또 넘고 걸어가다가 그만 산속에서 길을 잃었어. 날도 저물었어. 어둠 속을 헤매다가 그만 지쳐 쓰러져 정신을 잃고 말았지.
 얼마가 지났는지 정신을 차리고 보니, 자기가 멋지고 근사한 방에 누워 있고 둘레에는 수많은 생쥐들이 모여 서 있는 거야. 그중 한 생쥐가 나서서 넙죽 절을 하더래.

"부디 저와 혼인해 주십시오."

막내딸은 자기를 살려 준 생쥐가 고마워서 그러마고 허락을 했어. 그날로 연지 찍고 곤지 찍고 족두리 쓰고 생쥐 신랑과 혼인식을 올렸지.

그런 다음 집에 돌아가려는데, 생쥐 신랑을 데려갈 수 없어서 저 혼자서 갔어.

"막내야, 넌 왜 혼자 왔니?"

"남편은 발이 아파 못 왔어요."

"그러면 사흘 뒤에 떡을 해 가지고 오너라."

하릴없이 생쥐 나라로 돌아와 울고 있으니, 생쥐 신랑이 사정을 알고 생쥐 나라 생쥐들을 다 불러모아서 떡을 했어. 수많은 생쥐들이 달려들어 우지끈뚝딱 금세 맛난 떡을 한 시루 해 놨지. 막내딸은 그 떡시루를 이고 집에 갔어.

"막내야, 넌 왜 혼자 왔니?"

"남편은 배가 아파 못 왔어요."

"그러면 사흘 뒤에 베를 짜 가지고 오너라."

하릴없이 생쥐 나라로 돌아와 울고 있으니, 생쥐 신랑이 사정을 알고 생쥐 나라 생쥐들을 다 불러모아서 베를 짰어. 수많은 생쥐들이 달려들어 우지끈뚝딱 금세 고운 베 한 필을 짜 놨지. 막내딸은 그 베를 보자기에 싸서 짊어지고 집에 갔어.

"막내야, 넌 왜 혼자 왔니?"

"남편은 눈이 아파 못 왔어요."

"무슨 일이 있어도 사흘 뒤에는 꼭 남편을 데리고 오너라."

하릴없이 생쥐 나라로 돌아와 엉엉 울고 있으니, 생쥐 신랑이 사정을 알고 생쥐 나라 생쥐들을 다 불러모아서 가마를 지었어. 수많은 생쥐들이 달려들어 우지끈뚝딱 금세 멋진 가마 두 채를 지어 놨지. 한 채는 막내딸이 타고 또 한 채는 생쥐 신랑이 타고, 수많은 생쥐들이 앞뒤에서 가마를 메고 덩실덩실 춤을 추며 집으로 갔어.

집에 들어가니 어머니 아버지가 그 모습을 보고 성을 내네.

"에잇, 생쥐 사위라니 꼴도 보기 싫다."

언니들과 형부들도 그 모습을 보고 놀려 대네.

"헤헤, 힘도 없는 생쥐 신랑을 얻어 왔구나."

"헤헤, 못생긴 생쥐 신랑을 얻어 왔구나."

그 말을 들은 생쥐 신랑이 집 옆에 있는 연못으로 달려가더니 그만 물속에 풍덩 뛰어들어가 버렸어. 가마를 메고 온 다른 생쥐들도 뒤를 따라 풍덩, 풍덩, 풍덩……, 모두 연못에 뛰어들어가 버렸지.

남편을 잃은 막내딸은 연못가에서 구슬프게 울었어.

그런데 한참 뒤에 갑자기 연못이 환해지더니 물속에서 수많은 젊은이들이 번쩍거리는 황금 가마를 메고 나오는 거야. 젊은이들이 마당에 가마를 내려놓자, 문이 스르르 열리면서 아주 잘생긴 신랑이 썩 나오지 뭐야.

막내딸과 신랑은 그 뒤로 행복하게 잘 살아서, 어저께까지 살았더란다.

구두쇠의 깨달음

옛날에 옛날에 아주 인색한 구두쇠가 살았어. 얼마나 짠 구두쇠였는고 하니, 세수하고 난 물도 그냥 안 버려. 세수를 하고 나서, 세수한 물에 걸레를 빨고, 걸레 빤 물을 텃밭에 뿌리는 거야. 다 쓴 종이 한 장도 그냥 안 버려. 군데군데 빈 곳이 있으면 잘라다가 이어 붙여 새 종이를 만들고, 남은 것은 또 창호지 뚫어진 곳에다 바르는 거야. 이렇게 아끼고 살면서 일은 또 얼마나 부지런히 하는지, 날마다 새벽부터 밤늦게까지 한시도 노는 법이 없어. 이러니 돈을 안 벌 수가 있나. 처음에는 남의 집 머슴살이하던 사람이 한 푼 벌고 두 푼 벌어 논을 사고 밭을 사고, 세간을 점점 늘려 나중에는 큰 부자가 됐어.

그런데 이 구두쇠가 큰 부자가 돼 가지고도 그저 허구한 날 돈 모으는 재미에 푹 빠졌어. 그래서 사람 하나가 들어가고도 남을 만한 커다란 돈궤를 하나 짜 놓고, 돈을 벌 때마다 거기 차곡차곡 채워 넣었지. 그리고 날마다 그것 들여다보는 걸 낙으로 삼고 사는 거야.

돈이 처음에는 사람이 들어가면 무릎께 찰 만큼 모이더니, 나중에는 허리께 찰 만큼 모이고, 그다음에는 겨드랑이께 찰 만큼이나 모였어. 그러느라고 일은 뼈빠지게 하면서 아끼기는 눈이 터지게 아꼈지. 제 것만 아낀 게 아니라 남한테도 아주 인색했어. 아주 찬바람이 쌩쌩 날 만큼이지. 아무리 배고픈 사람이 있어도 밥 한 술 줄 줄 모르고, 아무리 어려운 사람이 있어도 돈 한 푼 꿔 주는 법이 없었거든.

그런데 돈궤에 돈이 겨드랑이께 찰 만큼 모인 다음부터 이상한 일이 생기네. 아무리 애를 써도 돈이 더는 모이지를 않는 거야. 열 냥을 모으면 열 냥이 나가고, 백 냥을 모으면 백 냥이 나가. 돈을 좀 벌었다 하면 꼭 식구가 아프거나 세간이 부서지거나 집 한 곳이 허물어지거나 도둑이 들거나 해서 꼭 그만큼 나가더란 말이지. 이래 놓으니, 아무리 등이 휘도록 일을 하고 좀스럽게 아껴도 돈궤에 돈은 꼭 그대로야. 도무지 한 푼도 늘어나질 않아.

'어허, 이것 참 귀신이 곡할 노릇이로구나.'

신들메를 조이고 더 부지런히 일을 해도 매한가지고, 허리띠를 졸라매고 더 알뜰살뜰 아껴도 매한가지야. 이래서 몇 달 만에 이 구두쇠가 그만 몸져 누웠어. 하도 속상해서 그만 화병이 난 게야. 이불을 쓰고 드러누워서 끙끙 앓았지. 그러다 보니 하루는 지나가는 거지가 와서 구걸을 하거든.

'에라, 이왕에 더 벌지도 못할 돈 써 버리기나 하자.'

이렇게 생각하고, 이 구두쇠가 거지한테 돈 한 냥을 집어 줬어. 그랬더니 그날 저녁에 집 한 구석에서 돈 한 냥이 불쑥 나오더래. 전에 잃어버렸던 돈을 찾은 거야. 그러니 돈은 한 푼도 안 줄어든 셈이지.

'그것참 이상한 일이다.'

이튿날에는 이웃집에서 양식이 떨어져 곤란을 겪는다는 말을 듣고 돈궤에서 닷 냥을 꺼내 보냈지. 그랬더니 그날 저녁에 난데없이 매 한 마리가 집에 날아 들어오더래. 매를 팔았더니 똑 닷 냥이 생겼어. 그걸 돈궤에 넣으니 본전이지. 한 푼도 줄어든 건 없으니 말이야.

그 이튿날에는 큰맘 먹고 돈 백 냥을 풀어서 근처 가난한 집에 골고루 나눠 줬어. 그랬더니 그날 저녁에 돈 백 냥이 거저 들어오더래. 관가에서 소문을 듣고 상으로 돈 백 냥을 보내 온 거야.

'옳아, 돈이란 옳은 일에 써야 모이는 법이럿다.'

그다음부터 이 사람은 아주 딴판이 돼서 어려운 사람들을 많이 도와줬대. 그래서 돈을 다 썼느냐고? 아니야. 돈궤에 돈은 언제나 그만큼 쌓여 있더래. 돈을 쓰면 쓴 만큼 어디선가 자꾸 들어오니까 그렇지.

토끼 귀신의 점괘

무서운 이야기는 무서워서 좋고, 실없는 이야기는 실없어서 좋고, 이런 사람은 오늘 아주 수가 났네. 이제부터 무섭고도 실없는 얘길 할 테니까 한번 들어 봐.

옛날에 포수가 한 사람 살았어. 총을 들고 돌아다니다가, 하루는 어느 마을에 가 보니 온 동네가 그냥 싸늘해. 사람 사는 기척이 없어. 사람은 없고 빈집만 수북하더란 말이야.

이 집 저 집 기웃거리다가 어느 기와집에 가니까 신이 한 켤레 있어.

"주인 있소?"

하니까 한 여자가 나오는데 하얀 소복쟁이야. 식구 중에 누가 죽으면 소복을 하거든.

"지나가는 길손인데 하룻밤 자고 갑시다."

"안 됩니다. 여기선 못 주무십니다."

"왜 그럽니까?"

"이 동네 사람들이 밤만 되면 하나씩 죽어 나가서 이제 나 하나 남았는데, 오늘 밤엔 내 차례요. 손님도 여기 있다간 틀림없이 죽을 테니 그냥 가시오."

말을 들어 보니, 달포 전부터 밤마다 시커먼 것이 세 놈이 나타나서 사람을 하나씩 잡아간다고 그러거든. 캄캄할 때 들이닥쳐서 냅다 잡아가는데, 잡혀가는 사람은 소리도 한번 못 질러 보고 그냥 사라진다는 거야.

"내가 포수요. 나한테 총이 있으니 한번 당해 봅시다."

소복쟁이 여자가 말리는 걸 부득부득 우겨서, 그날 밤 그 집에서 묵었어.

아니나 다를까, 밤이 이슥해지니까 말이야, 찬바람이 쉭 불더니 불이 슥 꺼져. 촛불이고 등불이고, 집 안에 켜 놓은 불은 죄다 꺼져 버려. 그래서 온통 캄캄해졌어.

조금 있으니까 또 찬바람이 쉭 불더니, 밖에서 시커먼 것이 담을 넘어 들어와. 문틈으로 가만히 보니까 귀신인지 도깨빈지 모르겠는데, 어마어마하게 큰 놈이 하나, 중간치가 하나, 작은 게 하나, 이렇게 세 놈이야.

마당을 가로질러 마루에 슥 올라서는데, 요렇게 보니까 이것들이 다 귀신이야. 그런데 사람 귀신이 아니고 짐승 귀신이야. 어마어마하게 큰 것은 호랑이 귀신이고, 중간치는 여우 귀신이고, 작은 것은 토끼 귀신이야.

세 놈이 방으로 쑥 들어서려다 말고, 그중 작은 놈 토끼 귀신이,

"이거 아무래도 이상합니다. 점을 한번 쳐 봐야겠습니다."

이러거든.

호랑이 귀신이,

"그래라."

하니까, 토끼 귀신이 점을 툭탁툭탁 쳐 보더니 하는 말이,

"점괘가 좋지 않습니다. 아주 불길합니다."

이러네.

"뭣이 그렇게 불길하니?"

"나는 놀라서 죽을 운이고, 여우 형님은 불에 타 죽을 운이고, 호랑이 형님은 다리가 찢어져 죽을 운이요."

귀신들한테야 그 얼마나 재수 없는 소리야? 호랑이 귀신이 그만 화가 나서 소리를 버럭 질렀어.

"예끼 요망한 놈! 그따위 점괘가 어디 있느냐?"

얼마나 벼락같이 소리를 질러 놨는지, 토끼 귀신이 그만 깜짝 놀라서 펄쩍 뛰다가 자빠져 죽어 버렸어. 놀라서 죽는다더니 점괘대로 됐지.

다음에는 여우 귀신이 방문을 펄떡 여는데, 이때 포수가 총을 한 방 놨어. 그런데 마침 총이 고장났는지 총알은 안 나가고 불만 후르르 붙었어. 포수가 총을 집어던지니까 불길이 옮겨 붙어서, 그만 여우 귀신이 불에 홀랑 타 죽었어. 불에 타 죽는다더니 점괘대로 됐지.

호랑이 귀신이 보니까 겁나거든. 토끼가 놀라 죽더니 여우가 불에 타 죽고, 이제는 자기 차례란 말이야.

'이러다가 진짜로 죽겠다. 어서 도망가자.'

하고 냅다 도망가다가 뒷다리가 대문 문고리에 딱 걸렸어. 그 바람에 다리가 쭉 찢어져서 죽어 버렸지. 이것도 점괘대로 됐네.

죽으면서 호랑이 귀신이,

"아, 토끼 귀신 그놈이 점 하나는 용하게 치는구나. 세 가지 점괘가 다 맞아떨어졌네."

하더라나.

참, 세 귀신이 다 죽으니까 잡혀갔던 사람들도 다 풀려나서 돌아오더래. 그래서 잘 살았더란다.

신랑 신부를 살린 한량

옛날 옛적 어느 곳에 활을 아주 잘 쏘는 한량이 살았어. 활만 잘 쏘는 게 아니라 힘도 세고 담도 커서 장사 중에 장사였지.

하루는 이 사람이 어느 마을을 지나는데, 어느 집에서 "아이고, 아이고" 하며 슬피 우는 소리가 들리더래. 무슨 일인가 하고 들여다보니, 온 식구가 마당에 멍석을 깔고 앉아서 슬피 울고 있거든. 그래서 물어봤지.

"무슨 일로 그러시오?"

"오늘 혼인한 우리 아들과 며느리가 괴물한테 잡혀가 버렸지 뭐요? 하도 억울하고 슬퍼서 이렇게 울고 있답니다."

"그 괴물은 어디로 갔소?"

"저 산 너머로 갔지요."

한량이 그길로 곧장 산을 넘어갔어.

산을 일곱 번이나 넘어 한 곳에 가 보니, 외진 곳에 커다란 기와집이 한 채 있더래. 그런데 얼마나 오래 묵은 집인지 지붕에 풀이 그득해. 가서 대문을 열었지. 그런데 대문이 꼭 잠겨 있어서 밀어도 안 열리고 흔들어도 안 열려. 그래서 담을 넘어 들어갔지.

마당에 들어가 보니 중문이 나오는데, 중문도 꼭 잠겨서 암만 해도 안 열려. 담을 넘으려고 보니 너무 높아 넘을 수도 없어. 그래서 이리저리 들어갈

데를 찾다 보니, 담 밑에 조그마한 개구멍이 하나 있더래. 그리로 기어들어 갔지.

딱 들어가 보니 너른 뜰이 나오고, 한쪽에서 사람 그림자가 어른어른하더 래. 얼른 나무 뒤에 몸을 숨기고 가만히 보니, 웬 털북숭이 괴물이 신부를 묶어 놓고 신랑을 막 놀려먹고 있는 거야.

"낄낄낄, 만약 이걸 받아먹으면 신부를 돌려주마."

이러면서 칼끝에 짐승고기를 꽂아 가지고 휙휙 돌리고 있어. 그걸 신랑한 테 던질 참이야. 신랑은 무서워서 벌벌 떨고만 있지.

안 되겠다 싶어서 나무 뒤에서 썩 나왔어.

"그러지 말고 나하고 겨루자. 나는 네가 던지는 칼에 꽂힌 고기를 받아먹 을 테니, 너는 내가 쏘는 화살에 꿴 고기를 받아먹어라. 어떠냐?"

"웬 놈이 겁도 없이 나서느냐? 좋다."

이렇게 해서 둘이 겨뤘지.

먼저 괴물이 칼끝에 고기를 꽂아서 휙 던지는 걸 이 한량이 냉큼 받아먹 었어. 고기만 쏙 빼 먹고 칼은 쓱 떨궜지. 괴물은 화가 나는지 더 큰 칼에 고 기를 꽂아 가지고 쌩 던지는 거야. 또 고기만 덥석 받아먹었어. 세 번째는 더 큰 칼에 고기를 꽂아 마구 용을 쓰면서 던지는데, 이것도 고기만 턱 받아 먹었어.

그러고 나서 이번에는 한량 차례가 됐지. 한량이 화살 끝에 고기를 꿰어 가지고 딱 괴물 입을 겨냥해서 쐈어. 그런데 첫 번째 화살은 일부러 힘들이 지 않고 슬쩍 쐈어. 괴물은 코웃음을 치면서 고기만 냉큼 받아먹고 화살은 밑으로 떨구는 거야. 두 번째 화살도 슬쩍 쏘니까 고기만 덥석 받아먹고 화 살은 떨구지.

세 번째는 젖 먹던 힘까지 다 써서 화살을 날렸어. 겉으로는 슬쩍 쏘는 척

하면서 화살에 온 힘을 다 실었지. 괴물은 이번에도 대수롭잖게 고기를 턱 받아먹는데, 화살이 어찌나 빠르고 세었던지 미처 못 떨구고 그냥 맞았어.

이렇게 해서 괴물은 죽었지.

한량은 신랑 신부를 살려서 마을로 데려왔어.

아들 며느리를 잃고 울던 집에서는 잔치가 벌어졌지. 한량은 잔칫집에서 잘 얻어먹고 놀다가 또 길을 떠났다는데, 그 뒤로는 어떻게 됐는지 몰라.

구렁이 구멍

옛날에 삼형제가 한 마을에 살았는데, 셋 다 부자로 잘 살았어. 부모한테 재산을 많이 물려받아서 떵떵거리고 잘 살았지. 그런데 그렇게 잘 살면서도 셋 다 도무지 남을 도와줄 줄 몰라. 이웃에 아무리 어려운 사람이 있어도 본체만체하고 나 몰라라 하지 도와주는 법이 없었단 말이야.

그렇게 사는데, 하루는 맏형 집에 스님이 동냥을 하러 왔어. 스님이 와서 목탁을 두드리고 염불을 하는데, 아 주인이 코빼기를 안 봬. 본체만체하고 들어앉아 있는 거야. 내다보고 눈이라도 마주치면 쌀됫박이든 돈냥이든 내놔야 할 테니, 그게 싫어서 그러는 거지.

한나절을 기다려도 사람이 안 나오니까 스님이 하릴없이 돌아섰지. 돌아서서 둘쨋집에 갔어. 그런데 둘째네도 마찬가지야. 아무리 목탁을 두드리고 염불을 외도 기척이 없어.

스님이 두 번이나 허탕을 치고 이번에는 막내네 갔는데, 마침 이 집에는 어린 딸이 하나 있었어. 이 딸이 염불 소리를 듣고 얼른 쌀을 한 됫박 퍼내다가 스님께 시주를 했지. 그랬더니 스님이 다른 말은 않고 그저 자꾸 "허허, 허허" 하고 웃거든. 그러니 딸이 물을 게 아냐?

"스님, 왜 웃으세요?"

"저기 감나무에 앉아 있는 참새가 하는 말이 하도 우스워서 웃는다."

"참새가 뭐라고 했는데요?"

"이 동네 부자 삼형제가 걸핏하면 장대를 들고 참새를 쫓는데, 저도 못 먹을 곡식을 참새 주기가 그리 아까우냐고 하는구나."

딸이 가만히 들어 보니 스님 말이 심상치 않거든. 곡식을 거두어서 먹지도 못하고 죽는단 말이 아니고 뭐야.

"스님, 그게 무슨 말씀이세요? 우리 아버지 형제분이 곧 돌아가시나요?"

스님은 말없이 고개만 끄덕끄덕하지. 딸이 그 소리를 들으니 가슴이 덜컥해서 스님 바랑을 붙잡고 애원을 했어.

"스님, 제발 우리 아버지를 살려 주세요. 저에게 방도를 일러 주시면 무슨 일이든지 할게요."

스님이 한참 동안 생각하다가 하는 말이,

"사람의 팔자는 하늘에 달린 것이라 마음대로 바꿀 수 없지마는, 삼형제가 죽기 전에 마음을 고쳐 가난한 사람들에게 재물을 다 내놓는다면 혹 화를 면할지도 모르겠구나. 그렇지만 저대로 두면 삼형제가 죽어서 다 구렁이가 될 게야."

이러네. 그러고 나서 바람같이 가 버려.

딸이 이 말을 듣고 가만히 생각을 해 보니, 이대로 두었다가는 아버지와 큰아버지가 모두 죽겠거든. 그것도 예사로 죽는 게 아니라 구렁이가 될 거라니 끔찍한 일이 아니고 뭐야. 이러고 있어서는 안 되겠다 싶어서, 그길로 첫째 큰아버지를 찾아갔어. 가서 일이 이만저만하여 이대로 두면 큰 화가 미칠 테니, 이제라도 재물을 풀어 가난한 사람들을 도와주라고 간청을 했지. 그런데 욕심쟁이 큰형이 그 말을 들을 리 있나. 눈썹 하나 까딱 않고 도리질만 하네. 둘째 큰아버지네 가서도 그렇게 빌었지만 말을 안 들어.

딸이 하릴없이 집에 돌아와서 아버지더러 하소연을 했어.

"아버지, 제 청을 좀 들어주세요. 어서 곳간에 있는 곡식과 돈을 풀어 가난한 사람에게 나누어 주세요."

"애가 무슨 잠꼬대를 해? 사람이 미치지 않고서야 멀쩡한 제 재물을 왜 남에게 준단 말이냐?"

"그러지 않으면 우리 집안에 몹쓸 일이 생길지도 모릅니다."

"쓸데없는 소리 마라. 두 번 다시 그런 소리 하면 쫓겨날 줄 알아."

막무가내로 말을 듣지 않으니 도리가 있나. 화가 제 발로 들어오기를 기다리는 수밖에 없지. 아니나 달라, 며칠 있으니까 큰형이 갑자기 쓰러져 죽었다고 기별이 왔네. 허둥지둥 장사 지내러 가는 아버지더러 딸이 은근히 일렀어.

"아버지, 큰아버지네 가시거든 남이 안 볼 때 관 뚜껑을 느슨하게 해 놓으세요. 그리고 밤새 관을 지켜보세요."

아버지가 장사를 지내러 큰형네 가서 가만히 생각해 보니, 아무래도 딸이 일러 준 말이 맘에 걸리거든. 무슨 일이 생기는지 한번 보기나 하자고, 아무도 안 볼 때 관 뚜껑을 따서 좀 느슨하게 해 놨어. 그러고 나서 밤새 관을 지켰지.

아니나 다를까, 밤이 이슥해지니까 관 뚜껑이 들썩들썩하더니 관 속에서 뭐가 나오는데, 가만히 보니까 구렁이야. 구렁이가 관에서 나오더니 밖으로 스르르 나가거든. 어디로 가나 하고 따라가 봤지. 구렁이는 마당을 가로질러 뒷산으로 스르르 올라가. 따라갔지. 뒷산 중턱쯤 올라가니 큰 바위가 하나 있고, 바위 밑에 커다란 구멍이 세 개 있어. 그런데 구렁이가 그중 첫째 구멍으로 스르르 들어가지 뭐야.

이상하다 했는데, 며칠 안 있어 이번에는 둘째 형이 갑자기 쓰러져 죽었다는 기별이 오네. 장사 지내러 허둥지둥 나가는데, 이번에도 딸이 관 뚜껑을 느슨하게 해 놓고 지켜보라고 하는 거야. 그대로 하고 지켜봤지.

아, 이번에도 밤이 이슥해지니까 관 뚜껑이 들썩들썩하더니 구렁이가 스르르 기어 나오네. 기어 나와서 마당을 가로질러 뒷산으로 올라가. 그래서 따라가 봤더니, 바위 밑에 있는 구멍 세 개 중 둘째 구멍으로 쑥 들어가는 거야. 이제 구멍 하나가 남은 거지.

둘째 형 초상도 마저 치르고 집에 돌아와서 이 사람이 딸한테 그 얘기를 했어.

"큰형님과 둘째 형님이 다 구렁이가 돼서 구멍으로 들어갔는데, 그러고도 구멍 하나가 남았으니 이게 어찌 된 일이냐?"

"그게 바로 아버지가 들어가야 할 구멍이지요."

들어 보니 가슴이 뜨끔하거든.

"거기에 안 들어갈 방도는 없느냐?"

"전에 말씀드린 대로 곡식과 돈을 풀어 가난한 사람을 도와주세요. 그러면 구렁이 되는 것을 면할 수 있을 것입니다."

제 눈으로 형들이 구렁이가 되는 것을 보고도 정신을 못 차리는 바보가 어디 있을라고. 얼른 곳간을 열고 곡식을 풀어 가난한 사람들에게 나누어 줬어. 돈도 있는 대로 다 헐어서 가난한 사람들에게 나누어 줬지. 그러고 나니 이 집은 빈털터리가 됐는데, 어찌 됐든 그 뒤로는 별 탈 없이 오래오래 잘 살았다나.

이상한 뼈다귀

밤도 긴데 무서운 이야기 하나 할까?

옛날 옛적에 어떤 소금장수가 소금 지게를 지고 소금을 팔러 다녔어. 고개를 넘다가 다리가 아파 잠깐 지게를 벗어 놓고 앉아 쉬었지. 마침 그 옆에 무덤이 하나 있었는데, 무심코 무덤 앞을 보니까 사람 정강이뼈처럼 생긴 뼈다귀가 하나 있더라나. 소금장수는 뼈다귀를 주워서 자기 정강이에 대보기도 하고, 만져 보기도 하고, 던졌다가 받기도 하고, 이러면서 가지고 놀다가 제자리에 갖다 놨어.

그러고 나서 다시 지게를 지고 가는데, 뭔가 기분이 이상하더래. 뒤에서 무엇이 자꾸 따라오는 것 같더라나. 그래서 뒤를 딱 돌아다봤더니 어럽쇼, 뼈다귀가 자기를 졸졸 따라오네.

'이크, 이게 무슨 변이냐?'

께름칙해서 떼어 버리려고 해도 안 되더래. 자기가 가면 뼈다귀도 따라오고, 자기가 멈춰 서면 뼈다귀도 멈춰 서고, 이러거든. 걸음을 빨리하면 뼈다귀도 빨리 따라오고, 걸음을 늦추면 뼈다귀도 천천히 따라오고, 아 이런단 말이야. 이것 참 큰일났지.

가다가 다리가 아파서 쉬면 뼈다귀도 옆에서 쉬고, 날이 저물어 주막에 들어가 자면 뼈다귀도 옆에서 자고, 이렇게 한시도 안 떨어지고 따라다녀.

이것 참 기가 막히지. 잘나지도 않은 뼈다귀가 내내 자기를 졸졸 따라다니니 무섭기도 하고 성가시기도 하고, 그럴 것 아니야.

그렇게 며칠 동안 뼈다귀를 달고 다니다가, 하루는 어느 마을에 갔더니 마침 한 집에서 잔치가 벌어졌더래. 사람들이 많이 모여서 음식을 차려 놓고 떠들썩하게 놀고 있어. 그걸 보고 소금장수가 좋은 수가 딱 생각났어. 그래서 길가에 소금 지게를 받쳐 놓고 뼈다귀보고 말했지.

"뼈다귀야, 뼈다귀야. 내가 저 잔칫집에 가서 음식을 얻어 올 테니 너는 여기서 이 소금짐을 지키고 있어라."

그러고 나서 잔칫집으로 갔지. 가다가 돌아다보니, 아 이번에는 뼈다귀가 안 따라오고 지게 옆에 얌전하게 그냥 있더래. 하기야 소금 지게까지 벗어 두고 왔으니 틀림없이 돌아올 줄 알았던 게지.

소금장수는 잔칫집에 가서 노는 척하다가, 바로 뒷문으로 빠져서 걸음아 날 살려라고 도망을 쳤어. 짐이고 뭐고 다 버리고 몸만 빼서 집으로 돌아갔지.

그러고 나서 몇 해가 지났어. 소금장수는 그 뒤로도 소금을 팔러 여기저기 돌아다녔는데, 그 뼈다귀 있던 곳에는 두 번 다시 안 갔어. 뭐, 가고 싶겠어? 아주 다른 데로만 다녔지.

그러다가 몇 해가 지난 뒤에 가만히 생각해 보니 그 뼈다귀가 어떻게 됐는지 슬슬 궁금해지더래. 그래서 한번은 큰맘 먹고 그 자리에 가 봤어.

가 보니 뼈다귀는 온데간데없고 폭삭 썩은 소금 지게만 남아 있더래. 그런데 그 옆을 보니까 전에 없던 오막살이 초가집이 한 채 있더라지 뭐야. 마침 날도 저물고 해서 그 집에 들어갔지. 들어가서 하룻밤 자고 가기를 청했더니, 안에서 늙은 할머니가 나와서 자고 가라고 그러더래.

저녁을 얻어먹고 자려고 하는데, 주인 할머니가 자꾸 옛날 이야기를 해 보라고 그러더라나. 옛날 이야기 아는 것이 없다고 했더니, 그러면 옛날에

겪은 이야기라도 해 보라고 그런단 말이야. 그래서 몇 해 전에 뼈다귀 만난 이야기를 했지.

"옛날에 뼈다귀가 나를 졸졸 따라다닌 적이 있었지요. 무섭기도 하고 성가시기도 해서 떼어 버리려고 이쯤에서 소금 지게를 지키라고 하고 나는 도망을 쳤답니다. 그런데 오늘 와 보니 그 뼈다귀가 없네요. 어디를 갔는지……."

그랬더니 그 할머니가 뭐랬는지 알아?

"그게 궁금하니? 내가 바로 그 뼈다귀다!"

하면서 막 달려들더래.

그래서 어떻게 됐느냐고? 그다음은 나도 몰라.

범아이

　이건 참 호랑이 담배 피울 적 이야긴데, 어느 마을에 게으름뱅이가 살았어. 게을러도 뭐 예사로 게으른 게 아니야. 아침 먹고 나무를 하러 산에 가면 하루 종일 놀다가 그냥 오고, 다음 날도 나무하러 간다고 산에 가서는 빈둥빈둥 놀다가 빈 지게로 돌아오고, 날마다 이러는 판이야. 그러니 겨울이 됐는데도 땔감 하나 없어. 땔감이 없으니 온 식구가 얼어 죽게 됐지. 보다 못해 아내가 성화를 댔어.
　"오늘은 무슨 일이 있어도 나무 한 짐 지고 오오."
　"알았소."
　산에 가긴 갔는데, 또 일하기 싫어서 양지바른 펄에 드러누워 놀았지. 놀다 보니 해가 뉘엿뉘엿하거든. 그제야 정신이 번쩍 드네.
　"아이쿠, 이거 오늘도 빈 지게로 집에 가게 생겼구나."
　푸념을 하고 있는데, 이때 난데없이 호랑이 한 마리가 턱 나타나서는,
　"나 사위 삼으면 나무 한 짐 해 주지."
이러거든. 마침 이 게으름뱅이한테 나이 찬 딸이 하나 있었단 말이야. 앞뒤 생각지도 않고 그저 나무 한 짐 해 준단 말에 덜컥,
　"아, 그럼 좋지."
하고 말았네.

그랬더니 호랑이가 부스럭부스럭하더니 눈 깜짝할 새에 나무 한 짐을 턱 해 주는 거야. 좋아라 하면서 짊어지고 집에 왔지. 짊어지고 오니까 아내도 참 좋아하거든.

아, 그런데 그날 밤에 호랑이가 왔어. 와서는 딸을 냉큼 업어 가네. 사위 삼자고 약속을 해 놨으니 이걸 뭐 어떻게 할 수도 없고, 어떻게 한들 호랑이 힘을 당할 수 있나. 하릴없이 딸은 호랑이한테 업혀 가게 됐어.

호랑이는 딸을 업고 산속으로 산속으로 자꾸 들어가. 밤새 들어가서, 참 사람 발길도 안 닿는 곳에 가더니 딸을 턱 내려놔. 거기에 집이 하나 있어. 호랑이 집이야.

딸은 거기서 호랑이 아내가 돼서 살았어. 살다가 아들을 하나 낳았어. 낳고 보니 얼굴은 사람인데 몸뚱이는 호랑이야. 이름을 '범아이'라고 했지. 범의 아들이라고 해서 범아이야.

이러구러 범아이가 커서 제법 말도 잘 하고 뜀박질도 잘 하게 됐어. 그런데 아무리 친정엘 가고 싶어도 갈 수가 없네. 호랑이 남편이 집 밖엘 못 나가게 하니까 그렇지. 두 눈을 부릅뜨고 으르렁거리면서 을러대는데 어쩔 거야? 게다가 일 년 내내 사람이라고는 얼씬도 안 하는 깊은 산속이라 어디가 어딘지도 몰라. 행여 호랑이 눈을 피한다고 해도 길을 몰라서 못 가는 판이지. 그래서 날마다 한숨이나 쉬고 눈물이나 짓고, 그러고 살았어.

범아이가 그걸 보고 하루는, 호랑이가 사냥하러 집을 나간 새에 가만히 일러 줘.

"엄마, 외갓집에 가고 싶거든 나 하라는 대로만 해."

"네가 무슨 수로?"

"아이, 그저 시키는 대로만 해."

"오냐, 그러마."

"엄마 손가락 깨물어서 피를 내. 피를 내서 방에 한 방울, 부엌에 한 방울, 뒷간에 한 방울, 우물가에 한 방울 떨어뜨려."

아들이 시키는 대로 했지. 손가락에 피를 내서 방에 한 방울, 부엌에 한 방울, 뒷간에 한 방울, 우물가에 한 방울 떨어뜨렸어. 그러고 나니,

"엄마, 이제 내 등에 올라타."

하기에 아들 등에 올라탔지. 그랬더니 쏜살같이 냅다 달리는 거야.

이때 호랑이 남편이 집에 왔어. 와 보니 아내도 없고 아들도 없거든.

"범아이야!"

부르니까 방에서,

"나 방에 있어."

한단 말이야. 방에 들어가 보니까 없어.

"범아이야!"

부르니까 이번에는 부엌에서,

"나 부엌에서 밥해."

한단 말이야. 부엌에 가 보니까 없어.

"범아이야!"

부르니까 이번에는 뒷간에서,

"나 뒷간에서 똥 눠."

한단 말이야. 뒷간에 가 보니까 없어.

"범아이야!"

부르니까 이번에는 우물에서,

"나 우물에서 물 길어."

한단 말이야. 우물에 가 보니까 없어.

호랑이 남편이 그제야 속은 것을 알고 막 따라와. 힘이 세니까 걸음도 빠

르지. 곧 잡히게 생겼어. 마침 앞에 큰 개울이 하나 나타났어. 저걸 건너야 사람 사는 마을이 나올 판이야.

"이제 엄마 혼자서 건너가."

"왜? 너도 같이 가자."

"안 돼. 난 아버지 가죽을 입어서 못 가."

"그럼 너 보고 싶으면 어떡해?"

"이 개울 건너 북쪽으로 세 고개 넘어 큰 바위 밑으로 오면 나 만나지."

"알았다. 꼭 너 찾아가마."

하릴없이 혼자서 개울을 건너갔지. 이때 호랑이 남편이 따라왔어. 따라와서 막 개울을 건너려고 해. 호랑이가 본디 물을 무서워하거든. 이리로 건너뛸까 저리로 건너뛸까, 왔다 갔다 하지. 그러다가 건널 자릴 잡았어. 이제 탁 건너뛰었다 하면 잡힐 판이야. 이때 범아이가 호랑이를 턱 막아서.

"아버지, 거긴 제일 깊은 곳이야."

얕은 델 보고 그러는 거야.

"여기가 제일 얕아."

깊은 델 가리키며 그러는 거지.

호랑이가 그 말을 듣고, 정말 그런 줄 알고 펄쩍 건너뛰다가 풍덩 빠졌어. 제일 깊은 데 빠졌으니 못 나오지. 꼬로록꼬로록하다가 빠져 죽었어.

그렇게 해서 딸은 무사히 집에 돌아왔지. 와 보니 아버지는 죽고 어머니는 꼬부랑 할머니가 됐더래.

어머니하고 살다가, 하루는 아들이 보고 싶어서 갔지. 개울을 건너 북쪽으로 세 고개 넘어 큰 바위 밑으로 갔어. 가 보니 글쎄, 범아이가 거기서 빼빼 말라서 죽어 있더래. 어머니 주려고 도토리랑 산밤이랑 잔뜩 주워다 놓고, 그냥 거기서 굶어 죽었더래.

쇠 먹는 불가사리

옛날에 어떤 임금이 중하고 원수가 져서 나라 안에 중이란 중은 다 잡아 가둘 때 이야기야. 그때 백성들은 중만 보면 잡아다가 나라에 바쳤어. 나라에서 중을 잡아 오면 돈을 많이 줬거든.

그럴 때 어떤 집에 마음씨 착한 부부가 살았는데, 하루는 밤에 중이 한 사람 찾아왔어. 찾아와서 곧 잡히게 생겼으니 좀 숨겨 달라고 그런단 말이야. 불쌍해서 숨겨 줬지. 어디에 숨겨 줬는고 하니 다락에 숨겨 줬어. 그래 놓고 때만 되면 밥을 한 그릇씩 갖다 줬지.

그랬더니 이 중이 밥을 얻어먹으면서 밥풀 흘린 것을 한 알 두 알 주워 가지고, 이걸 똘똘 뭉쳤어. 그런 다음에 그걸로 짐승 모양을 만들었네. 몸통에다 다리 네 개 붙이고 머리도 붙이고 꼬리도 붙였지. 곰 같기도 하고 돼지 같기도 한데, 다 만들어서 턱 세워 놓으니까 이게 살아서 뽈뽈 기어다니는 거야. 그냥 막 기어다녀.

기어다니면서 이것이 뭘 먹는고 하니 쇠를 먹어. 바늘도 먹고 꼬챙이도 먹고 젓가락도 먹고 숟가락도 먹고, 쇠붙이란 쇠붙이는 보는 족족 사그락사그락 먹어치우는 거야. 그러면서 이게 몸뚱이가 점점 커지네. 쇠를 먹으면 먹은 만큼 몸뚱이가 커져서, 처음에 밥풀 서너 알만 하던 것이 금세 생쥐만 해지고, 곧 강아지만 해졌어. 강아지만 해져서, 이것이 이제 집 안에서는 먹을 것이 없으니까 동네로 나서는 거야. 온 동네를 돌아다니면서 부엌칼도 먹고 놋그릇도 먹고 호미도 먹고 낫도 먹고, 쇠라고 생긴 것은 죄다 먹어치우네.

이렇게 쇠를 먹고 이것이 점점 더 몸집이 커졌어. 얼마나 커졌는고 하니 이제 송아지만 해졌어. 송아지만 한 것이 돌아다니면서 문고리도 먹고 솥단지도 먹고 도끼도 먹고 쇠스랑도 먹고, 이러니 근방에 쇠붙이라고는 남아나는 게 없지. 이제 동네 안에서는 먹을 것이 없으니까 이것이 나라로 나서는 거야. 온 나라를 헤집고 다니면서 쇠란 쇠는 눈에 띄는 대로 다 먹어치운단 말이야. 몸집도 점점 커져서 황소만 해졌다가 곧 코끼리만 해졌어. 이쯤 되니 아무도 당할 장사가 없지.

일이 이렇게 되니까 나라에서는 난리가 났어. 쇠 먹는 불가사리 잡는다고 군대가 와서 활도 쏘고 대포도 쏘고 난리가 났지. 그런데 그런 게 다 소용이 없어. 쇠를 먹고 자라서 그런지 몸이 무쇠처럼 단단해서, 활이고 대포고 맞으면 그냥 툭툭 부서지고 깨지는 거야. 아무리 해도 안 되니까, 나라에서는 누구든지 불가사리 없애는 사람한테 높은 벼슬을 주고 바라는 것 다 들어주겠노라고 방을 붙였어.

이때 다락에 숨어 있던 스님이 부부한테 가만히 일러 주기를,

"쇠 먹는 불가사리를 잡으려면 다른 방도는 없고 꼬리에 불을 붙이면 됩니다."

이러더래.

이 말을 듣고 부부가 곧장 불가사리 설치는 곳으로 갔지. 가서 홰에다 불을 붙여 가지고 꼬리를 겨냥해서 던졌어. 그러니까 꼬리에 불이 확 붙더니, 금세 온몸으로 옮겨 붙어서 그만 화르르 타 버리더래. 다 타고 나니까, 그동안 먹었던 쇠붙이가 다 도로 우르르 쏟아져 나오더라지. 바늘이고 꼬챙이고

도끼고 쇠스랑이고 다 본래 모습으로 돌아오더라는 거야.
 불가사리를 없앤 부부는 곧 임금한테 불려 갔어. 임금이 높은 벼슬을 주려고 했지만, 부부는 벼슬도 싫고 다 싫으니 한 가지 청만 들어달라고 했지. 더는 중을 잡아 가두지 말고 가만히 내버려 두라고 그랬어. 임금이 그 말을 들어줘서, 그때부터 스님들이 마음 놓고 살게 됐단다.

봉황구이와 천 년 묵은 해골탕

옛날 옛날에 어떤 형제가 홀어머니를 모시고 살았어. 형은 용하다고 소문 난 의원이었고, 아우는 부지런한 농사꾼이었지.

둘 다 효성이 지극해서 홀어머니를 잘 모셨는데, 살다가 어머니가 그만 병이 났어. 그것도 예사 병이 아니라 다리를 못 쓰고 눈을 못 쓰는 병이야. 다리를 못 쓰니 일어서지도 못하고 걷지도 못해. 눈을 못 쓰니 앞을 못 보지. 앉은뱅이에다 소경이 되고 만 거야.

아우 생각에는, 형이 용한 의원이니까 어머니 병도 고치지 않을까 여겼거든. 그런데 아무리 기다려도 형은 어머니 병을 안 고쳐 줘. 다른 사람들 병은 잘도 고쳐 주면서 어머니 병은 안 고친단 말이야. 그만 화병이 났어.

'형님은 세상 사람들 병이란 병 다 고쳐 주면서 어째 우리 어머니 병은 못 고친담. 형님이 못 고치면 내가 고치고야 말 테다.'

이렇게 작정을 하고는, 그길로 어머니를 들쳐 업고 집을 나섰어.

어머니를 업고 이 마을 저 마을 용한 의원을 찾아다녔지. 몇 날 며칠 동안 돌아다니다가, 하루는 어떤 고개를 넘는데 어머니가 좀 쉬어 가자고 그러더래. 고갯마루에 어머니를 내려놓고 잠깐 쉬었어. 그런데 어머니가 갑자기 고기를 먹고 싶다고 하네.

때는 마침 한겨울인데, 추운 산속에 무슨 고기가 있겠어? 하지만 아우는 혹시나 고기를 구할 수 없을까 하고 산속을 이리저리 헤매고 돌아다녔어. 나뭇가지에 찔려 가며 여기저기 찾아다니다 보니, 아 조그만 소나무 밑에 웬 꿩이 한 마리 죽어 있지 뭐야.

'먹이를 못 먹어 죽었는가, 덫에 치여 죽었는가. 꿩아 꿩아, 불쌍한 꿩아. 너는 이미 죽은 몸이니 우리 어머니 요깃거리나 되어 다오.'

아우는 그 꿩을 주워 가지고 와서 불에 구워 어머니께 드렸어. 어머니는 꿩고기를 아주 맛나게 먹더니, 이번에는 물이 먹고 싶다고 그러네.

아우는 또 물을 찾으러 온 산을 헤매고 다녔어. 가랑잎을 헤쳐 가며 여기저기 한참 동안 찾아다녔지. 그러다가 어느 곳에 가 보니, 나뭇잎 사이에 하얀 해골바가지가 하나 있는 거야. 그 해골바가지 안에 맑은 물이 가득 고여 있거든.

'무슨 사연이 있기에 이 산속에 오래오래 묻혀 계셨나. 해골님 해골님, 불쌍하신 해골님. 안에 담긴 물로 우리 어머니 목이나 축이게 하십시오.'

아우는 그 해골을 고이 들고 와서 어머니한테 드렸어. 어머니는 해골에 담긴 물을 꿀꺽꿀꺽 마시고 나더니, 아 갑자기 쓰러져 잠이 드시네. 아우는 어머니가 잘 주무시게 제 옷을 벗어서 덮어 드렸어.

한참 동안 자다가 일어난 어머니는, 기지개를 쭉 펴더니 그만 두 다리가 멀쩡해졌어.

"아이고 애야, 내 다리가 다 나았다."

또 두 손으로 눈을 쓱쓱 비비더니 눈도 번쩍 떠졌어.

"아이고 애야, 내 눈도 잘 보인다."

얼씨구 좋다, 지화자 좋구나. 둘이서 한바탕 덩실덩실 춤을 췄지.

어머니와 아우는 사이좋게 걸어서 집으로 돌아갔어. 집에서 기다리던 형이 사립문 틈으로 내다보니, 글쎄 어머니가 두 다리로 성큼성큼 걸어오고 있지 뭐야. 게다가 두 눈도 환하게 뜨고 있거든.

그걸 보고 형은 버선발로 쫓아 나가서 아우 앞에 넙죽 절을 했어. 어머니한테 절을 하는 게 아니라 아우 앞에 절을 해. 그것도 큰절을 아주 날아갈 듯이 해.

"아이구 형님, 왜 이러세요?"

"너야말로 하늘이 내린 효자로구나. 하늘이 내린 효자한테 절을 안 하고 누구한테 하겠니?"

"형님, 그게 무슨 말씀이세요?"

"우리 어머니 병을 내가 못 고친 것은 약을 못 구해서란다. 봉황구이와 천 년 묵은 해골탕을 드셔야 낫는 병인데, 그 귀한 약을 어디서 구한단 말이냐? 그런데 이제 네가 그 두 가지 약을 구해서 어머니 병을 고쳐 드렸으니, 하늘이 내린 효자가 아니고서야 어찌 그런 약을 구한단 말이냐."

꿩고기가 봉황구이요, 해골바가지 안에 담긴 물이 천 년 묵은 해골탕이었나 봐. 그게 그렇게 구하기 힘든 약이라는데, 그걸 산속에서 쉽게 구했으니 얼마나 용해? 하느님이 도운 겐가, 신령님이 도운 겐가. 아니면 꿩과 해골이 감동해서 도운 겐가.

할아버지 무덤을 지킨 아이

옛날 어떤 시골 마을에 가난한 농사꾼이 살았는데, 아버지가 돌아가셔서 산골 양지바른 곳에다가 조그마하게 무덤을 써 놨어. 그런데 하루는 서울 사는 정승이 오더니 자기 아버지 무덤 자리를 잡는데, 이 농사꾼 아버지 무덤 바로 위에다가 턱 하니 자리를 잡는단 말이야. 거기가 참 좋은 자리였던 모양이지. 그러나저러나 남의 무덤 바로 위에다가 무덤을 쓰면 안 되거든. 옛날에는 그런 걸 아주 큰 불효로 알았어.

그러니 어떻게든 그걸 막아야 할 텐데, 이게 참 쉬운 일이 아니니 낭패지. 이쪽은 힘없는 농투성이요 저쪽은 서슬 퍼런 정승이니 말이야. 남의 무덤 위에 제 조상 무덤 쓰는 건 그만두고, 이를테면 남의 무덤을 파헤친다 해도 말 못 할 처지거든.

벌써 정승 집에서는 장사 지낼 준비를 하느라고 땅을 고른다 구덩이를 판다 부산을 떨건만, 이 농사꾼은 말 한 마디 못 붙여 보고 벙어리 냉가슴 앓듯 끙끙 앓고 있었어. 이때 마침 이 집 어린 아들이 그걸 보고 물어.

"아버지, 무슨 일로 그러십니까?"

"네가 알 바 아니다."

"그러지 마시고 말씀이나 해 보세요."

하도 졸라 대기에 말을 해 줬어. 사실은 일이 이만저만하게 돼서 조상 뵐

낯이 없어 그런다, 이랬지. 그랬더니 아들이 대번에 큰소리를 치네.

"뭐 그만한 일로 그리 걱정하십니까? 걱정하지 마시고 저한테 맡겨 주십시오."

"이놈아, 네까짓 게 무슨 수로 당해?"

"글쎄 걱정 마시고 맡겨 두십시오."

하도 장담을 하기에 그냥 내버려 뒀지.

그러고 나서 며칠 있다가 인제 정승네 장사 지내는 날이 됐어. 사람들이 구름같이 모여들어 산을 하얗게 덮었는데, 그 북새통에 농사꾼 아들이 슬그머니 거기에 갔어. 어른들 다리 사이로 요리조리 비집고 들어가서, 다짜고짜 구덩이 앞에 떡 버티고 서서 크게 소리를 질렀어.

"야, 여기가 바로 세상에 둘도 없는 명당이로구나."

모여 선 사람들이 가만히 보니, 아 뭐 조그마한 아이가 누더기를 입고 남 장사 지내는 데 와서 흰소리를 하고 있단 말이야.

"저 맹랑한 놈을 어서 끌어 내라."

앞을 다투어 손가락질을 해 대는데, 그러거나 말거나 한마디 더 했지. 먼 데까지 들리도록 아주 크게 외쳤어.

"여기에 무덤을 쓰면 새 임금이 난다 하더니, 오늘에야 명당이 주인을 만났구나."

이 한 마디에 그만 온 산이 조용해져. 찬물을 끼얹은 듯이 그냥 잠잠해지는 거야. 왜 그러냐고? 아, 새 임금이 난다면 그게 바로 역적이라는 말이거든. 지금 임금이 멀쩡하게 두 눈 뜨고 있는데 새 임금이 난다면 역적이 아니고 뭐야? 그러니 그 자리에 무덤을 썼다가는 제아무리 정승이라도 모가지가 남아나지 않겠거든.

"얘들아, 어서 관을 상여에 실어라. 딴 데로 모시자."

정승 집에서는 두말 않고 주섬주섬 관을 상여에 싣고 훌훌 떠나 버리더라는 거야. 이렇게 해서 그 아이가 할아버지 무덤을 지켰다는, 그런 이야기가 있어.

점쟁이와 의원의 내기

옛날에 어떤 곳에 의원을 하는 영감이 살았는데, 이 집에는 늘 손님이 많이 왔어. 의원이니까 병 고치려고 오는 사람도 있고, 지나가다가 하룻밤 묵어 가려고 들르는 사람도 있고, 그랬지.

하루는 이 집에 젊은 점쟁이 한 사람이 들러서 하룻밤을 묵었어. 그런데 이 점쟁이가 이튿날 아침에 의원 영감의 책상에 얹힌 연적을 보고서 한다는 말이,

"영감님, 저 연적이 오늘을 못 넘기고 부서지겠는데요."

이런단 말이야. 영감이 들어 보니 같잖거든. 연적이라는 것이 벼룻물 담아 두는 조그마한 그릇인데, 책상 위에 가만히 놔둔 것이 왜 부서지겠느냐 말이야.

"예끼 이 사람아, 헛소리하지 말게. 멀쩡한 연적이 부서지긴 왜 부서져?"

"아, 글쎄 틀림없이 부서진다니깐요."

"그럼 나하고 내기하세. 정말 저것이 부서지나 안 부서지나, 돈 백 냥을 걸고 내기하세."

"아, 그럽시다."

이래서 내기가 붙었어. 그런데 의원 영감이 가만히 생각해 보니까 아무래도 마음이 안 놓이거든. 책상 위에 얹어 놓은 연적이 굴러 떨어지기라도 하

면 안 되잖아. 그래서 노끈으로 조그맣게 그물을 떠 가지고 그 안에 연적을 넣었어. 그러고는 그것을 천장에다 디룽디룽 매달아 놨어.

'흥, 이렇게 해 놔도 요놈이 부서질까?'

하고서 하루 종일 그것만 요렇게 들여다보고 앉아 있는 거야. 두 사람이 말도 안 하고 앉아서 내내 그것만 쳐다보고 있단 말이지.

하루 종일 그러다가 이제 해가 설핏 기울었는데, 아 이때 며느리가 와서 영감을 부르네.

"아버님, 아버님."

"왜 그러느냐?"

"안에 좀 들어와 보십시오. 아이가 몹시 아픕니다."

"알았으니 가 있어라."

손자가 아프다는데도 영감은 일어날 생각을 안 해. 자리를 비운 사이에 연적이 부서지면 안 되니까, 어떻게든 그걸 지키고 앉아 있으려고 그러는 거지.

조금 있으니까 아들이 와서 또 영감을 불러.

"아버지, 아버지."

"왜 그러느냐?"

"얼른 안에 좀 들어와 보십시오. 아이가 곧 숨이 넘어갑니다."

"알았으니 가 있으라지 않느냐."

손자가 곧 숨이 넘어간다는데도 그냥 그러고 앉아 있어. 연적 지키느라고 말이지.

조금 있으니까, 이번에는 마나님이 문을 왈칵 열고 들어오네. 할머니는 손자 곁에서 이제나저제나 영감 오기만을 기다리고 있다가, 암만 기다려도 안 오니까 대체 무슨 일인가 하고 달려온 거야. 그런데 문을 열고 턱 들어와 보니, 아 이놈의 영감이 그물에다가 연적을 넣어서 매달아 놓고 그것만 뚫어져라고 요렇게 처다보고 앉아 있거든.

"아, 손자가 곧 죽게 생겼는데 이놈의 것이 다 뭐야?"

할머니가 그만 화가 버럭 나서, 연적 매달아 놓은 것을 뚝 떼다가 문 밖으로 냅다 던져 버렸어. 그러니 별수 있나. 뚝 떨어지면서 바싹 깨졌지. 그러니까 영감이 점쟁이 보고서,

"야, 자네가 참 용하이. 저게 기어이 깨지네그려."

하더라는 이야기야. 허허허.

제 발 저린 도둑

옛날 어느 마을에 한 농사꾼이 소를 한 마리 길렀는데, 한번은 집안에 큰일이 생겨서 소를 팔게 됐어. 소를 몰고 장에 가서 팔았는데, 소 판 돈이 제법 많을 것 아니야? 엽전 꾸러미가 묵직하니 한 보따리나 되지. 그걸 어깨에 둘러메고 집으로 돌아왔어.

오다가 마을 어귀에 잔치하는 집이 있어서, 이 사람이 거기에 들어갔어. 옛날에는 잔칫집에 마을 사람들이 다 모여서 떠들썩하게 먹고 놀고 그랬거든. 이 사람도 그 틈에 끼여 국수 한 그릇 얻어먹고 놀았어. 그러다가 집에 가려고 보니, 아뿔싸 돈 보따리가 없어졌네. 아무리 찾아도 없어. 끌러서 발치에 두었던 걸, 잠깐 한눈파는 사이에 도둑이 훔쳐 갔나 봐. 그 큰 돈을 잃어버렸으니 낭패 아니야? 하릴없이 고을 원님한테 가서 하소연을 했어.

"사또, 이러저러해서 소 판 돈을 잃어버렸으니 찾아 줍시오."

그랬더니 원님이 돈 찾을 궁리를 하기는커녕 냅다 면박만 주더란 말이지.

"아니, 네가 간수를 못 해 잃어버린 돈이면 네가 찾을 일이지, 어찌 관가에 와서 귀찮게 하느냐? 당장 나가거라."

일이 이렇게 되니 돈 잃어버린 사람은 얼마나 억울하겠어? 말도 못 하고 눈물만 하염없이 줄줄 흘리고 있는 거지. 이때 이 고을 이방 아들이 동헌 마당 한쪽 구석에서 놀고 있었어. 나이 겨우 예닐곱 살 먹은 아이인데, 말을 듣더니 당장 사또 앞에 쪼르르 달려가서 아뢰는 거야.

"사또, 그 돈을 찾을 방도가 있습니다."

"뭐라고? 그걸 무슨 수로 찾는단 말이냐?"

"저에게 사또 자리를 잠깐 빌려 주시면 찾아보겠습니다."

"거참 당돌한 놈이로구나. 그럼 어디 네가 이 자리에 앉아서 해 보아라."

원님이 혀를 차면서 자리를 비켜 줬어. 그랬더니 아이가 원님 앉는 자리에 달랑 올라앉아서 당차게 호령을 하네.

"여봐라. 어서 가서 그 잔칫집에 있는 사람들을 다 데려오너라."

그래, 사령들이 우르르 달려가서 잔칫집에 있던 사람들을 다 데려왔어. 잔칫집에 온 마을 사람들이 다 모였을 테니 그 수가 좀 많겠어? 데려다가 주르르 앉혀 놓으니 동헌 뜰이 그득해. 그렇게 앉혀 놓고는, 아 다시 쓰다 달다 말이 없네. 그냥 가만히 앉아서 멀뚱히 바라보고만 있는 거야. 해가 뉘엿뉘엿할 때까지 마냥 그러고 있으니 모두들 좀이 쑤실 것 아니야? 잡혀 온 사람들도 웅성웅성하고, 구경하던 백성들도 수군수군하고, 이쯤 되니까 그제야 한 마디 하기를,

"이제 모두 돌아가거라."

아 이런단 말이야. 그 뭐 싱겁기 짝이 없지. 한창 좀이 쑤시던 판이니까 모두들 앞다투어 빠져나가기 바쁘거든. 이때 아이가 갑자기 벌떡 일어서더니 발로 마루청을 한 번 '쾅' 구르면서 집이 떠나갈 듯이 소리를 치네.

"돈 훔쳐 간 놈은 당장 그 자리에 앉아라!"

그러니까 정말 한 사람이 그 자리에 탁 주저앉더래. 도둑이 제 발 저리다고, 마음 놓고 가는데 갑자기 뒤에서 '돈 훔쳐 간 놈은 앉아라' 하니까 엉겁결에 주저앉은 거야.

그렇게 해서 도둑을 잡고 돈을 찾더라는 이야기.

긴긴 겨울밤 화롯가에서 들려주는 이야기 375

뱃심 좋은 삼형제

 옛날에 뱃심이 아주 좋은 삼형제가 살았어. 셋 다 담이 크고 배짱이 두둑해서, 웬만한 일에는 눈썹도 까딱 안 해. 그런데 나이가 차도록 장가를 못 갔어. 집안이 가난해서 장가 밑천 한 푼 없으니 말이야.
 하루는 삼형제가 소문을 들으니, 건넛마을 부잣집에서 딸 신랑감을 구한다고 그러거든. 그런데 그 집 딸한테 장가들 사람은 누구든지 한 가지 시험을 봐야 된다는 거야. 무슨 시험인고 하니, 딸이 자는 방을 하룻밤 지키라는 거지. 딸이 으슥한 곳 외딴방에서 자는데, 그 방문 앞에서 밤새 자리를 안 뜨고 지켜라, 이런 말이야.
 "그거 뭐 어려운 일도 아니네. 내가 한번 가 보마."
 맏형이 나섰어. 그날 저녁에 당장 그 집 딸이 자는 곳에 갔지. 가서 방문 앞에 앉아 지켰어. 날이 저물고 사방이 캄캄해져도 뭐 겁이나 나나? 담 크고 뱃심 좋은 게 이럴 땐 좋지. 팔짱을 떡 하니 끼고 앉아서 지키는데, 아 밤이 이슥해지니까 방문이 스르르 열리더니 안에서 처녀가 나오네.
 나오는데, 가만히 보니 이게 사람인지 귀신인지 모르겠어. 얼굴은 분을 발랐는지 백지장처럼 하얗고, 눈썹은 숯검정을 발랐는지 칠흑같이 까맣고, 입술은 연지를 발랐는지 핏빛처럼 빨갛거든. 보기만 해도 소름이 돋을 지경이야. 게다가 머리는 풀어서 축 늘어뜨리고, 몸에는 하얀 옷을 걸치고 슬금

슬금 걸어 나오니 이건 뭐 영락없는 귀신이지.

입은 딱 벌어지는데 말은 안 나오고 해서 그냥 멀뚱멀뚱 쳐다보고 있으니, "이히히히" 하고 처녀가 흰 이를 드러내고 웃는 거야. 눈을 뜨고 더 볼 수가 있나.

'아이고, 장가 한번 가려다가 내 명에 못 죽겠다.'

그만 냅다 뛰쳐나와 버렸지. 뒤도 안 돌아보고 집에 왔어.

"큰형님, 왜 밤도 안 새고 그냥 오십니까?"

"아이고, 말도 마라. 장가도 좋지마는 그 꼴은 못 보겠더라."

"그럼 내일은 내가 한번 가 보지요."

이튿날은 둘째가 갔어. 날이 어두워질 무렵부터 처녀 자는 방 앞에 가서 지켰지. 날이 아무리 깜깜하고 곳이 아무리 외져도 그만이야. 담 크고 뱃심 좋으니 터럭만큼인들 겁이 나나?

그런데 아 밤이 이슥해지니까 방문이 스르르 열리더니 안에서 처녀가 나오거든. 소복을 하고 머리를 풀어헤치고 슬슬 걸어 나와서는 흰 이를 드러내며 "이히히히" 하고 웃어.

그래도 둘째는 꼼짝 않고 앉아 있었어. 속으로 겁이 좀 나긴 했지마는 꾹 참고 버틴 거지. 그런데 아 이건 또 무슨 변이야. 처녀가 재주를 팔딱 팔딱 팔딱 세 번 넘더니 뒤로 휙 돌아서는데, 치마 끝으로 여우 꼬리가 삐죽 나오지 뭐야. 그놈의 꼬리를 질질 끌면서 빙글빙글 맴을 도네. 눈을 뜨고 더 볼 수가 있나.

'아이고, 장가 한번 가려다가 내 명에 못 죽겠다.'

그만 냅다 뛰쳐나와 버렸지. 뒤도 안 돌아보고 집에 왔어.

"둘째 형님, 왜 밤도 안 새고 그냥 오십니까?"

"아이고, 말도 마라. 장가도 좋지마는 그 꼴은 못 보겠더라."

"그럼 내일은 내가 한번 가 보지요."

그다음 날은 막내가 갔어. 저녁이 되자 그 집 딸이 자는 방 앞에 가서 지켰지. 아주 마음을 단단히 먹고 지켰어. 밤이 이슥해지니까 방문이 스르르 열리더니 안에서 처녀가 나오는데, 참 귀신인지 사람인지 모르겠거든. 그래도 막내는 가만히 보고만 있었어.

귀신 소리로 "이히히히" 하고 웃어도 눈썹 하나 까딱 않고 앉아 있었지. 재주를 팔딱 팔딱 팔딱 세 번 넘고 여우 꼬리를 삐죽 내놔도 그냥 가만히 앉아 있었어. 꼬리를 질질 끌면서 빙글빙글 맴을 돌아도 못 본 체하고 앉아 있었지. 밤새도록 몇 번을 그래도 꼼짝 않고 자리를 지켰어.

새벽닭이 울고 날이 부옇게 새니까, 그제야 처녀가 매무새를 고치고 나오는데 뭐 아무렇지도 않더래. 귀신도 아니고, 여우도 아니고, 그냥 보통 사람이야. 처녀가 말하기를,

"담 크고 뱃심 좋은 신랑감을 구하려고 이런 일을 꾸몄습니다. 그동안 많은 총각들이 왔지마는 자정을 넘기는 사람이 없더니, 오늘에야 진짜 장부를 만났습니다."

하더라나.

그래서 삼형제 중 제일 담 크고 뱃심 좋은 막내가 그 집 딸한테 장가가서 잘 살았다는 얘기야.

솔개 연과 뱅뱅이 연

옛날에 어떤 임금님이 밤중에 예사 사람처럼 차리고 대궐 밖에 나갔어. 백성들 사는 모습을 살피려고 그랬지. 여기저기 돌아다니다가 강가를 지나게 됐거든. 그런데 웬 선비가 막 강물에 빠져 죽으려고 그러네. 사람이 물에 빠져 죽으려고 하는데 보고만 있을 수 있나. 얼른 가서 붙잡고 말렸지.

"여보시오, 대체 무슨 일로 목숨을 함부로 버리려고 하시오?"

"남의 일에 상관 마십시오."

"글쎄, 까닭이나 좀 알아봅시다."

그랬더니 선비가 한숨을 쉬면서 하는 말이,

"내가 지금까지 과거를 모두 열두 번이나 봤는데 열두 번 다 떨어졌습니다. 글공부를 안 한 것도 아니요 게으름을 피운 것도 아닌데, 운이 나쁜 건지 다른 까닭이 있는 건지 과거를 보는 족족 떨어지다 보니 어느덧 나이 쉰이 넘었습니다. 이제 식구들 볼 면목도 없고 세상 살 마음도 없어져서 차라리 죽자 하고 이러는 것입니다."

이러거든.

임금님이 가만히 생각해 보니 참 사정이 딱하단 말이야. 이 사람을 도와줄 길이 없나 하고 궁리한 끝에 좋은 생각이 번쩍 났어. 그래서 얼른 선비에게 말했지.

"그러지 말고 한 번만 과거를 더 보시오. 마침 사흘 뒤에 대궐에서 임시 과거가 열린다 하니 좋은 기회 아니오? 이번에는 임금이 손수 문제를 낸다는데, 답이 '솔개 연'이랍니다. '솔개 연'이라고만 하면 합격이 될 테니 잊지 말고 꼭 새겨 두시오."

그렇게 해서 선비를 타일러 보내고 대궐로 돌아왔어. 그리고 사흘 뒤에 정말로 임시 과거를 베풀었지. 임금님이 손수 문제를 내는데, 삼백 걸음 밖에 깨알만 한 글자를 한 자 써 붙여 놓고 읽는 문제야. 많은 선비들이 과거를 보러 왔지마는 글자를 읽을 재간이 있나. 그 먼 데 있는 작은 글자를 무슨 수로 읽어? 그래서 보는 족족 다 떨어졌어. 응? 그게 무슨 글자냐고? 그야 '솔개 연' 자지.

이윽고 물에 빠져 죽으려던 선비가 왔어. 와서 보니 아니나 다를까 임금님이 손수 문제를 내는데, 먼 데 써 붙여 놓은 글자를 읽으라고 하거든. 사흘 전에 들었던 말이 있어서 막 대답을 하려고 하는데 아뿔싸, 이런 변이 있나. 그새 잊어버렸네. 까맣게 잊어버렸어. '솔개 연'이 도무지 생각나지 않는 거야. 땀을 뻘뻘 흘리면서 아무리 머리를 쥐어짜도 생각이 안 나. 한참만에 겨우 조금 생각이 났는데, 뭔가 하늘에서 뱅뱅 도는 것만 생각나거든. 솔개가 하늘에서 뱅뱅 돌잖아. 그래서 대답을 한다는 것이,

"뱅뱅이 연."

이랬어.

그래 놓으니 될 리가 있나. 덜컥 떨어졌지. 임금님도 참 안타깝지마는 어쩔 수가 없으니까 혀를 차며 선비를 그냥 내보냈어.

이 선비가 과거에 떨어지고 대궐 문을 딱 나오니, 그제야 '솔개 연'이 생각나는 거야. 그렇지만 이제 와서 생각난들 무슨 소용이야? 발을 동동 굴러 봤자 소 잃고 외양간 고치는 격이지.

그런데 이때 마침 한 시골 선비가 과거를 보러 대궐 문으로 들어가거든. 그 선비한테 그동안 있었던 일을 다 얘기해 줬어. 며칠 전에 어떤 사람이 과거 답을 가르쳐 준 일, '솔개 연' 자가 생각이 안 나서 '뱅뱅이 연'이라고 했다가 떨어진 일까지 다 얘기해 줬지.

시골 선비가 얘기를 들어 보니 사정을 대강 알겠거든. 이게 다 임금님이 꾸민 일이라는 것도 알아차렸지. 그래 임금님 앞에 가자마자 천연덕스럽게 아뢰었어.

"임금님, 저 글자를 서울말로 아뢸까요, 시골말로 아뢸까요?"

"아니, 그게 서울말 시골말이 따로 있다더냐?"

"예, 서울말로 하면 '솔개 연'이고 시골말로 하면 '뱅뱅이 연'이지요."

"옳거니. 그러면 '뱅뱅이 연'도 맞는 거로군."

임금님이 좋아라 하면서 아까 그 선비를 다시 불러들였어.

"솔개 연이나 뱅뱅이 연이나 똑같은 말이니 합격이로다."

이렇게 해서 그 선비가 열세 번째 과거에 급제했다는 이야기야.

은혜 갚은 강아지

옛날 옛적 어떤 새색시가 가마를 타고 시집을 갔어. 가마를 타고서 문틈으로 밖을 요렇게 내다보고 가는데, 어디만큼 가다 보니 길가에 웬 강아지 한 마리가 쓰러져 있더래. 며칠 동안 먹을 것을 못 얻어먹었는지 배가 고파 다 죽어 가는 강아지야. 그걸 보니 불쌍해서 그냥 지나칠 수가 있어야지. 당장 가마를 세우고 강아지를 데려다가 가마에 태워 가지고 갔어.

시집을 가서는 강아지를 부엌에 두고 잘 먹였어. 밥을 하면 꼭 누룽지를 남겼다가 주고, 고기나 생선을 구우면 일부러 뼈다귀에 살점을 붙여 가지고 줬어. 그 덕분에 강아지는 기운을 차리고 무럭무럭 잘 자랐지.

그런데 하루는 색시가 시어머니와 함께 부엌에서 밥솥을 열고 밥을 푸니까 강아지가 갑자기 밥솥 위를 펄쩍 뛰어넘는 거야. 이쪽으로 한 번 펄쩍 뛰어넘고, 저쪽으로 한 번 펄쩍 뛰어넘고, 밥을 푸는 동안 내내 이쪽저쪽으로 밥솥 위를 펄쩍펄쩍 뛰어넘는단 말이야. 그걸 보고 시어머니가 그만 성이 났어.

"이놈의 개가 밥 푸는 걸 훼방놓는군. 저리 가지 못해?"

밥주걱을 휘두르며 마구 야단을 치고 쫓았지. 그래도 막무가내야. 밥을 다 풀 때까지 자꾸만 밥솥 위를 펄쩍펄쩍 뛰어넘어. 그러다가 밥을 다 푸니까, 그제야 얌전해져서 한쪽 구석에 가 앉더래.

그다음부터 끼니때만 되면 강아지가 밥솥을 뛰어넘는데, 이것이 아주 버릇이 됐어. 보통 때는 얌전하게 부엌 한 구석에 가만히 앉아 있다가도 밥 풀 때만 되면 후다닥 뛰쳐나와 밥솥 위를 펄쩍펄쩍 뛰어넘는단 말이지. 시어머니가 주걱을 휘두르며 아무리 야단을 치고 쫓아내도 말을 안 들어. 그래서 하루는 화가 머리끝까지 난 시어머니가 강아지를 끈으로 묶어서 부엌 시렁에다 딱 매달아 놨어.

"이놈의 개를 내일 날이 밝는 대로 개백정에게 팔아먹어야겠다."

개백정에게 팔려 가면 강아지는 죽는 거잖아. 며느리는 강아지가 저러는 데는 분명히 까닭이 있을 거라고 하면서 말렸지만, 시어머니 고집을 당할 수 없었어.

그런데 그날 저녁에 어떤 스님이 시주를 하러 왔다가 식구들 얼굴을 보더니 깜짝 놀라는 거야.

"허허, 이 댁 식구들 얼굴이 모두 죽을상이 되어 있으니 웬일이오?"

이 말을 듣고 식구들이 다 깜짝 놀라 스님에게 매달렸지.

"스님, 그게 무슨 말씀이십니까? 우리를 좀 살려 주십시오."

스님이 집 안을 찬찬히 살펴보더니, 부엌 시렁에 묶여 있는 강아지를 보고 한참 동안 혼잣말로 중얼중얼해. 강아지도 혼자서 조그맣게 짖는 것처럼 "으르렁 멍멍" 하고 말이야. 한참 동안 중얼중얼, 으르렁 멍멍, 그러다가 드디어 스님이 말하기를,

"소승이 짐승 말을 좀 알아듣는데, 이 강아지 말을 들어 보니 부엌 천장 들보 위에 오래 묵은 지네가 숨어 있어, 밥을 풀 때마다 그 독기가 밥에 떨어지기에 자기가 밥솥을 뛰어넘어 독기를 막아 줬답니다. 그런 개를 개백정에게 팔아먹으려고 저렇게 묶어 놨으니 온 식구가 모두 죽을상이 된 거지요."

하거든.

　식구들이 놀라서 강아지를 풀어 주고, 곧 천장 들보를 뜯어 봤지. 그랬더니 아니나 다를까, 커다란 지네가 독기를 뿜고 있더래. 그래서 그 지네를 잡아 내고, 그다음부터 강아지를 한 식구처럼 여기고 더 사랑해 줬다는 이야기야.

돈도깨비 이야기

도깨비라고 다 똑같은 도깨비가 아니지. 낮에 나오는 낮도깨비, 밤에 나오는 밤도깨비, 산에 사는 산도깨비, 물에 사는 물도깨비, 술 취한 술도깨비, 등불 든 불도깨비, 푸르딩딩 청도깨비, 키도 크다 키도깨비, 그리고 오늘 이야기할 돈도깨비도 있거든.

옛날 옛적 어느 산골에 한 가난한 집이 있었는데, 한번은 불이 나서 집이 몽땅 타 버렸어. 당장 살 곳은 없고 집 살 돈도 없고 해서, 식구들이 모두 보따리를 싸서 산속으로 들어갔지. 마침 산속에 빈집이 한 채 있어서, 거기 들어가 짐을 풀고 살았어.

사는데, 아이쿠 이런 변이 있나. 밤만 되면 도깨비들이 나타나서 야단법석을 떠는 통에 시끄러워서 살 수가 있어야지. 낮에는 잠잠하다가 밤만 되면 어디서 오는지 도깨비들이 떼거리로 몰려와. 몰려와서는 우당탕 쿵쾅 우지끈 뚝딱 마구 시끄럽게 군단 말이야.

그뿐이면 좋게. 아무 데나 돌아다니면서 장난을 치고 훼방을 놔서 사람을 참 귀찮게 하네. 어떤 도깨비는 아버지 새끼 꼬는 데 가서 일껏 꼰 새끼줄을 다 풀어 놓고, 어떤 도깨비는 어머니 바느질하는 데 가서 바늘귀 꿰어 놓은 실을 다 잘라 놓고, 어떤 도깨비는 아이들 노는 데 가서 불쑥불쑥 건드려 놀라게 하고, 이러니 어디 성가셔서 견딜 수가 있나.

하루는 식구들이 모여서 의논을 했지.

"도깨비들 등쌀에 살 재간이 없으니 무슨 수를 냅시다."

"그래요. 아주 단단히 혼내 줘서 다음부터 못 오게 해야겠어요."

"도깨비들이 대체 어디에 사는지부터 알아보자구요."

이튿날 밤이 되니 도깨비들이 와서 한바탕 분탕질을 치고 나서 새벽녘에 슬그머니 빠져 나가거든. 이때다 하고 온 식구가 가만히 뒤를 밟았지. 그런데 아 이놈들 걸음이 어찌나 빠른지, 후닥닥하더니 눈 깜짝할 새에 온데간데없어. 꿩 구워 먹은 자리야. 그래서 그날은 허탕을 쳤지.

그 이튿날, 밤이 되기 전에 어머니가 바늘에다 긴 실을 꿰어 놨어. 아주 실타래째 길게 꿰어 놨지. 그래 놓고 바느질을 하고 있으니까, 밤이 돼서 도깨비들이 하나 둘 나타나더니 여느 때처럼 장난을 치고 훼방을 놓거든. 그때 뭘 찾는 척하고 한 도깨비 옷자락에다 실 꿴 바늘을 슬쩍 꽂았어. 도깨비들은 그것도 모르고 실컷 놀다가 새벽녘이 돼서 모두 사라졌지.

날이 밝은 뒤에 가만히 보니 실타래에 실이 풀려 밖으로 죽 이어져 있어. 도깨비 옷자락에 꽂은 바늘을 따라 실이 풀려 나간 게지. 온 식구가 그 실을 따라가 봤어. 그랬더니 실이 어디로 간 줄 알아? 집 뒤를 돌아 사당 안으로 쑥 들어가 있더래.

거기 사당이 있는 줄은 알았지마는 워낙 집이 험한데다가 문이 꼭 잠겨 있어서 아직 아무도 그 속에 안 들어가 봤거든. 조심조심 자물쇠를 따고 사당 안으로 들어가 봤어. 그랬더니 실이 어디로 간 줄 알아? 사당 한 구석에 있는 커다란 궤짝 안으로 쑥 들어가 있더래.

조심조심 궤짝 자물쇠를 따고 뚜껑을 열어 봤어. 그랬더니 그 안에 뭐가 들었게? 글쎄, 돈이 가득 들어 있더래. 오래 돼서 녹슨 엽전들이 아주 푸지게 들어 있더라는 거야. 쪽지도 한 장 들어 있는데 쪽지에는 뭐라고 써 놨는

고 하니,

"내 평생 구두쇠가 되어 돈을 모으기만 했지 쓸 줄 모르고 살다가 죽는다. 누구든지 이 돈을 먼저 보는 사람이 다 가져라."

이렇게 써 놨어.

그래서 식구들이 이 돈을 다 꺼내서 원도 한도 없이 썼어. 논도 사고 밭도 사고 소도 사고 말도 사고, 이웃 마을 가난한 사람들한테 나누어도 주고, 이렇게 다 썼지. 그러고 나니까 그다음부터는 밤이 돼도 도깨비들이 안 나타나더래. 아주 조용하더라는 거야.

옛날부터 돈을 모으기만 하고 오래 묵혀 두면 도깨비가 된다더니, 돈도깨비가 그래서 생긴 건가?

똥 빨리 누는 곳

오늘은 우스운 이야기나 하나 해야지. 밥 먹을 땐 이런 이야기 안 하는 게 좋겠네.

옛날에 갓날에 똥을 아주 빨리 누는 사람이 있었어. 얼마나 빨리 누는고 하니, 앉았다 일어서면 그게 끝이야. 그렇게 빨리 누는데, 그것도 재주라면 재주 아냐?

이 사람이 경마잡이를 했는데, 하루는 고을 원님 말을 몰고 가게 됐어. 그런데 원님이 당최 미련한데다가 거들먹거리기만 해서 아주 배알이 비비 꼬였거든. 한번 골려 줘야지 하고 벼르면서 갔는데, 어디쯤 가다가 똥이 마렵단 말이야.

"사또, 소인 잠깐 뒤를 좀 보고 오겠습니다."

"이놈아, 경마를 잡다 말고 무슨 뒤를 봐?"

"아이, 그럼 나오는 똥을 그냥 끼고 가랍니까?"

"에잇, 칠칠맞지 못한 놈 같으니. 냉큼 갔다 와."

이 사람이 똥을 누고 오는데, 뭐 눈 깜짝할 새거든. 원님이 보니까 참 신기하단 말이야. 자기는 똥을 눠도 오래오래 누는데, 이 사람은 앉았다 일어서면 끝이니 얼마나 신기해?

"애, 너 어떡하면 그렇게 똥을 빨리 누니?"

경마잡이는 옳거니 잘 됐다, 이때 한번 골려 줘야겠다, 이렇게 작정하고 능청스럽게 둘러댔지.

"아, 그것 말씀입니까? 똥을 빨리 누는 곳이 따로 있습니다."

"그래? 그것참 신기하군. 그런 곳이 어디에 있느냐?"

"가까운 곳은 이제 막 지났으니까, 한참 가다 보면 또 나옵니다."

"그럼 그곳에 이르거든 알려 다오. 나도 똥 한번 빨리 눠 보자."

"염려 마십시오. 거기 가면 제꺽 알려 드리지요."

한참 가다 보니, 원님이 슬슬 똥이 마렵거든.

"얘, 똥 빨리 누는 데는 아직 멀었느냐?"

"한참 더 가야 됩니다."

원님은 어떻게든 그곳까지 가서 똥을 누려고 마려운 것을 꾹 참았어. 그런데 한참을 더 가도 경마잡이는 쓰다 달다 말이 없네.

"얘, 똥 빨리 누는 데는 아직 멀었니? 왜 이렇게 오래 걸려?"

"아, 이제 다 와 갑니다."

다 와 간다니 좀 더 참아야지. 원님은 마려운 것을 참느라고 아주 울상이 됐어. 그런데 한참을 더 가도 경마잡이는 말을 멈출 줄 모르네.

"얘, 이러다가 내 명에 못 죽겠다. 대체 얼마나 남았어?"

"이제 다 왔습니다. 내리십시오."

원님은 허겁지겁 말에서 내리는데, 궁둥이에서는 아주 야단이 났지. 여태 참고 참았으니 야단이 나지 안 나? 말에서 내리자마자 허리띠를 끄르고 바지를 내릴 새도 없이 똥이 뿌르르 쏟아지거든. 그러니 원님이 무릎을 탁 치면서 그러더래.

"햐, 네 말이 맞긴 맞구나. 여기선 똥이 참 빨리도 나오네그려."

사돈의 그림 편지

이건 그냥 웃자고 하는 얘기니까 그리 알고 들어. 옛날에 어떤 영감이 살았는데 글을 몰라. 맹탕 까막눈이야. 낫 놓고 기역자도 모른단 말이지. 그런데 이 영감이 며느리를 봤어. 며느리를 봐 가지고 술을 빚어 먹으려고 보니 누룩이 없거든.

"얘, 며늘아가. 사돈댁에는 누룩이 있을까?"
"예, 친정에는 누룩이 있을 거예요."
"그럼 사돈한테 누룩 좀 보내라고 편지를 써야겠다."

종이하고 붓을 떡 갖다 놓고 편지를 쓰는데, 이거 원 당최 글자를 알아야 쓸 것 아닌가. 누룩이라고 '누' 자를 아나, '룩' 자를 아나. 도무지 한 글자도 모르니 어떻게 써? 붓을 들고 눈만 뒤룩뒤룩 굴리다가, 에라 모르겠다 하고 그냥 커다랗게 동그라미 하나를 그렸어. 누룩 모양이 둥글넓적하니까 그렇게 그린 거야. 그걸 봉투에 떡 넣어 가지고 사돈한테 보냈어.

그러고 나서 며칠 있으니까 사돈한테서 답장이 왔네. 뭐라고 썼나 하고 뜯어 보니까, 아니 이게 뭐야? 동그라미에 작대기를 기다랗게 꿰어 놨구나. 이쪽에서 그림 편지를 보내니까 사돈도 그림으로 답장을 했나 본데, 도통 무슨 뜻인지 알 수가 있어야지. 이리 보고 저리 보고, 바로 보고 거꾸로 보고, 아무리 들여다봐도 모르겠거든. 하릴없이 며느리를 불러 물어봤어.

"얘, 며늘아가. 사돈한테 누룩 보내라고 동그라미 하나를 그려 보냈더니, 동그라미에 작대기를 기다랗게 꿰어서 도로 보냈구나. 이게 대체 무슨 뜻이냐?"

며느리가 편지를 가만히 들여다보더니,

"친정 아버지가 누룩을 보내기 싫어서 쭉 뻗대는군요."

이러거든. 듣고 보니 과연 그렇지 뭐야. 아, 이 영감이 그만 화가 나서 낯빛이 붉으락푸르락해졌어. 당장에 그 밑에다가 그림을 그리는데, 왼쪽에 점을 하나 찍고 오른쪽에 점을 하나 찍고, 이렇게 점 두 개를 찍었네그려. 그런데 점 하나는 붉은색이고 다른 하나는 푸른색이야. 그렇게 점 두 개를 찍어 가지고 또 사돈한테 보낸단 말이지. 그걸 보고 며느리가 물었어.

"아버님, 그 점 두 개 찍은 것은 무슨 뜻이에요?"

"얘, 보고서도 모르니? 내 얼굴이 붉으락푸르락해졌다는 뜻 아니냐?"

그래 놓고 며칠 있으니까 사돈이 또 답장을 보내 왔어. 얼른 뜯어 보니까, 어럽쇼 이건 또 뭐냐? 저 한 가락하고 소 한 마리를 그려 놨네. 이게 또 무슨 뜻인지 알 수가 있어야지. 이리 보고 저리 보고, 바로 보고 거꾸로 보고, 아무리 봐도 몰라서 또 며느리를 불러 물어봤어.

"얘, 이번에는 사돈이 저 한 가락에다 소 한 마리를 그려 보냈구나. 이게 대체 무슨 뜻이냐?"

며느리가 그림을 가만히 들여다보더니,

"이제 곧 누룩이 들어오겠네요. 친정 아버지가 '졌소' 합니다."

아니나 다를까, 조금 있으니까 사돈집에서 심부름꾼이 누룩 한 짝을 짊어지고 오더라네.

이게 다 참말이냐고? 글쎄, 그냥 웃자고 하는 얘기래도 그러네.

● ── 이야기를 들려주고 나서

〈딸랑새〉는 호랑이 이야기 가운데서도 대표가 될 만한 것입니다. 옛이야기에 나오는 호랑이에는 크게 두 가지 모습이 있는데, 어질고 착한 모습이 하나요, 사납고 어리석은 모습이 둘이지요. 이 이야기에 나오는 호랑이는 사납고 어리석어서 사람을 잡아먹으려 하다가 오히려 사람 꾀에 당합니다. 소금장수가 낸 꾀는 이 경우 썩 그럴 듯해 보입니다. 본디 호랑이든 사람이든 사나운 것은 저보다 약한 것한테는 힘을 펴지만 저보다 힘센 것 앞에서는 금세 주눅이 드는 법이지요. 이 이야기 속 호랑이도 제 창자 뽑아먹는단 소리에 그만 겁을 먹고 방울을 단 채 밤새 도망 다니지 않습니까? 겉으로 사나워 보이는 건 대개 그 속은 겁쟁이인가 봅니다.

〈호랑이가 준 귀이개〉도 호랑이 이야기인데, 이번 호랑이는 은혜를 갚을 줄 아는 호랑이군요. 우리 옛이야기에 은혜 갚은 호랑이 이야기가 많은 것은 거꾸로 은혜 모르는 사람이 그만큼 많다는 얘기가 아닐까요? 옛날 사람들은 이런 이야기를 내세워 이렇게 말하고 싶었는지도 모릅니다. "호랑이도 은혜를 알거늘 하물며 사람이 은혜를 몰라서야 쓰나?"

〈다시 태어난 두 사람〉은 사람의 삶과 죽음에 얽힌 이야기입니다. 보통 사람들은 누구나 오래 살고 싶어 하지요. "개똥밭에 굴러다녀도 이승이 좋더라"는 옛말이 있는 것처럼, 다들 오래 사는 것을 큰 복으로 여깁니다. 그런데 만약에 사람의 삶이 여러 번 되풀이된다면 어떨까요? 나쁜 삶은 빨리 마감할수록 좋고,

좋은 삶은 오래 이어갈수록 좋지 않겠습니까? 죽은 뒤 다른 삶이 이어진다는 생각은 사람으로 하여금 끊임없이 자신의 삶을 되돌아보게 하고, 고달픔 속에도 희망을 갖게 한 것 같습니다.

〈구두쇠의 깨달음〉은 귀한 가르침이 들어 있는 이야기입니다. 요새 사람들은 다들 돈 모으는 것을 미덕으로 여깁니다. 또 모은 돈은 많으면 많을수록 좋다고 생각하지요. 그런데 옛사람들은 그렇게 생각하지 않았습니다. 어느 정도 모으는 건 괜찮지만, 정도가 지나치면 오히려 나쁜 일이 생긴다고 믿었지요. 옛이야기 속에서 돈을 지나치게 많이 모은 사람, 또는 모으기만 하고 쓰지 않은 사람은 거의가 벌을 받습니다. 왜 그럴까요? 누군가 재물을 지나치게 많이 갖고 있으면 반드시 누군가는 재물이 너무 적어 고생하는 것이 정한 이치 아니겠습니까? 진정한 부자는 재물을 많이 모은 사람이 아니라 모은 재물을 옳은 일에 많이 쓰는 사람일지도 모릅니다.

〈구렁이 구멍〉 또한 재물에 대한 옛사람의 생각을 엿볼 수 있는 이야기입니다. 구두쇠 삼형제는 다 욕심이 많아 재물을 모으기만 하고 남을 도울 줄 모르는데, 그 때문에 죽어서 구렁이가 됩니다. 딸 말을 듣고 마음을 고쳐먹은 막내만이 끔찍한 벌을 면하지요. 욕심 많은 사람 죽으면 구렁이가 된다는 것은 우리 옛이야기 속에서 '공식'이나 다름없습니다. 한 번 구렁이가 되면 다시 사람 되기가 하늘의 별따기보다 어렵다는데, 그건 욕심에 한 번 눈이 어두워진 사람이 욕심을 버리는 것은 그만큼 어렵다는 뜻 같기도 합니다.

〈범아이〉는 슬픈 이야기입니다. 슬퍼도 예사로 슬픈 게 아니라 아주 가슴이 아릴 만큼 슬프지요. 이야기 속 색시 아버지는 게으름 때문에 딸을 호랑이한테 시집보냅니다. 또 남편인 호랑이는 아내를 꼼짝 못하게 가두어 놓고 부려먹기만 합니다. 어쩌면 이것이 그 옛날 편견과 폭력에 찌든 남자들 모습인지도 모릅니다. 범아이는 어머니를 외가로 보내 주면서도 자신은 '아버지 가죽을 입어서' 못 간다고 말합니다. 옛날 가부장사회에서 '가문'과 '핏줄'로 상징되는 굴레는 이처럼 단단하고 뿌리 깊었습니다. 요새도 이 굴레를 쓰고 살아가는 사람들이 없을까요?

〈솔개 연과 뱅뱅이 연〉은 가난한 선비를 도운 임금님 이야기입니다. 옛날에는 실제로 임금님이 밤중에 몰래 백성들 사는 모습을 살펴러 다녔다지만, 이 이야기와 같은 일이 정말 일어나지는 않았을 겁니다. 이렇게 인정 많은 임금님이 있었으면 좋겠다는 백성들의 바람이 이런 이야기를 만든 건 아닐까요? 그런데 이런 이야기에는 한 가지 함정이 있습니다. 과거는 나라 인재를 뽑는 공변된 시험인데, 이것을 임금님이라고 해서 마음대로 주물러도 되는 걸까요? 또 선비가 가난에서 벗어나는 길이 과거에 붙어서 벼슬아치가 되는 길밖에 없었을까요? 생각해 볼 만한 대목입니다.

● 찾아보기

ㄱ

가난뱅이 과거 보기	189
가난한 선비와 벼이삭	240
가짜 사주팔자	290
가짜 웃음으로 도둑 잡은 농사꾼	270
개구리가 준 밥그릇	75
개구리깡충치	50
게으름뱅이 두 사람	133
겨울 수박	316
고시레	59
공짜로 나무 사기	310
과거에 급제한 바보	177
구두쇠 마을 헤픈 며느리	82
구두쇠의 깨달음	342
구렁이 구멍	351
구렁이가 먹은 신기한 풀	42
구슬 구슬 내 금구슬	72
굴속에 들어간 장수	186
근심 걱정 없는 노인	263
금달걀을 낳는 암탉	24
꿀, 꿀, 꿀이 원수	217
꿀떡꿀떡 혼자 떡 먹기	27

ㄴ

나도 밤나무다	222
나이를 고친 아이	62
농사꾼과 원님	174
눈 먼 시어머니와 지렁이 국	143

ㄷ

다마라꽃의 이슬	85
다시 태어난 두 사람	336
단 방귀와 단 똥	267
도깨비 도포	273
도깨비 수수께끼	327
도깨비 임금이 된 나무꾼	257
도술 부리는 스님	319
도토리 신랑	206

독장수 구구	163
돈도깨비 이야기	385
돌미륵과 장기 두고 장가간 노총각	251
돌이 된 며느리	148
두 냥도 마저 내놓으시오	244
두벌 나락을 거둔 농사꾼	294
둔갑 내기	56
딸랑새	313
땅속 세상	160
똥 빨리 누는 곳	388
뛰는 장사 나는 장사	88

ㅁ

맹꽁이가 된 부부	130
먹보 다람쥐의 도토리 재판	279
먹보 머슴	154
멍멍 멍 서방과 응애응애 응애 곡	281
며느리밥풀	20

ㅂ

뱃심 좋은 삼형제	376
벌거숭이가 된 양반	157
범아이	358
별난 과거	287
병 속 세상 구경	120
보리쌀 한 줌으로 대접받은 선비	33
보릿고개 은인	106
봉황구이와 천 년 묵은 해골탕	365
북두칠성이 된 일곱 아들	141

ㅅ

사돈의 그림 편지	390
산골 사돈 들녘 사돈	124
생쥐 신랑	339
세 가지 보물	260
세상에 없는 꽃 구월 꽃	209
솔개 연과 뱅뱅이 연	379
쇠 먹는 불가사리	362
술이 생긴 내력	91

슬기로운 아이	325		이상한 돌멩이	165
시루 굿 이야기	198		이상한 뼈다귀	355
시어머니와 며느리	180		이야기허릿값 물어주기	99
신기한 돌절구	234		일곱 스님과 일곱 아들	102
신랑 신부를 살린 한량	348		입춘대길 코춘대길	14
쌀 한 말로 석 달 나기	219		잉어 색시	127

ㅇ

아버지를 살린 불효 자식	231		장승한테 비단 팔기	94
아직도 굴러가네 아직도 굴러가	297		재주 좋은 신랑감 구하기	192
알쏭달쏭 수수께끼	171		점쟁이 따라하기	53
앙숙이 된 고양이와 쥐	237		점쟁이와 의원의 내기	371
없는 목숨	146		제 발 저린 도둑	374
염소 사또	114		지성이와 감천이	138
엽전골 짚신 서방	184		집 없는 달팽이	47
오누이가 받은 유산	79			
은혜 갚은 강아지	382		## ㅊ	
은혜 갚은 쥐	136		천 냥짜리 수수께끼	213
이 박을 딸까요, 저 박을 딸까요?	228		청개구리 점치기	36
이 산 저 산 수수께끼	66		터주와 소도둑	45

찾아보기 397

ㅌ

토끼 귀신의 점괘	345
토란 캐러 온 꿩	195
팔꿈치 살이 따로 노는 까닭	333
피리 부는 눈 먼 아이	247

ㅎ

하늘을 나는 조끼	307
하늘을 찌른 왕대	69
할아버지 무덤을 지킨 아이	368
호랑이 똥 때문에 대머리가 된 힘장사	284
호랑이가 된 효자	168
호랑이가 준 귀이개	322
호랑이와 무서운 소나기	151
호랑이와 입 고운 나무꾼	39
화수분 대추나무	225
황소와 호랑이	304
효녀와 호랑이	330
흰 구슬 검은 구슬	117
흰 나비가 된 처녀	30
흰 똥 묻은 여우 주둥이	17
흰소리 잘하는 젖머슴	254
흰소리로 돈 천 냥 번 총각	276

살아 있는 교육 24
철 따라 들려주는 옛이야기

2011년 6월 20일 1판 1쇄 펴냄 | 2022년 2월 14일 1판 8쇄 펴냄

글쓴이 서정오

편집 김성재, 김소영, 김용란, 양선화, 이경희 | **디자인** 샘솟다 | **제작** 심준엽
영업 나길훈, 안명선, 양병희, 원숙영 조현정 | **독자 사업(잡지)** 정영지 | **새사업팀** 조서연
경영 지원 신종호, 임혜정, 한선희
인쇄와 제본 (주)천일문화사

펴낸이 유문숙 | **펴낸곳** (주)도서출판 보리 | 출판 등록 1991년 8월 6일 제 9-279호
주소 (10881) 경기도 파주시 직지길 492
전화 031-955-3535 | **전송** 031-950-9501 | **누리집** www.boribook.com
전자우편 bori@boribook.com

ⓒ 서정오, 2011

이 책의 내용을 쓰고자 할 때는, 저작권자와 출판사의 허락을 받아야 합니다.
잘못된 책은 바꾸어 드립니다.

보리는 나무 한 그루를 베어 낼 가치가 있는지 생각하며 책을 만듭니다.

값 16,000원

ISBN 978-89-8428-667-2 03370

이 책의 국립중앙도서관 출판시 도서목록(CIP)은 서지정보유통지원시스템
홈페이지(http://seoji.nl.go.kr)와 국가자료공동목록시스템(http://www.nl.go.kr/kolisnet)에서
이용하실 수 있습니다. (CIP 제어번호: CIP 2011002279)